11권의 그림책으로 만나는
평화통일 수업

11권의 그림책으로 만나는
평화통일 수업

초판 1쇄 인쇄 2024년 7월 27일
초판 1쇄 발행 2024년 8월 8일

지은이 경기평화교육센터 / 곽인숙, 김선아, 김민희, 이정원, 이효정
펴낸이 김승희
펴낸곳 도서출판 살림터

기획 정광일
편집 송승호·조현주
북디자인 꼬리별

인쇄·제본 (주)신화프린팅
종이 (주)명동지류

주소 서울시 양천구 목동동로 293, 2215-1호
전화 02-3141-6553
팩스 02-3141-6555
출판등록 2008년 3월 18일 제313-1990-12호
이메일 gwang80@hanmail.net
블로그 http://blog.naver.com/dkffk1020
한국교육연구네트워크 www.kednetwork.or.kr

ISBN 979-11-5930-286-2 03370

• 가격은 뒤표지에 있습니다.
• 잘못된 책은 바꾸어 드립니다.
• 이 책은 저작권법에 따라 보호를 받는 저작물이므로 무단 전재와 복제를 금합니다.

11권의 그림책으로 만나는

평화통일 수업

경기평화교육센터
곽인숙, 김민희, 김선아, 이정원, 이효정

여는 글
그림책과 평화감수성

양훈도(경기평화교육센터 대표)

'평화'는 가르치기 어려운 과목입니다. 평화이론은 지나치게 심오하고, 반평화와 비평화 관련 자료는 넘쳐나서 오히려 탈입니다. 늦깎이로 대학원에 다닐 때 일입니다. 평화론 첫 시간에 교수님이 강의계획서를 나누어 주셨는데, 읽어야 할 자료가 빼곡하게 너댓 쪽이나 적혀 있는 걸 보고 기가 질렸던 기억이 납니다. 그런데, 첫 세미나에서 교수님이 그러시더군요. 그럴듯해 보이라고 올려놓은 것일 뿐이라고요. 학기 내내 세미나는 평화감수성을 어떻게 길러야 하는가를 중심으로 진행되었습니다.

지금은 영국에서 교육 활동을 하고 계시는 그 교수님도 당시 고민이 많으셨나 봅니다. 평화는 머리로 가르칠 수 없는 주제라는 걸 나이 많은 제자들에게 어떻게 깨우쳐줄까 고심하셨겠지요. 그래서 각자 체험으로부터 이야기를 이끌어내는 방식을 주로 사용하시지 않았나 싶습니다. '11권의 그림책으로 만나는 평화통일 수업' 원고를 읽으면서, 대학원 수업도 그림책을 통해 평화교육론을 풀어갈 수 있겠다며 무릎을 쳤습니다.

평화교육의 성과는 평화감수성이 얼마나 신장되었는가로 가늠할 수 있을 겁니다. 적극적 평화의 개념과 평화적 수단으로 이루는 평화를 아무리 체계적으로 가르친다 해도 평화감수성이 제자리걸음이면 헛수고입니다. 전쟁과 폭력의 실상을 있는 그대로 보여준다 해서 평화감수성이 저절로 커지는 것도 결코 아닙니다. 그림책처럼, 자연스럽게 평화 이야기를 풀어가면서 평화감수성을 높일 매체가 필요합니다.

그림책은 영상매체처럼 뜨겁지 않고, 책처럼 차갑지 않아서 좋습니다. 이야기의 힘과 그림의 매력이 동시에 작용하여 독자들을 그림책의 주제로 끌어들입니다. 천천히 함께 음미하면서 소감을 나누고, 한층 더 깊이 들어가기에도 제격입니다. 그 과정에서 정동情動과 정서가 형성되고, 감수성과 감성이 길러집니다.

경기평화교육센터 그림책 팀은 벌써 몇년 째 그림책 수업을 연구하고 교실에서 적용하고 있습니다. 참 진지합니다. 그리고 열성적입니다. 시행착오도 없지 않았습니다. 하지만 그림책 팀원들은 아주 작은 문제까지 놓치지 않고 치열하게 토론해서 더 좋은 방향을 찾는 자세를 잃지 않았습니다.

그 결과물을 여기 1차로 묶었습니다. 평화교육·통일교육을 궁리하는 분들과 경험을 공유하고 더 나은 교육으로 함께 나아가자는 뜻이 담겼습니다. 초중등교육에서, 대학과 대학원에서 평화교육 방법을 고심하시는 모든 분에게 작은 도움이 되기를 기대합니다.

여는 글
더 큰 평화의 작은 첫걸음
집필진을 대표하여

김민희(경기평화교육센터 교육위원)

1. 평화와 통일

평화통일교육을 시작할 때 "여러분은 평화로운가요?"라는 질문을 자주 합니다. 평화롭지 않다고 답하는 사람도 많지만, 대체로 평화롭다고 합니다. 이때 표현하는 평화롭지 않음이란 "다니는 학원이 너무 많아 힘들다", "놀 시간이 부족하다", "친구와 싸워서 평화롭지 않다", "졸리다" 등으로, 주 학습자인 초등학생들의 힘듦에 대한 솔직한 표현이 주를 이룹니다. 개인 차원에서 평화와 평화롭지 않음에 대해 인지하고 있다고 볼 수 있습니다.

그런데 '우리나라는 평화로운가요?'라는 질문을 하면 답하는 사람이 눈에 띄게 줄어듭니다. 정답이 무엇일지 생각하는 얼굴이 되기도 합니다. 고학년의 경우 우리나라가 분단되었다는 사실 때문에 평화롭지 않다고 답하기도 하지만, 저학년의 경우에는 한반도가 분단되었다는 사실부터 쉽게 설명해 줘야 합니다.

대한민국만을 '우리나라'라고 생각한다면 굳이 북쪽에 있는 조선민주주의인민공화국과 통일해야 하는지 의문이 드는 학습자도 있을 것입니다. 분단국가에서 태어났지만 분단이 왜 나쁜지 느끼지 못하는데 굳이 통일에 관심을 가져야 하는지도 궁금할 것입니다. 한반도 분단은 전쟁이 끝나지 않은 휴전 상태이자 원래 하나였던 나라가 둘로 나뉜 불안정한 상태입니다. 이는 남북 관계가 평화적으로 관리되지 않을 때 언제든 전쟁이 일어날 수 있다는 것을 뜻합니다.

그동안 통일교육은 안보교육, 반공교육, 평화통일교육 등 다양한 이름으로 당대 사회 분위기를 대변해 왔습니다. 방법 면에서도 교수자와 학습자가 소통하는 수업보다는 주입식·강의식 교육이 대부분이었습니다. 그러나 평화로운 남북 관계를 지향하는 평화통일교육이라면 그 방법도 평화적으로 바뀌어야 합니다. 남과 북의 평화로운 관계란 무엇인지, 분단은 왜 끝나지 않고 지속되고 있는지를 다양하게 이야기 나누는 평화통일교육이 필요합니다. 그 대안의 하나로 〈그림책을 활용한 평화통일교육〉이 있습니다.

2. 〈그림책 활용 평화통일교육〉

그림책은 '그림'과 '글'이 함께 있는 책입니다. 그림책이 무엇인지에 대해 그림책 작가 바버러 쿠니Barbara Coony는 '진주 목걸이'에 비유하며 '그림(진주)'과 '글(목걸이)'의 상호보완적 특성이 있다고 설명합니다. 또 다른 이는 그림책에서 글과 그림의 관계가 '화학적 반응'을 일으킨다고 합니다. 이처럼 우리가 그림책을 읽는 이유는 그림과 글이 상호보완하며 전하는 독특한 감동과 서사가 있기 때문입니다. 글보다 그림이 책의 주된 의미 전달자이기 때문에 〈그림책 활용 평화통일교육〉을 진행할 때 학습자가 TV 화면에 띄워진 그림책의 장면(그림)을 자세히 볼 수 있도록 배려하는 것이 중요합니다. 학습자가 소수인 경우, 실물 그림책의 그림을 볼 수 있다면 더없이 좋겠습니다.

그림책은 평등한 소통의 매체입니다. 독자 연령층이 다양해진 것은 물론이고 그림책을 읽는 과정에서도 세대 간 또는 다양한 층위에서 소통이 일어납니다. 그림책의 글을 읽어주는 어른에게 그림을 잘 읽는 어린이는 어른이 모르는 것을 알려주기도 합니다. 그 과정에서 자연스럽게 서로를 알아가는 소통의 순간이 생깁니다. 하나의 그림이나 상황에 대해 답이 정해져 있지 않기 때문에 솔직한 마음을 드러낼 수 있습니다.

그림책으로 평화통일교육을 한다는 것은 평화와 통일을 자유롭고 편안하게 말할 수 있다는 의미입니다. 경기평화교육센터에서 수업하는 11권의 그림책은 분단, 전쟁, 통일, 평화 등의 내용을 담고 있습니다. 이와 관련한 평화나 죽음 같은 관념어에 대한 인식이 갖춰지지 않은 초등학생 학습자에게 생소할 수 있습니다. 그래서 그림책은 관념어가 아닌 나와 밀접한 생활 언어로 인지할 수 있도록 학습자의 이해를 돕습니다.

〈그림책 활용 평화통일교육〉은 2차시 수업으로 진행합니다. 1차시는 그림책 내용에 집중하고 2차시는 그 내용을 토대로 더 심화한 발문으로 학습자와 평화통일을 이야기합니다.

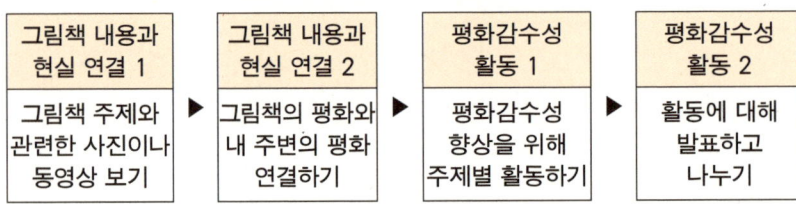

〈표1〉 그림책 활용 평화·통일교육 1차시

전체 읽기	소감 나누기	자세하게 읽기	발문하며 평화 찾기
학습자에게 그림책 전체 읽어주기	그림책을 읽고 난 후 느낀 점 나누기	교수자와 학습자가 함께 그림책 톺아보기	그림책에 나타난 평화와 비평화 찾으며 토론하기

〈표2〉 그림책 활용 평화·통일교육 2차시

그림책 내용과 현실 연결 1	그림책 내용과 현실 연결 2	평화감수성 활동 1	평화감수성 활동 2
그림책 주제와 관련한 사진이나 동영상 보기	그림책의 평화와 내 주변의 평화 연결하기	평화감수성 향상을 위해 주제별 활동하기	활동에 대해 발표하고 나누기

3. 대상 학년과 수업에서의 유의점

평화통일교육에 활용하는 그림책은 총 11권이며, 그 대상은 다음과 같습니다. 학교 수업에 한정해서 학년별로 그림책을 분류했지만, 주제에 따른 그림책의 활용 범위는 넓기 때문에 같은 그림책으로 다른 대상에 적용할 수도 있습니다.

대상 학년	그림책
초등 1~4학년	『비무장지대에 봄이 오면』
	『기차』
초등 3~6학년	『엄마에게』
	『평양에서 태양을 보다』
	『여섯 사람』
	『온양이』
초등 5~6학년	『우리 할아버지는 열다섯 살 소년병입니다』
	『할아버지의 감나무』
	『숨바꼭질』
중·고등학교, 성인	『적』
	『제무시』

그림책 활용 평화통일 수업은 몇 가지를 유의하며 진행했습니다.

첫째, 그림책은 '건조하게' 읽습니다. 교수자가 그림책을 읽을 때 '건조하게 읽기'와 '감정을 넣어 읽기' 두 가지를 선택할 수 있습니다. 그림책에 더욱 몰입하기 위해 감정을 넣어 읽어주는 것이 도움이 되기도 하지만, 학습자 자신의 감정이 교수자의 감정에 이끌려 갈 수 있는 단점도 있습니다. 특히 그림책 활용 평화통일 수업의 경우 그림책 내용에 몰입하는 것도 중요하지만 그림과 글을 통해 평화와 통일에 대한 '내 생각과 마음'을 형성하는 것 역시 중요합니다. 그래서 오롯이 학습자가 수업 주체가 될 수 있도록 그림책을 읽을 때 최대한 감정을 배제하며 읽습니다.

둘째, 그림책을 읽을 때, 학습자가 그림을 볼 수 있는 시간에 여유를 두었습니다. 앞서 언급했지만, 특히 인원이 많은 교실 수업에서 중요한 부분입니다. 그림책을 급하게 읽다 보면 그림을 미처 읽지 못한 학습자는 그림책의 서사에 온전히 빠져들기 어렵습니다. 그림책의 내용과 감동이 최대한 학습자의 것이 된 후 심화한 발문에서 자기 의견을 낼 수 있다고 생각합니다.

셋째, 그림책 장면(그림)과 어울리는 발문을 만들고 학습자와 소통하는 데 집중했습니다. 그림책 내용은 명료하고 단순하다고 여깁니다. 하지만 그림책은 읽을 때마다, 읽는 사람마다 느끼고 생각하는 바가 달라집니다. 그래서 특히 2차시 수업에서 그림책의 그림을 통해 어떤 발문으로 학습자와 어떤 주제로 이야기를 나눌지 많은 시간 연구하며 수업하고 수정해 왔습니다. 그 중심에는 평화와 통일이라는 대주제가 큰 축을 이룹니다. 학습자는 평화로운 교실에서 자신의 생각과 느낌을 편안하게 친구들과 나눕니다. 이 과정을 통해 학습자가 분단과 통일, 평화라는 것이 남의 일이 아니라 '나의 일'임을 받아들이는 중요한 과정이라고 여기기 때문입니다.

4. 용어

이 책은 2021년부터 실행한 그림책 활용 평화통일교육에 대한 경기평화교육센터의 수업사례를 모으고 집필한 결과입니다. 책 소개에 앞서 세 가지 정도 언급하고자 합니다.

첫째, 북北을 지칭하는 용어를 조금씩 다르게 표현했습니다. 남측에 사는 사람들은 보통 북측을 '북한', 남측을 '남한'이라고 부릅니다. 그런데 북측에서는 남과 북을 '남조선', '북조선'이라고 부릅니다. 상호 존중의 정신에 입각하여 '북측', '북'이라고 하는 것이 좋지만 남측에서 통상 '북한'이라고 부르는 점을 감안하여 이 책에서는 '북한'이라고도 표현했습니다.

둘째, 학습자를 지칭하는 말이 조금씩 다릅니다. 집필자에 따라 '학생', '학습자', '어린이'라고 했습니다. 이 책에서 소개하는 평화통일교육 대상이 주로 초등학교 학습자들이기 때문에, 학생이자 어린이인 점을 감안할 때 크게 다르지 않은 대상임을 밝힙니다.

셋째, 그림책에 따라 게재된 그림 수가 각기 다릅니다. 이 책에 사용한 그림은 저작권 문제로 각 출판사에 그림(이미지) 사용 허가를 요청했고, 허락받은 몇몇 그림만 책에 실었습니다. 발문을 설명하는 데 꼭 필요한 그림이지만 사용하지 못한 부분은 수업 때 사용하는 교안의 슬라이드 장면을 캡쳐하여 활용했습니다.

내가 살고 있는 이 땅의 '평화'를 이야기한다는 것은 '나의 안전과 행복'을 위해 무척 중요한 일입니다. 이는 특정한 사람만 할 수 있는 일이 아닙니다. 누구나 주인공이 되어 아직 끝나지 않은 전쟁과 불안한 평화에 대해 자유롭게 말할 수 있을 때 더 좋은 사회로 나아갈 수 있습니다. 평화롭지 않은 하나하나를 들여다보고 그것들을 평화로 전환시키는 노력을 할 때, 우리가 바라는 더 큰 평화가 오리라 기대합니다. 그림책으로 이야기 나누는 평화통일교육이 그 작은 첫걸음이라고 생각합니다. 함께 집필하느라 애쓰신 경기평화교육센터 그림책 팀의 곽인숙, 김선아, 이정원, 이효정 선생님과 안영욱 사무처장님께 감사의 마음을 전합니다.

차례

여는 글 | 양훈도(경기평화교육센터 대표) 4
김민희(경기평화교육센터 교육위원) 6

1 『비무장지대에 봄이 오면』
분단을 감각하고 평화를 상상해요 _이효정 15

2 『기차』
분단선을 지나 평화를 그리는 기차 여행 _김선아 41

3 『엄마에게』
북쪽에 있는 엄마를 그리는 소년의 마음 _김선아 65

4 『여섯 사람』
전쟁은 왜 일어나는 걸까요? _곽인숙 89

5 『숨바꼭질』
일상의 평화, 전쟁이라는 반(反)평화 _김민희 113

6 『우리 할아버지는 열다섯 살 소년병입니다』
끝나지 않은 전쟁의 아픔을 위로합니다 _곽인숙 137

7 『온양이』
그림책으로 들어보는 1950년 가족 이야기 _김민희 163

8 『할아버지의 감나무』
서로의 상처를 치유하는 방법 _이정원 185

9 『평양에서 태양을 보다』
한반도의 남과 북에는 모두 사람이 삽니다 _김민희 211

10 『제무시』
저항하는 평화 _이효정 235

11 『적』
진실을 찾아내는 힘 _이정원 261

추천사 | 인경화(덕장초 교사) 288
이억배(그림책 작가) 290
황수경(평화를품은집 평화도서관 관장) 292
박미자(성공회대학교 연구교수) 294

1

분단을 감각하고 평화를 상상해요

『비무장지대에 봄이 오면』

수업에 앞서

우리 학생들은 분단된 사회에 살고 있다는 것을 얼마나 인식할까요? 2023년 국립통일교육원이 발표한 〈학교통일교육실태조사〉 결과를 참고하면, 70%에 가까운 학생들이 분단과 자기 삶의 연관성을 크게 인식하지 못한다고 볼 수 있습니다. 초·중·고 756개교, 총 80,460명의 학생 중, '남북 분단이 내 삶에 영향을 준다고 생각하나요?'라는 질문에 '그렇지 않다'라고 답변한 학생이 36.8%, '보통'으로 답변한 학생이 30.1%였습니다. 태어날 때부터 분단 상태였고 경쟁이 치열한 일상을 사는 학생들에게 분단은 기본값이 되었습니다.

분단 사회가 만든 남과 북 사람들의 마음을 분석한 김성경은 분단에 대한 무관심과 무감각은 그것을 "선택해야지만 안정적인 삶을 유지할 수 있는 한국사회의 현실을 의미"한다고 지적합니다.[1] 남북 대표자들의 말 폭탄과 군사훈련, 핵실험 등 갈등이 첨예해도 무관심을 유지하는 것은 현재 삶을 유지하려는 무의식 때문이라는 것입니다. 결국 '분단이 나의 삶에 별다른 영향을 끼치지 않는다'는 학생들의 생각 또한 고착화된 분단의 결과입니다.

분단은 이렇게 우리 사회 구성원의 무관심으로 유지되기도 합니다. 그것을 이대훈, 문아영은 '분단의 수행적 성격'이라고 설명합니다. 우리는 그 결과를 경험하는 것만이 아니라 분단이 유지되는 체제 안에서 행위자로 그것을 수행하고 있습니다. 분단은 고정되어 삶과 떨어진 것이 아니라 우리의 무관심, 북에 대한 혐오를 비롯한 다양한 행위와 실천으로 진행 중인 것입니다.[2]

---

1. 김성경, 『갈라진 마음들』, 창비, 2020, 56쪽.
2. 문아영, 이대훈 『분단체제를 살아내며 넘나드는 탈분단 평화교육』, 피스모모, 2019, 14-15쪽.

그래서 평화통일교육은 분단을 감각하는 것에서 시작해야 합니다. 우리가 사는 곳이 비정상적으로 분단되어 있음을 깨닫고 그것이 나와 우리의 삶에 미치는 영향을 생각해 보는 시·공간이 절실합니다. 분단 상황을 눈으로 볼 수 있는 현장에서 체험한다면 그 현실을 바로 느낄 수 있습니다. 군사분계선의 접경지역 같은 곳이 최적의 장소입니다. 현장을 찾기 어려울 때, 교실에서 분단을 감각하는 수업은 어떻게 가능할까요? 그림책으로 남과 북이 오갈 수 없는 현실을 인식하고 그곳에서 만들어가는 평화를 상상해보는 건 어떨까요? 『비무장지대에 봄이 오면』으로 그 사례를 나누어 보고자 합니다.

#비무장지대 #분단 #공존하는 평화 #이산가족 #만남의 자유

한 장에 담은 그림책 수업

주제	비무장지대를 통해 분단을 감각하고 평화를 상상해 본다	
1차시	• 질문과 생각 나누기	① 표지부터 탐색하며 비무장지대라는 공간이 어떤 곳일지 상상합니다. 구체적인 설명보다 그림을 통해 상상을 돕습니다.
		② 발문을 통해 분단이 사람들에게 주는 아픔과 어려움이 무엇일지 생각해 봅니다.
2차시	• 활동: 비무장지대를 평화의 땅으로 상상하며 꾸며보기	① 지금은 남북을 가르고 있는 비무장지대가 평화의 땅이 된다면 어떤 모습일지 어린이들의 바람을 들어봅니다.
		② 나누어준 종이에 각자 자신이 상상하는 '평화의 땅이 된 비무장지대'를 그림이나 글로 표현합니다.

★ 초등 교과 연계 ★

- [2국02-03] 글을 읽고 주요 내용을 확인한다.
- [2국02-04] 글을 읽고 인물의 처지와 마음을 짐작한다.
- [4도03-03] 통일의 필요성을 이해하고, 통일 감수성을 길러 바람직한 통일 방향을 모색한다.
- [4도04-02] 인간과 자연이 함께 살아야 하는 까닭을 이해하고, 공생을 위한 구체적인 실천 계획을 세우며 생태 감수성을 기른다.

그림책 소개

『비무장지대에 봄이 오면』은 제목 그대로 '비무장지대에 봄이 오면'을 시작으로 여름, 가을, 겨울 비무장지대의 풍경을 보여줍니다. 비무장지대 주변에서 살아가는 동물들과 인근에서 군 생활을 하는 군인들, 그리고 전망대를 찾는 할아버지의 모습을 계절별로 표현했습니다.

이억배 글, 그림, 사계절, 2010.

봄의 점박이물범과 여름의 새들, 고라니들은 가족과 형제와 시간을 보내지만 군인들은 힘든 훈련을 하고 할아버지는 북녘땅을 바라만 봅니다.

가을의 연어와 겨울 철새들은 자기가 태어난 곳, 따뜻한 곳을 찾아 자유롭게 오가지만 군인들과 할아버지는 다른 처지에 있습니다.

동물들의 자유로움과 사람들의 부자유함이 대비되어 분단 현실을 직관적으로 보여주는 그림책입니다.

『비무장지대에 봄이 오면』을 통해, 분단이 만든 제약과 어려움이 무엇인지 할아버지와 군인들의 모습을 보면서 생각해 볼 수 있습니다.

『비무장지대에 봄이 오면』을 읽어주기 전에

- '비무장지대'의 존재 자체를 모르는 어린이들도 있습니다. 표지 탐색을 통해 비무장지대라는 곳이 어떤 곳일지 먼저 상상해 봅니다. 표지에서 볼 수 있는 동물들을 탐색하고 녹이 슬고 찌그러진 것이 기차라는 것을 확인합니다. 기차는 왜 멈추어 오랜 시간 이 자리에 있었을지 생각해 보는 등, 비무장지대에 대한 관심을 높입니다.
- 책을 펼치면 내지 앞면과 맨 뒷면에는 한반도를 한가운데에 둔

세계지도가 그려져 있습니다. 앞면 내지의 한반도에는 빨간색 분단선이 있지만 뒷면에는 분단선이 없습니다. 책 읽는 순서대로 내지도 관찰한 뒤, 뒷면에서 달라진 것은 무엇인지 어린이들이 발견하도록 유도합니다. 왜 빨간색 분단선을 마지막 장에서는 없앴을지 의견을 물어보고 학생들의 생각을 듣습니다. 그림책이 분단선이 사라진 평화로운 한반도에 대한 염원을 담고 있음을 확인합니다.

전체 발문

1차시 발문
- 그림책을 읽고 드는 생각과 느낌은 무엇인가요?
- 비무장지대는 어떤 곳인가요?
- 왜 동그라미 안의 비무장지대를 보여줄까요?
- 비무장지대 안에 어떤 동물들이 있었죠?
- 봄·여름 동물들은 누구와 있나요?
  가족과 함께 있지 못하면 어떨까요?
- 가을·겨울 동물들은 어디로 가나요?
  가고 싶은 곳을 가지 못하면 어떨까요?
- 『비무장지대에 봄이 오면』 책에는 어떤 사람들이 나왔지요?
- 군인의 마음은 어떨까요?
  할아버지의 마음은 어떨까요?
  아이의 마음은 어떨까요?
- 다시 봄, 할아버지는 왜 전망대에 더 이상 올라가고 싶지 않을까요?

2차시 발문
- 남북을 나누는 비무장지대가 평화의 땅이 되면 할아버지는 무엇을 할까요?
  군인들은 무엇을 할까요?
- 남북이 평화로워지면 여러분은 무엇을 하고 싶은가요?
- 비무장지대에 살던 동물들은 사람들이 오가면 어떨까요?

🌱 1차시 그림책 장면별 톺아보기

주요 발문과 생각 나누기

수업에서 만나는 저학년 어린이들은 다양한 동물들과 고향을 그리워하는 할아버지의 모습이 계절별로 달라지는 그림에 집중하며 이야기를 듣습니다. 책을 읽고 소감을 나눈 후, 그림책에 등장한 동물들을 떠올리며, 자유롭게 고향에 갈 수 없는 할아버지의 마음은 어떨지 생각해 보기 위해 발문을 이어갑니다.

발문 1. 봄·여름 동물들은 누구와 있나요? 가족과 함께 있지 못하면 어떨까요?

가족과 함께 있는 동물들의 모습을 충분히 살펴본 후, 가족을 만나고 싶어도 만나지 못하면 그 마음이 어떨지 상상합니다. 분단 때문에 가족과 헤어진 사람들의 처지를 인식하도록 질문합니다.

"엄마한테 혼나지 않아도 되고 나쁘지 않을 것 같아요."
"동생은 맨날 절 귀찮게 해서 좀 떨어져도 좋아요."

부모님께 일방적으로 혼나서 억울한 마음이 남아 있는 어린이들, 형제자매와 싸운 기억이 있는 학생들은 '함께 있지 못해도 괜찮을 것 같다'는 이야기를 하곤 합니다. 오랜 시간 만날 수 없는 현실을 쉽게 상상할 수 없으니 그럴 법합니다. 이어서 "그런데 할머니, 할아버지가 될 때까지 만나지 않아도 좋을까요? 그렇게 되면 어떨 것 같나요?"라고 묻습니다.

"슬플 것 같아요."
"보고 싶을 것 같아요."
"보고 싶은데 가족을 못 보면 화가 날 것 같아요."
"너무 슬퍼서 가슴이 답답할 것 같아요."

친구의 감정 표현에 자기 감정을 더해 슬픔이 깊어지는 상황을 구체적으로 묘사하는 어린이들을 보며 '함께 배움의 경험이 이런 것이구나.' 하고 깨닫게 됩니다. 어린이들이 쉽게 상상하기 어려운 이산가족의 아픔이지만 동물들도 자유롭게 누리는 것을 그림책 속 할아버지는 누리지 못하고 있음을 질문과 이야기 나누기를 통해 확인합니다.
이어서 가을에 고향을 찾아오는 연어와 겨울에 휴전선 위를 자유롭게 날며 따뜻한 곳을 향해 가는 철새들의 모습을 보면서, 가고 싶은 곳을 갈 수 없을 때는 어떤 마음일지 생각해 봅니다. 답답하고 속상할 것 같다는 어린이들은 한 번도 생각해 보지 않은 상태를 머릿속에 그려봅니다. 많은 정보를 전달하지는 않지만, 비무장지대의 풍경을 통해 분단 현실을 알아보고 고향과 가족을 잃은 사람들의 아픔, 당연히 누려야 할 만남과 이동의 자유조차 누리지 못하는 우리 현실을 생각합니다.
사계절의 동물들이 어떤 자유를 누리는지, 그것을 누리지 못할 때 나는/우리는 어떤 마음일지 이야기 나눈 후, 계절이 변하는 동안 그림책에 등장한 사람들은 누가 있었는지 함께 확인합니다. 할아버지,

군인, 여름부터 할아버지와 등장하는 아이, 비무장지대 전망대를 찾는 관광객들. 어린이들은 하나하나 등장했던 사람들의 모습을 떠올립니다.

발문 2. 군인의 마음은 어떨까요? 할아버지의 마음은 어떨까요? 아이의 마음은 어떨까요?

비무장지대에서 자유로운 동물들과 함께 등장하지만 처지와 입장이 다른 사람들의 마음은 어떨지 생각해 봄으로, 분단의 아픔에는 어떤 것이 있을지 상상하게 합니다.

그림책에 등장한 주요 인물들의 마음이 어떨지 함께 생각해 봅니다. 다양한 동물들이 자유롭게 가족과 만나고 이동하는 모습과 달리 군인은 비무장지대 주변에서 훈련하고 할아버지와 아이는 북녘땅을 바라보는 장면이 대비되는 것을, 앞의 발문과 '생각나누기'를 통해 어린이들도 깨닫게 됩니다. 그림책에 등장하는 사람들의 마음을 물어보면 어린이들은 '힘들 것 같다', '집에 가고 싶을 것 같다', '외로울 것 같다', '가족이 그리울 것 같다'고 대답합니다. 감정을 표현할 수 있는 언어는 제한되어 있지만 그림책 이야기 속의 사람들 마음을 상상해보는 것입니다.

🌱 2차시 한 걸음 더 들어가기

발문 3. 남북을 나누는 비무장지대가 평화의 땅이 되면 군인은 무엇을 할까요? / 할아버지는 무엇을 할까요? / 여러분들은 무엇을 하고 싶은가요? / 동물들은 사람들이 오가면 어떨까요?

> **비무장지대를 평화의 땅으로**
>
> 남과 북을 나누는 비무장지대에서 남북의 사람들이 만나면 무엇을 할까요?
>
> 여러분들은 무엇을 하고 싶은가요?
>
> 비무장지대에 살던 동물들은 사람들이 오고 가면 어떨까요?

비무장지대를 평화의 땅으로 꾸미는 활동 전에 생각을 풍부하게 만들어 보기 위한 발문입니다.

1교시 그림책 읽기와 발문을 통해 비무장지대가 전쟁을 끝내지 못해 생겼으며 그로 인해 군인은 고된 훈련을 하고 할아버지는 가족을 만나지 못하는 아픔을 겪는다는 것을 알았습니다.

이제 평화의 땅이 된 비무장지대의 모습을 좀 더 구체적으로 상상하기 위해, 비무장지대가 평화의 땅이 되었을 때 군인들과 할아버지는 무엇을 할지 질문합니다.

"군인들은 나라를 지켜야 하니까 계속 훈련을 할 것 같아요."
"남북의 군인들이 만나서 악수를 할 것 같아요."
"할아버지는 고향 집을 찾아가서 기뻐할 것 같아요."
"가족을 만나서 너무 기뻐 춤을 출 것 같아요."

정답이 있는 질문이 아니므로 학생들의 다양한 이야기를 들어봅니다. 할아버지가 고향 집을 찾아가는 장면을 떠올리기도 하고, 그림책 장면처럼 가족을 만나 기뻐하는 모습을 상상하기도 합니다. 이어서 어린이들이 평화의 땅이 된 비무장지대에서 무엇을 하고 싶은지 묻습니다.

"책을 읽고 싶어요."
"게임을 하고 싶어요."
"축구를 하고 싶어요."
"그냥 놀고 싶어요."

특별한 무엇을 상상하기보다 자신들이 좋아하는 것을 열거합니다. 어린이들에게 평화는 자기가 좋아하는 것을 마음껏 할 수 있는 것인가 봅니다. 이야기 속 군인과 할아버지의 만남뿐만 아니라 북의 친구들을 만나 어울려 노는 것도 상상합니다. 편견 혹은 갈등의 대상과 긍정적인 접촉을 상상하는 교육이 편견과 적대감 해소에 효과가 있다고 합니다.[3] 그림책 속 인물뿐만 아니라 자신을 포함한 만남도 떠올려보게 하는 이유입니다.

사람뿐만 아니라 그림책 장면마다 빠짐없이 등장한 동물들에 대해서도 질문합니다. "비무장지대가 열리고 사람들이 드나들게 되면 동물들은 어떨까요?"

"싫을 것 같아요."
"멸종 위기 동물들이 사람들 때문에 사라질 수 있어요."

---

3. 추병완, "아동의 편견 해소를 위한 교수 전략 개발: 간접 접촉 이론을 기반으로," 『초등도덕교육 제36집』, 2011, 143-169쪽.

"사람들이 많이 다니면 더는 그곳에서 살 수 없게 돼요."

　동물들 입장에서 비무장지대에 사람들이 드나드는 것이 반가운 일이 아닐 수 있음을 생각해 보게 됩니다. 다양한 동물이 살 수 있었던 것은 사람들이 그곳을 드나들지 않았기 때문이죠. "그럼 동물들은 어떻게 하면 좋을까요?" 동물들도 위협받지 않을 수 있는 평화의 땅이 되려면 어떤 게 필요할지 의견을 듣습니다.
　또, 비무장지대의 지뢰와 철조망으로 동물들도 다치거나 고통받을 수 있음을 이야기할 수 있습니다. 지금과 같은 비무장지대 공간이 동물들에게도 안전하고 평화로운 공간만은 아니기 때문입니다. 할아버지가 그리운 가족을 만나기 위해 들어간 비무장지대에는 발을 잃은 멧돼지도 그려져 있습니다. 그 그림을 통해 지뢰의 피해를 이야기해 볼 수도 있습니다. 단, 어린이들이 사람과 동물의 목숨을 빼앗거나 신체의 일부를 잃게 할 수 있는 '지뢰'의 위험에 지나치게 집중하게 되면 수업의 흐름이 의도치 않게 흘러갈 수 있음을 유의해야 합니다.
　한반도 평화에 초점을 맞추는 수업에서 동물들의 입장까지 생각해 보는 것은 욕심이 아닐까 싶지만, 평화로운 땅을 만들기 위해서는 다양한 생명들과 공존하는 상상력도 필요합니다. 어린이들과 과학적인 지식을 갖추고 다양한 생물 종과 공생하는 방법을 구체적으로 이야기 나누는 것은 수업의 목표가 아닙니다. 우리가 그리는 평화로운 미래는 인간 중심만은 아니며 비인간 존재도 염두에 두어야 한다는 것을 생각해 보는 것만으로도 충분합니다.

활동. '비무장지대를 평화의 땅으로' 병풍책 만들기

　『비무장지대에 봄이 오면』에는 독자에게 해방감을 주는 장면이 있습니다. 사계절 동안 북녘땅을 바라보던 할아버지는 다시 봄이 왔을 때 전망대 오르는 일을 반복하지 않습니다. 굳게 닫힌 철문을 열고 비무장지대 안으로 걸어 들어가는 모습이 펼쳐지는데요. 이억배 작가는 책의 양면으로만 표현하지 않고 양면을 펼쳐 총 4면으로 공간을 확장하여 비무장지대를 걷는 할아버지와 아이의 모습을 보여줍니다. 할아버지의 꿈과 바람을 환상처럼 펼쳐 보여주는 것이죠. 그 장면에서 보는 이들은 사계절 동안 안타깝고 답답했다가 시원한 해방감을 느끼게 되어, 그림책의 하이라이트라 할 수 있는 장면입니다. 이 부분을 차용하여 어린이들이 비무장지대를 평화의 땅으로 꾸미는 활동을 합니다.

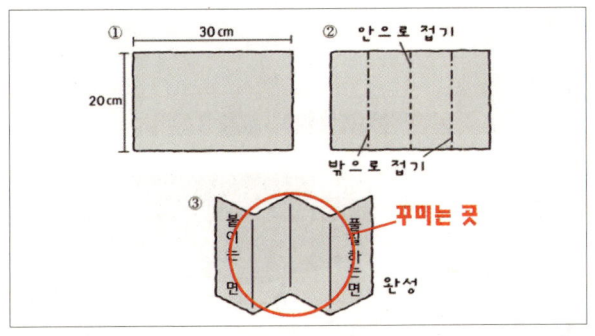

먼저 주재료인 활동지는 A4 크기로, 얇지 않고 접었을 때 세울 수 있는 정도면 좋습니다. 두께가 있는 종이로 만들어야 학생들의 작품을 풀로 붙여 연결해서 교실 뒤에 전시해 놓을 수 있습니다. 병풍책을 만드는 것처럼 계단 접기로 모두 네 칸이 만들어지도록 접습니다. 양끝은 다른 친구들의 작품과 이어 붙이는 면이니 가운데가 접혀서 안으로 들어가는 쪽, 2면만 꾸미는 것임을 숙지시켜 줍니다. 이를 숙지하지 못한 어린이들이 4면 모두 꾸미면 작품이 절반만 보일 수 있으니 잘 안내해주고, 작품 활동을 할 때 잘 살펴주어야 합니다.

평화의 땅이 된 비무장지대를 상상해서 그려보자고 하면 막막해하는 어린이들도 있습니다. 앞에서 발문을 통해 나눈 이야기, 남북의 군인들이 만나면 무엇을 할지, 할아버지는 어떤 모습일지를 그려보자고 제안하기도 합니다. 그것마저 어려우면 북의 친구들을 만나 가장 하고 싶은 것을 그려볼 것을 권합니다. 20분 정도 시간을 주고, 저학년 어린이들이 표현하고 싶은 것을 충분히 그려내도록 돕습니다.

학생들이 만든 작품은 모두 이어서 처음과 끝에는 그림책 속 '통일문'(비무장지대의 철문)을 붙입니다. 『비무장지대에 봄이 오면』 그림책 첫 수업에서 한 학급 학생들의 모든 작품을 이어 붙이니 양 끝뿐만 아니라 중간에도 그림을 잡아주는 도움이 필요했습니다. 통일문을 3, 4개 준비해서 작품을 완성하는 순서대로 여덟 작품 정도 먼저 연결하는 것이 좋습니다. 양 끝에 비무장지대 철문을 붙이고 그림을 펼쳤을 때 함께 보기가 더 쉽습니다.

통일문이 닫힌 상태에서 "통일문을 열어 평화의 땅을 어떻게 만들었는지 한번 볼까요?"라며 어린이들의 주의를 집중시킵니다. 통일문을 열며 작품들을 펼칠 때, 자기 작품의 위치를 확인하며 반짝이는 어린이들의 눈빛을 평화에 대한 바람으로 해석하면 너무 과할까요?

활동 결과 나누기

어린이들은 그림책 인물들이 평화를 맞이할 때의 모습을 주로 그립니다. 할아버지가 고향 집을 찾아가 행복하게 웃는 모습이나 남과 북의 군인들이 악수하는 장면을 묘사합니다. 자신들의 관심사와 생각들을 작품에 고스란히 드러내기도 합니다. 북의 친구들과 게임기로 게임을 하거나 축구 하는 모습이 담겨 있습니다. 워터파크처럼 신나게 놀 수 있는 공간을 거침없이 표현하기도 합니다.

1년에 한 번 그림책으로 만나는 수업으로는 어린이들의 평화와 통일에 대한 궁금증을 해소하고 생각을 키워가는 데 한계가 있을 수밖에 없습니다. 그럼에도 저학년 어린이들의 경우, 그림책 『비무장지대에 봄이 오면』 수업을 통해 우리나라가 남북으로 분단되어 평화롭지 못한 상태에 있음을 알게 됩니다. 이미 그 사실을 알고 있던 어린이들도, 수업을 통해 처음 알게 되는 어린이들도 그것을 인지하는 것에 그치지 않고 비무장지대 주변 사람들과 동물들의 이야기를 통해 분단의 문제점을 좀 더 생각해 볼 수 있습니다. 어린이들이 그림책 수업을 통해 지니게 된 분단에 대한 감각을 잃지 않고 평화를 상상할 수 있는 시간이 학교 안팎에서 이어지도록 더 많은 연구과 시도를 해야겠습니다.

다른 어린이들의 작품과 이어 붙일 시간이 없을 만큼 마지막까지 꼼꼼하게 표현한 어린이의 작품입니다. A4 종이 네 칸을 접어 가운데 두 칸에만 그려야 한다고 강조했지만 세 칸을 사용한 작품이기도 합니다.

화해의 초코 케이크, 남북이 나누는 화해의 언어, 평화의 땅이 된 한반도에서 기쁨을 나누며 사진 찍는 포토존까지. 어린이의 정성에 평화의 땅이 된 비무장지대의 모습이 풍성해집니다.

비무장지대의 동물들은 어린이들의 마음을 사로잡습니다. 평화의 땅이 된 비무장지대의 주인공이 사람보다는 동물이었으면 하는 마음이 작품에서 고스란히 드러납니다. 평화를 위한 공존을 사람들만이 아닌 비인간 존재들과 함께하는 것으로 상상한 것에 박수를 보냅니다.

사람의 발길로 멸종위기 동물들이 위험에 처하지 않기를 바라는 마음에 한 4학년 어린이는 생태 보호를 위해 사람들이 다니는 터널을 상상하기도 했습니다.

🌱 수업을 더욱 풍부하게!!

읽기 자료

1. 한반도 분단의 현장, 비무장지대非武裝地帶/DeMilitarized Zone, DMZ

1953년 7월 27일 맺은 정전협정에서 설정한 비무장지대는 「1948년 8월 12일 자 제네바 제협약에 대한 추가 및 국제적 무력충돌의 희생자 보호에 관한 의정서(제Ⅰ의정서)」에 근거 규정을 둡니다. 정전협정은 "국제연합군총사령관을 일방으로 하고 북한인민군최고사령관 및 중국인민지원군 사령관 및 중국인민지원군사령원을 다른 일방으로" 한다고 서언에서 밝힙니다. 정전협정 당시 이승만 정부가 북진통일을 주장했기에 정전협정 조인국에서 대한민국이 배제된 것입니다.

정전협정 제1조 1항에서는 "한 개의 군사분계선을 확정하고 쌍방이 이 선으로부터 각기 2km씩 후퇴함으로써 적대 군대 간에 한 개의 비무장지대를 설정한다"고 규정했습니다. 그러나 분단 70여 년 동안 남과 북은 조금씩 그 규정을 어겨, 정전협정 체결 당시 비무장지대 면적은 992km²였으나 시간이 지남에 따라 축소되고 있습니다. 군사분계선을 중심으로 남과 북 각각 비무장지대 4km의 거리를 지키는 구간이 거의 없으며, 중무장화 되어 있는 실정입니다.

이렇듯 비무장지대는 그동안 남과 북의 대립과 군사적 충돌을 상징하는 곳으로 우리에게 각인되었습니다. 그렇기에 그 인근의 접경지역은 남과 북의 적대 관계를 확인하는 안보관광지 역할을 합니다. 한반도 남쪽에 살고 있는 우리뿐만 아니라 외국인 여행객들에게도 그곳은 필수 코스가 되어, 남북 분단과 대결의 현장이 관광 상품으로 이미지화되어 있는 것이 현실입니다. 『비무장지대에 봄이 오면』의 한 장면에는 할아버지 주변에서 사진 찍는 관광객 중에 외국인들도 있습니다.

비무장지대의 현실을 그대로 담아낸 것입니다.

그러나 비무장지대를 평화와 생태의 공간으로 만들기 위한 노력들이 그곳을 이전과 다르게 인식하게 합니다. 1991년 남북기본합의서를 시작으로 2018년 「9·19 군사분야 합의서」까지, 비무장지대를 평화지대로 조성하기 위한 노력이 남북 당국 간에 있었습니다. 민간의 노력은 평화를 염원하는 세계인들과 함께하기도 했습니다. 2019년 10월 '위민크로스 DMZ(Women Cross DMZ)'에 참여한 15개국 출신 30여 명의 여성들이 방북 후 비무장지대를 통과해 남으로 온 일, 2024년으로 16회를 맞이하는 〈DMZ국제다큐멘터리 영화제〉를 통해 세계의 평화 이슈를 영상매체로 나누는 일 등이 그 예입니다.

비무장지대에 대한 수업에는 그림책이나 현장체험 학습, VR 활용 등 다양한 방법이 있습니다. 그것은 분단을 감각하는 과정으로 갈등과 대결의 현실을 인식하는 계기가 될 수 있습니다. 그러나 현실인식에 머물지 않고 갈등 전환과 평화를 위한 실천 공간으로서 비무장지대를 바라보는 계기가 되도록 한 발 더 나아가는 것이 필요합니다.

* 참고 자료
- 이정훈, 구자룡, 조진현, 「한국인과 외국인이 본 DMZ-'국토 분단'에서 '인식의 분단'으로」, 『이슈&진단』 제428호.
- 한겨레, "세계 여성평화운동가들, 평화 염원 안고 DMZ 가로질렀다", 2019년 10월 19일, https://www.hani.co.kr/arti/politics/defense/692605.html
- DMZ국제다큐멘터리 영화제 공식 홈페이지 https://dmzdocs.com/kor/

2. 지중해의 갈등지대, 키프로스의 비무장지대(UN 완충지대)와 평화교육

우리는 한반도를 세계 유일의 분단국이라고 강조하지만, 세계에는 갈등과 분쟁으로 분단선을 설정하고 갈등을 방지하기 위해 평화적으로 이용하는 곳들이 있습니다. 지중해의 남·북 키프로스와 아일랜드

공화국과 북아일랜드가 그러합니다. 그 지역의 갈등 문제를 구체적으로 알아보고 평화를 위한 노력을 참고하면 우리 분단 상황을 더 깊이 이해하며 우리에게 맞는 평화를 모색해볼 수 있습니다. 키프로스의 비무장지대라고 하는 UN 완충지대도 그중 하나입니다.

키프로스에는 그리스계 중심의 남키프로스와 튀르키예계 중심의 북키프로스 사이에 '그린라인(green line)'이라는 비무장지대가 있습니다. 국제 사회는 남키프로스 공화국만 인정하며, 북키프로스는 튀르키예만이 국가로 인정하고 있습니다. 각각의 수도인 니코시아는 과거 독일 베를린처럼 남북으로 분단되어 있습니다. 비무장지대가 형성된 결정적인 사건은 1963년 12월 니코시아 유혈 사태와 1974년 튀르키예 침공입니다. 1963년에는 약 1000명의 튀르키예계 키프로스인과 약 200명의 그리스계 키프로스인 사망했습니다. 1974년에는 1600여 명의 그리스계 키프로스인이 사망하고 실향민이 발생하는 등, 키프로스 사회에 쉽게 치유할 수 없는 상처를 남겼습니다.

키프로스는 지중해의 섬으로, 오랜 역사 동안 그리스와 튀르키예인이 공존해 왔습니다. 조화롭게 공존하기보다 기독교와 이슬람 종교를 기반에 둔 정체성이 분리되어 각각 살아온 것입니다. 그러나 근대에 와서 민족주의가 부상하며 그리스·튀르키예 정체성이 부각되고 영국의 식민 통치 동안 두 민족 간 갈등이 심화되었습니다. 결국, 독립 국가 건설 과정에서 그리스계 키프로스 공동체는 그리스로의 통합(에노시스)을, 튀르키예계 키프로스 공동체는 그리스와 분할을 주장하며 분열과 갈등이 첨예화하고 유혈 충돌에 이르며 파국으로 치닫게 되었습니다.

한반도의 비무장지대가 남북이 각각 관리하며 중무장화한 것과 달리 키프로스의 비무장지대 그린라인은 UN 평화유지군의 관리하에 철저히 비무장화되어 있습니다. 또 그린라인을 통해 남·북 키프로스는 서로 교류, 왕래하고 있습니다. 한반도 정전협정에는 미국, 중국 등 주변국이 개입되어 있는 반면 키프로스의 갈등에는 미국을 위시한 UN 국가들이 개입되지 않아 UN 완충지대 형성이 가능했다는 차이가 있습니다.

남·북 키프로스 주민들의 갈등은 그리스계와 튀르키예계의 갈등과 종교의 차이에서 출발했을 뿐, 이념과 체제가 다르지는 않습니다. 우리와 다른 점이지요. 그러나 무력충돌을 경험했으며 남북으로 분리되어 서로를 증오하는 교육을 해왔다는 공통점이 있습니다. 상대 집단을 악마화하고 적대감을 높이는 이분법적 관점의 교육이 진행되어 온 것입니다.

그러나 시민사회를 중심으로 상호이해와 존중을 위한 평화교육의 실험이 계속되고 있습니다. 남·북 키프로스 학생, 교사 교류 및 연수나 각 사회 구성원들이 상대 집단 가족들과 일정 기간 지내보는 홈스테이 등이 진행되고 있습니다. 이를 통해, '친구 아니면 적'이라는 논리를 해체하고, 각각의 정체성을 내세우기보다 공동의 정체성(키프로스주의)을 형성하고자 노력하고 있습니다. 키프로스 평화교육의 이런 시도들은 우리의 평화통일교육에 많은 함의를 줍니다.

* 참고자료
- 문선혜, 「한반도 DMZ와 키프로스 UN 완충지대 비교 연구」, 『북한법연구』 제26호, 2021.
- 한명섭, 「키프로스의 분단과 통일 문제에 대한 연구」, 『북한법연구』 제23호, 2020.
- 오기성, 「분쟁 이후 평화를 위한 키프로스의 교육과 한국 통일교육에의 함의」, 『교육연구』 82호, 2021.
- 키프로스 NGO 평화교육 단체 AHDR(Association for Historical Dialogue and Research) 홈페이지 https://www.ahdr.info/

3. 상상을 현실로, 독일의 '그뤼네스 반트(Grünes Band)'

고학년 어린이들과 비무장지대 관련 수업을 할 때, 키프로스 같은 비무장지대의 다른 사례뿐 아니라 그것을 평화와 생태의 가치에 맞게 만든 사례를 함께 보는 것도 큰 도움이 됩니다. 독일의 그뤼네스 반트가 그렇습니다. 그뤼네스 반트는 동·서독을 나누는 분단선에서 독일의 가장 큰 생태 거점, 유럽 최대의 자연보호 프로젝트로 발전했습니다. 동·서독 통일 과정에서 환경운동가와 시민들이 적극 참여했기에 가능했습니다.

그 가운데 독일의 최대 환경운동단체 분트(BUND)의 역할이 컸습니다. 동·서독 접경지역의 토지는 10여 년 동안 연방 정부에 귀속되어 있다가 2002년 소속된 각 주 정부에게 양도되었습니다. 각 주 정부의 처리 방안에 따라 사유화되어 농지나 다른 용도로 사용될 수도 있었던 것입니다. 그럼에도 생태 보호구역이 될 수 있었던 것은 분트가 주 정부와 기민당, 녹색당 등의 정치 세력과 지속적인 협의와 논의를 통해 자연과 생태를 가치의 중심에 두었기 때문입니다.

그뤼네스 반트는 한반도의 비무장지대 비전에 중요한 실마리를 줍니다. 한반도의 안정적 평화 체제 이후 비무장지대를 어떻게 보존할지에 대해 그뤼네스 반트의 사례를 참고할 수 있습니다. 그뤼네스 반트를 구상하고 만드는 데 이바지한 카이 프로벨 박사는 2014년 한국 방문 당시 인터뷰에서 "그뤼네스 반트처럼 한국의 DMZ는 정치·군사적 목적으로 만들어졌지만, 현재는 평화와 자연의 상징 등 수많은 이미지가 담겨있는 곳"이라며, "한국은 DMZ 보존에 대한 여러 가지 조사와 연구들이 마련돼 있어, 북한 측과 대화를 잘 이끌어간다면 독일보다 생태 보존을 잘 할 수 있을 것"이라고 강조했습니다. 남한의 의지와 구상이 아니라 북측과 그것을 잘 협의하고 그뤼네스 반트 형성 과정처럼 시민사회와 지역 정부가 수평적인 협의를 해가는 것이 관건입니다.

* 참고 자료
- 한상민, 「그뤼네스 반트(Grünes Band), 냉전의 경계선을 생명과 평화의 공간으로: 독일 통일 후 그뤼네스 반트의 발전 과정과 정책 현황」, 『한독사회과학논총』 제29권 제4호, 2019.

영상 자료

국립통일교육원
「클립영상」 "비무장지대는 어떤 곳일까?"

KBS '남북의 창'
800회 특집 '평화를 향한 여정… 키프로스는 지금'

KBS뉴스
독일 통일 30주년, 녹색평화지대 '그뤼네스 반트'

추천하는 그림책

『미어캣의 모자』
고학년 어린이들이 읽기 좋은, 분단 공간을 다룬 이야기입니다. 전쟁 이후, 지정된 색깔의 모자만 써야 하는 비무장지대의 동물들은 여러 불편을 겪습니다. 동물들의 특성에 맞는 모자를 제작하기 위해 아프리카의 미어캣을 초대하는데요. 계절에 따라 바뀌는 모자 색은 빨강에서 노랑, 파랑으로 달라집니다. 미어캣은 하늘과 바다, 밤의 달빛, 새벽빛에서 파랑을 떠올리며 동물들 저마다 다른 파랑 모자를 만들어줍니다. 하나의 색에서 다양한 빛깔을 찾는 동물들에게서 평화의 모습을 사유할 수 있는 그림책입니다.
임경섭 글·그림, 소동, 2019.

2

분단선을 지나
평화를 그리는
기차여행

『기차』

🌱 수업에 앞서

　기차를 타고 다른 나라 가는 일을 상상해본 적도 없는 우리, 하지만 우리의 기차도 분명 숨 가쁘게 다른 나라로 달려가던 때가 있었습니다. 1936년 베를린 올림픽을 위해 기차를 탔던 마라톤 금메달리스트 손기정, 국내 독립운동이 어려워지자 독립과 자유의 뜻을 품고 기차를 탔던 독립운동가들. 저마다 다양한 사연을 안고 기차를 탔던 그 시절 우리 선조들은 세계를 누비며 어떤 풍경을 보고 어떤 생각을 했을까요?

　그림책 『기차』로 상상하는 평화의 모습은 기차를 타고 서울역에서 출발해 함흥역을 지나 모스크바, 베를린, 파리, 런던에 이르는 기차의 여정에 있습니다. 지난날 우리 역사가 기억하는 기차의 추억을 다시 경험할 수 있다면 어떨까요? 전쟁을 겪은 남과 북이, 철조망을 세우고 서로의 공간을 지키던 남과 북이 서로를 향한 날 선 감정을 평화로 풀어나갈 수 있다면 '기차'가 보여주는 잔잔한 행복은 우리의 삶이 될 수 있을 것입니다.

　실제로 남과 북은 2000년 7월 개최된 제1차 남북장관급회담을 통해 경의선 철도(서울~신의주)를 연결하기로 했으며, 그해 9월 남측은 문산에서 휴전선까지, 북측은 개성에서 휴전선까지 각각 철도공사를 진행해 2003년 경의선 철도연결사업이 완료되었습니다. 2007년 5월 17일에는 문산~개성역 간 열차 시험운행을 한 데 이어, 2007년 12월 11일부터 경의선 문산~봉동 구간에 매일 1회 12량 편성으로 화물열차 정기운행에 들어간 적도 있습니다.

　하지만 남북관계는 기차 여정을 상상하기 어렵게 하기도 합니다. 2024년 북한은 최고인민회의 제14기 제10차 회의 시정연설에서 남북 당국 간 회담을 주도한 조국평화통일위원회, 남북 당국 및 민간의 교류협력을 전담한 민족경제협력국, 현대그룹의 금강산 관광사업을 담당해온 금강산 국제관광국 폐지를 결정했습니다.

　차갑게 굳고만 있는 남북관계 속에 우리 아이들은 어떤 가치를 배울 수 있을까요? 남과 북의 경계를 넘어 세계로 나아가는 기차를 통해 더불어 살아야 하는 우리를 상상하고 평화의 소중함을 느낄 수 있으면 좋겠습니다.

#소통　#자유　#더불어 삶　#희망　#기차여행　#시베리아 횡단철도

🌱 한 장에 담은 그림책 수업

주제	분단선을 지나 시베리아 횡단열차를 타고 세계 곳곳을 누비는 상상을 해본다.	
1차시	• 그림책 읽어주기 • 질문과 생각 나누기 • 활동: 포스트잇 적기	① 기차 타본 경험을 나누어 보고, 책의 느낌과 소감을 나누어 봅니다. 기차를 탄 승객은 어떤 사람들일지, 어떤 생각을 하고 있을지 상상하며 통일의 필요성을 느낄 수 있습니다.
		② 국경이 무엇인지 알아보고, 남과 북의 분단선에 대해 알아봅니다. 남과 북이 평화로워진다면 분단선이 어떤 모습이 될지 상상하고 발표할 수 있습니다.
2차시	• 분단선이 지워진 한반도에서 기차가 이동할 수 있는 나라를 알아보고, 승객이 된 나의 모습을 상상하기 • 활동: 통일기차 꾸미기	① '비밀의 숲'이라 표현한 비무장지대가 어떤 곳인지 알 수 있습니다. 평화로운 땅에서 살아가는 소중함을 알고 이야기 나눕니다. 기차 타고 대륙으로 뻗어나갈 나의 미래를 상상해 봅니다.
		② 기차를 꾸미고 가고 싶은 나라와 평화의 메시지를 적어봅니다. 대형 지도에서 가고 싶은 나라를 찾아보고, 친구들의 기차를 연결해 완성할 수 있습니다.

★ 초등 교과 연계 ★

- [2국01-01] 상황에 어울리는 인사말을 주고받는다.
- [2국01-03] 자신의 감정을 표현하며 대화를 나눈다.
- [2국01-05] 말하는 이와 말의 내용에 집중하며 듣는다.
- [2국02-03] 글을 읽고 주요 내용을 확인한다.
- [2국02-04] 글을 읽고 인물의 처지와 마음을 짐작한다.
- [2국03-03] 주변 사람이나 사물에 대해 짧은 글을 쓴다.
- [2국03-04] 인상 깊었던 일이나 겪은 일에 대한 생각이나 느낌을 쓴다.
- [2국05-02] 인물의 모습, 행동, 마음을 상상하며 그림책, 시나 노래, 이야기를 감상한다.

그림책 소개

기차가 지나는 길 위에는 오랜 세월 간절히 바라 온 소망과 가슴 뛰는 설렘, 놀라운 만남과 풍경들이 아름답게 펼쳐집니다.

지금은 갈 수 없는 남과 북의 경계를 넘어 세계로 나아가는 기차와 그 기찻길은 우리의 바람과 희망을 담고 있으며, 평화와 화합을 상징하고 있습니다.

천미진 글, 설동주 그림, 키즈앰, 2019.

『기차』를 통해 남북의 평화가 주는 자유를 마음껏 누리고 상상이 현실이 되기를 희망합니다.

『기차』를 읽어주기 전에

『기차』는 글밥이 적은 책입니다. 저학년도 스스로 읽을 수 있을 정도의 어렵지 않은 글에 색이 많지 않은 그림으로 그려져 있습니다. 빠르지 않은 속도로 읽어서 아이들이 그림을 충분히 보고 느낄 수 있게 해주세요.

그림책 속 다양한 풍경에 아이들의 마음이 촉촉이 젖어든다면, 책 읽기를 마무리했을 때 이미 기차 안에 탑승한 희망찬 눈망울들을 보실 수 있을 것입니다.

글을 읽기 전에 『기차』가 색이 많지 않음을 알리고, 책을 읽고 어떤 색이 느껴지는지 상상해보자고 미리 이야기해줍니다. 책 읽기가 끝나고 어떤 색이 느껴졌는지, 왜 그렇게 생각했는지 이야기 나눠보면 다양한 색을 느끼며 책에 빠져든 아이들을 만날 수 있습니다.

전체 발문

1차시 발문
- 기차를 타본 적이 있나요?
- 기차를 보고 들으며 어떤 느낌이 들었나요?
- 어떤 사람들이 타고 있을까요?
- 무슨 생각을 하고 있을까요?
- 기차 타고 다른 나라를 가본 적이 있나요?
- 다른 나라에 가려면 꼭 지나야 하는 곳이 있어요.(국경)
- 남과 북 사이에도 국경이 있을까요?
- 남과 북의 사이가 좋아진다면 오래도록 꼭꼭 닫혔던 '문'은 어떤 모습이 될까요?
- 남과 북의 '문'에는 무엇이 있으면 좋을까요?
- 비밀의 숲은 어디일까요?

2차시 발문
- 왜 비무장지대를 비밀의 숲이라고 했을까요?
- 기차 타고 비밀의 숲을 지나게 되면 무엇을 보고 싶은가요?
- 기차는 비밀의 숲을 지나 어디로 갔나요?
- 함흥은 어디 있을까요?
- 기차의 마지막 역은 어디일까요? 어디에 가고 싶나요?
- 이 기차의 승객이 된다면 어떤 기분일까요?

🌱 1차시 그림책 장면별 톺아보기

주요 발문과 생각 나누기

기차 타고 다른 나라에 가는 것은 아이들이 경험해보지 못한 일입니다. 그렇기 때문에 기차 타고 외국을 간다면 마주하게 될 국경에 대한 이야기를 나눠봅니다.

발문 1. 다른 나라에 가려면 꼭 지나야 하는 곳이 있어요.

여러 나라 사이의 국경과 다양한 국경선이 있음을 알게 하는 발문입니다.

수업을 시작하며 초성 퀴즈로 재미있게 '국경'이란 단어를 맞혀보고 '국경'이 무엇인지 알아봅니다. 국경이 땅 위의 선이나 강, 바다로 나뉘거나, 두 나라 이상의 국경이 맞물린 다양한 모습으로 존재함을 알려주기 위한 사진들로 수업을 이어갑니다. 초성으로 나라 이름을 숨기고 다 같이 맞혀보며 진행합니다.

미국과 캐나다의 국경 사진을 보며 "두 나라의 국경은 어디일까요?"라고 물어보면 아이들은 "바닥에 그어진 선"이라고 답합니다. "그럼 이 선을 내 맘대로 넘어갈 수 있을까요? 라고 물어보면 대부분 "안 돼요"라고 합니다. 국경은 삼엄하며 함부로 넘어가면 안 된다는 생각을 직관적으로 하고 있기 때문이라 생각합니다. "넘어가도 괜찮아요"라고 답해주면 놀랍다는 반응을 보입니다. 물론 모든 국경이 넘어가도 되는 것은 아니라는 설명도 덧붙여줍니다. 다음으로 보여주는 두 나라 이상의 국경이 맞물린 모습에 아이들은 재미있다는 반응을 많이 보였습니다. 독일과 벨기에, 네덜란드의 국경 사진을 보여주기 전 "하루에 세 나라를 둘러볼 수도 있어요"라고 하면 의아한 표정을 하다가 사진으로 확인한 후에는 꼭 가보고 싶다는 소망을 말해주기도 합니다.

다양한 모습의 국경을 보며 아이들과 재미있게 이름을 맞춰보고 기억해본 후 기차를 타고 국경을 지난다면 어떤 기분일지 아이들의 호기심을 일깨워봅니다.

발문 2. 남과 북 사이에도 국경이 있을까요?

앞서 살펴본 평화로운 국경과는 다른 남북의 '경계'를 보여줌으로, 전쟁이 끝나지 않은 상태임을 확인하고 우리 상황을 설명하기 위한 발문입니다.

다음 사진을 먼저 띄우고 아이들에게 무엇이 보이는지 물으면 "군인, 총, 철조망"이 보인다고 합니다. 보이지 않는 지뢰가 있을 것 같다고 하는 아이도 있습니다. 사진에서 보이는 것들을 이야기하고 난 뒤 '남과 북 사이에도 국경이 있을까?'라는 발문을 던지면 "네"라고 답하기도 하고, 질문의 의도를 파악하고 갸우뚱하기도 합니다.

다른 나라 국경과 다르게 남과 북 사이를 철조망과 군인이 지키고 있는 이유는 분단 때문입니다. 분단으로 인해 전쟁이 끝나지 않은 휴전상태임을 확인하고, 남과 북 사이의 철조망을 국경이라고 부르지 않는 특수한 상황을 설명합니다.

남과 북은 남북기본합의서에서 남북관계를 '통일을 지향하는 과정에서 잠정적으로 형성되는 특수관계'로 규정하고 나라 대 나라가 아닌 특수한 관계로 인정했기 때문에, '경계'라고 표현하면 된다는 점을 알려줍니다. 남과 북이 서로 적대시하지 않는다면 우리의 경계도 무기와 군인이 지키는 살벌한 모습이 아닌, 앞서 본 국경의 사진들처럼 평화로워질 수 있음을 생각해 봅니다.

첫 번째 발문을 통해 학생들이 다양한 나라를 많이 알고 있다는 점과 다른 나라를 가보고 싶다는 생각을 많이 하고 있다는 것을 알 수 있었습니다. 그렇기 때문에 두 번째 발문에서 평화로운 경계를 위해 무엇이 필요한지 생각해보고 평화의 중요성을 더 많이 이야기 나눌 수 있었습니다.

활동 1. 남과 북 사이의 문이 열린다면 어떤 모습이었으면 좋겠는지 상상해보기

남과 북의 만남의 시작점에 무엇이 있으면 좋겠다고 생각하고, 무엇이 필요하다고 생각하는지 학생들과 이야기 나눠보고 싶었습니다. 서울역을 출발한 열차가 철조망 사이의 '문'을 열고 비무장지대로 들어서는 장면을 그림책에서 만날 수 있습니다. 기차가 마지막 역 런던에 도착하려면 북측을 지나가야만 가능하기에, 아이들이 이 '문'이 열리는 장면을 꼭 기억하길 바라며 활동합니다.

활동을 시작하기에 앞서 남북의 '문'이 열리는 실제 사진을 보여주

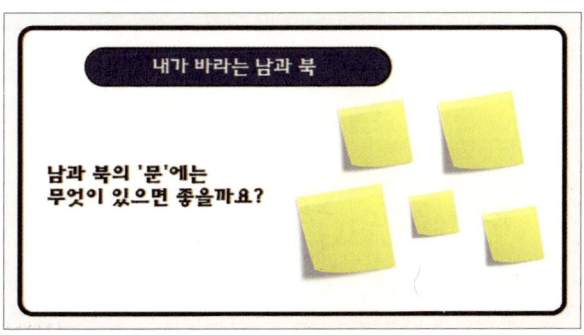

〈1차시 활동지〉
남과 북의 '문'이 열렸을 때 무엇이 있으면 좋겠는지 상상해 적어보고 발표하며 칠판에 포스트잇을 붙이는 시간을 통해 다른 친구들의 생각도 알아볼 수 있습니다.

고 철도를 연결했던 당시 이야기를 들려줍니다. 이 '문'이 열리면 남과 북이 만날 수 있으며 이 공간에 '문'이 아닌 '기차역'이 생긴다면 남과 북 사이의 첫 번째 '역'이 된다는 이야기도 전해줍니다. 남북의 첫 만남이 될 이 공간에 무엇이 있으면 좋겠는지 자유롭게 상상해보고 포스트잇에 적어 봅니다. 다 적고 발표한 후 포스트잇을 칠판에 붙여, 쉬는 시간 동안 서로 어떤 내용을 적었는지 다시 확인해봅니다.

기억나는 반 중 하나는, 종 치는 소리와 동시에 우르르 몰려온 아이들이 서로가 쓴 포스트잇을 확인하고 웃다가 기차놀이를 하자고 제안했던 반입니다. 친구들이 한 줄로 기차를 만들어 "칙칙폭폭"을 외치며 교실을 도는 모습을 보며 기차여행에 대한 기대감이 커졌음을 느낄 수 있었습니다. 즐거운 마음으로 아이들이 기차놀이 하듯 남북 사이의 첫 역을 흥겹게 밟게 되는 그날이 하루빨리 오길 희망합니다.

활동 후 생각 나누기

남북을 오가는 문이 열리고 기차가 지나가는 그림책의 장면은 아이들과 가장 이야기 나누고 싶은 포인트였습니다. 남북이 실제 철도선을

한 친구는 비무장지대에 지뢰가 있다는 이야기를 기억하고 동물들이 다칠까 걱정했습니다.
그 마음을 담아 '지뢰밭보다는 꽃밭이 있으면 좋겠다'고 발표하여 친구들의 박수를 받았습니다.

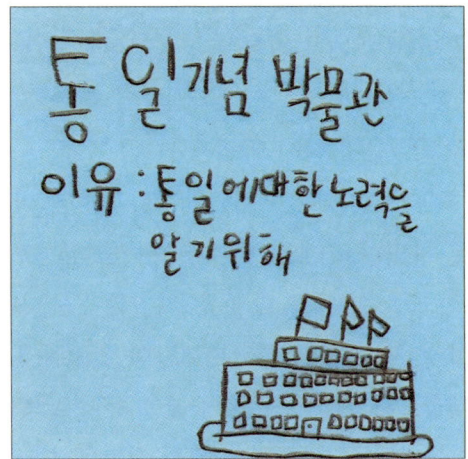

통일기념박물관이 있으면 좋겠다고 생각한 아이는 이유도 열심히 적어주었습니다. '통일에 대한 노력을 알기 위해서'라는 글귀를 보고 앞으로 더 열심히 수업해야겠다는 결심을 다지게 한 결과지입니다.

연결했을 때의 사진을 보여주고 그림책 속 모습과 대비해보면 아이들이 희망적으로 받아들이고 활동에 임할 수 있습니다.

대체로 생활에 필요한 공원, 놀이터, 편의점 등이 있으면 좋겠다는 의견이 많이 나왔습니다. 그 중 "편의점에 남쪽과 북쪽의 간식이 많이 들어와서 둘 다 맛볼 수 있으면 좋겠다"는 발표가 기억에 남습니다.

앞서 다른 나라 국경에서 봤던 짚라인을 기억하고 "짚라인을 만들어서 왔다 갔다 했으면 좋겠어요"라고 발표한 친구가 있었습니다.
이 친구는 다른 친구들의 "나도!"라는 대답을 가장 많이 들은 친구입니다.

아이들이 정말 좋아하는 놀이공원, 동물원도 심심찮게 나왔습니다. 남북이 함께하는 공간에 의미를 두면 좋겠다는 설명에 귀 기울인 친구들은 남북 기념품장이나 남북 박물관 등을 적었습니다. 비무장지대에 지뢰가 있다는 것을 기억한 친구는 "지뢰를 제거하고 꽃밭으로 만들면 좋겠다"는 발표로 친구들의 박수를 받기도 했습니다.

이 활동은 남북의 '문'이 활짝 열리는 상상을 하는 것에 의미를 두는 활동이며, 덧붙이는 활동으로 남북의 '문'에 이름을 지어보는 활동도 아이들이 적극적으로 참여하고 즐거워했습니다.

'자연의 문, 여행을 원하는 사람들의 문, 화해하는 문, 평화의 문, 우정의 문, 감사의 문, 남한과 북한이 함께 쓰는 문' 등 아이들이 만든 다양한 이름의 문에는 저마다의 소망이 담겨 있습니다. 발표하는 아이들의 눈빛에서는 언젠가 이 문을 열게 되리라는 희망도 느껴집니다.

평화를 바라는 마음은 누구나 같을 것입니다. 다음 세대에게는 철조망이 아닌 평화로운 역을 선물하고 싶다는 간절한 소망을 담아 봅니다.

2차시 한 걸음 더 들어가기

주요 발문과 생각 나누기

기차의 경로를 따라가며 기차에 탄 내 모습을 상상해봅니다. 문을 지난 기차는 비밀의 숲에 다다릅니다.

책에 나오는 비밀의 숲이 어디인지, 왜 비밀의 숲이라 표현했는지 이야기 나누며 비무장지대를 알아보고 비무장지대의 다양한 모습을 동영상으로 확인합니다.

발문 3. 왜 비무장지대를 비밀의 숲이라고 했을까요?

> 왜 비무장지대를
> 비밀의 숲이라고 했을까요?
>
> 기차를 타고 비밀의 숲을 지나게 된다면
> 여러분은 무엇을 보고 싶은가요?

비밀의 숲이라 표현할 만큼, 알 수 없고 들어갈 수 없는 공간인 비무장지대에 대해 자세히 알아보기 위한 발문입니다.

생각보다 많은 아이들이 비밀의 숲이 비무장지대임을 알고 있고, 비밀의 숲이라 표현한 까닭에 호기심이 많았습니다.

"왜 비무장지대를 비밀의 숲이라고 했을까요?"라고 질문하면, 많은 아이들이 "들어갈 수 없어서요", "우리가 모르는 동물이랑 식물이 많아서요"라는 대답을 해주었습니다. 이때 "비무장지대는 또 어떤 비밀이 있을까요?"라고 다시 물으면

"전쟁 때 슬픈 이야기가 숨겨져 있어요."
"저기 살던 가족들의 이야기가 숨겨져 있어요."

라는 대답도 함으로써 비밀의 숲의 '비밀'에 대해 조금 더 깊고 다양하게 이야기를 나눠볼 수 있었습니다. 실제로 볼 수 없는 비무장지대의 모습과 그 속에서 살아가는 동·식물을 동영상으로 확인하며 비무장지대를 어떻게 바라보고 미래에 어떻게 지켜가야 할지 고민하던 모습이 기억에 남습니다.

발문 4. 함흥은 어디에 있을까요?

그림책 속의 함흥역을 통해 한 번도 가보지 못한 북한 지역을 알아봅니다. 북한에 가게 되면 헤어진 가족들의 만남이 가능해짐을 생각해보기 위한 발문입니다.

남쪽에서 북쪽으로 갈 수 있는 기차선이 동해선과 경의선 두 개라는 것을 설명하고 기차선이 어디로 연결되어 있는지 확인해봅니다.

남북 사이가 좋았을 때 기차선이 연결되어 시범 운행까지 성공했다고 하면 아이들의 표정이 놀라움으로 가득합니다. 하지만 남북의 사이가 안 좋아진 뒤로는 기차가 오갈 수 없다고 하면 아쉬운 표정들이 역력합니다.

동해선으로 가면 그림책에 나온 어떤 역을 들를 수 있다고 이야기합니다. 어떤 역이었는지 기억하려고 애쓰는 아이들에게 "'냉면' 하면 떠오르는 곳이예요."라고 이야기해주면 십중팔구 "평양이요"라고 하는데, "비빔냉면으로 유명해요!"라고 다시 이야기하면 '함흥'을 떠올리는 친구들이 간간이 있습니다. '함흥냉면', '함흥차사' 등 함흥과 관련된 이야기를 나누며 함흥의 이름을 다시 기억하고, 한 번도 가본 적 없는 북쪽 지역의 함흥이 어디 위치하는지 알아봅니다.

"남쪽에서 출발한 사람들이 함흥역에 내린다면 어떤 이유로 내릴까요?"라고 물으면, 아이들은 "친구 만나러 가요", "일하러 가요", "여행하러 가요" 등등의 답을 합니다. 이때 "가족을 만나러 가는 분도 계시지 않을까요?"라고 다시 물으면 아이들은 "이산가족이요"라고 답합니다.

길이 열리면 많은 이산가족이 기차를 통해 고향에 가보고 헤어진 가족을 만날 수 있을 거라는 이야기를 하면 아이들은 숙연한 표정을 짓기도 하고, 빨리 만나면 좋겠다는 희망을 이야기하기도 합니다. 길이 열려 언제든 자유롭게 만날 수 있는 그때가 진정한 평화가 아닐까 하는 물음을 던지며 다음 발문으로 넘어갑니다.

발문 5. 기차의 마지막 역은 어디일까요?

그림책 속 마지막 역인 영국 런던으로 향하는 기차 속에 내가 있다고 상상해보기 위한 발문입니다.

광활한 러시아를 지나 마지막 역으로 향하는 기차의 여정에서 만나게 될 다양한 나라와 다양한 사람들을 생각해 봅니다. 기차가 마지막으로 섰던 역이 어딘지 확인하고 내가 이 기차에 타게 된다면 어디에 가고 싶은지 이야기 나눠봅니다. 기차가 마지막으로 섰던 역은 기찻길이 열리게 되면 우리도 갈 수 있는 역임을 설명할 때 학생들의 빛나는 표정은 희망을 느끼게 합니다.

"언젠가는 기찻길이 다 연결되지 않을까요?"

기차 타고 어디 가고 싶은지 물으면 아이들은 중국, 영국, 인도 등 다양한 나라를 이야기합니다. 철도로 이동할 수 없는 나라를 이야기하는 친구들이 많아서, 지금은 기차로 여행이 어렵지만 언젠가 모두 연결되면 좋겠다는 이야기를 전해주면 해맑게 웃는 아이들의 자유로운 상상이 너무 즐겁습니다. 이어서 비행기나 배가 아닌 기차로 여행하는 것의 장점이 무엇일지 이야기 나누고, 통일 후 이용 가능한 기차선을 사진으로 확인하는 과정을 통해 그림책 속 여정을 현실감 있게 담아봅니다.

기차가 우리나라를 출발해 외국으로 갔다면 돌아오는 기차도 있음을, 다양한 나라 사람들이 국제 역이 된 우리나라를 방문하게 될 것임을 설명하고 내가 그 속에 있으면 어떨지 생각해 봅니다. 또한 기차는 언제든 역에서 내릴 수 있음을 설명하며 기차를 타고 가다 어느 역에서 내리고 싶은지 상상하는 시간을 활동으로 이어갑니다.

마무리 활동 전, 시베리아 횡단열차를 타고 가는 모습을 촬영했던 '시베리아 선발대'의 사진과, 시베리아 횡단열차를 타고 가다 북한 사람을 만나 대화를 나눈 유튜버의 사진을 보고 소감을 들으며 호기심을 끌어올립니다.

활동 2. 나만의 기차 꾸미기를 통해 통일을 상상해요

기차 그림에 내 이름과 기차 이름, 기차 타고 가고 싶은 나라를 적고, 기차여행을 하다 만나게 될 북쪽 친구에게 하고 싶은 이야기도 적어봅니다.

    기차 모양 그림을 나눠주고 '나만의 기차'를 꾸며보게 합니다. 다양한 색을 사용해 그림을 그릴 수 있으며 기차에 꼭 적어야 하는 내용이 있음을 설명합니다.
    나만의 통일 기차를 꾸민 후 대형 지도에 우리 반 기차를 연결하여 통일에 대한 기대와 희망을 가져 봅니다.

활동 후 생각 나누기

    철도선을 따라 쭉 연결된 자신의 기차를 찾아보며 "예쁘다"고 하는 아이도, "뿌듯하다"고 하는 아이도 만나볼 수 있었습니다. "꼭 이 기차 타고 싶어요"라던 아이의 바람이 기억에 남습니다.
    기차에 적은 내용을 떠올리며 소감을 나누고 수업을 마무리합니다. 수업이 끝난 뒤에도 아이들은 연신 칠판으로 달려와 서로의 기차를 칭찬하기 바빴습니다. 그 안에 담긴 아이들의 마음이 꼭 현실이 되길 바랍니다.

백두산을 가보고 싶다는 친구는 '세계통일이 빨리 되어 다른 나라를 가고 싶다'는 포부를 당차게 밝혀 웃음을 주기도 했습니다.
기차가 세계로 나아가려면 남북이 친해야 한다는 이야기가 중요하다고 생각했는지, '우리가 친해지면 남북에 평화가 올 수 있다'는 표어 같은 멋진 글귀도 같이 적어준 친구의 작품은 오래 기억에 남을 것입니다.

기차 타고 지구 한 바퀴 돌아보고 싶다는 글귀가 유독 생각나는 까닭은 '우리 함께 놀자'는 소망이 잘 버무려졌다는 생각이 들어서입니다. 기차 타고 지구 한 바퀴 돌며 모두가 함께 놀 수 있는 내일이 빨리 오면 좋겠습니다.

한반도에서 영국 런던까지 철도선이 그려진 대형 지도에 아이들이 완성한 나만의 기차를 오려서 연결해 봅니다.

🌱 수업을 더욱 풍부하게!!

읽기 자료

1. 남북의 철도는 언제 다시 연결되었을까요?

전쟁의 상흔을 뒤로하고 남북으로 끊어진 철도를 다시 연결하자는 약속을 처음으로 한 것은 1991년 〈남북기본합의서〉입니다. 1990년 9월 4일 남과 북의 총리를 단장으로 하는 제1차 남북고위급회담이 서울에서 열린 후 1992년 10월까지 8차에 걸친 회담이 서울과 평양을 오가며 이어졌습니다. 그 결과 1991년 12월 제5차 회담에서는 '남북 간의 화해와 불가침 및 교류·협력에 관한 합의서'가 채택되었습니다. 이 합의서의 "남과 북은 끊어진 철도와 도로를 연결하고 해로, 항로를 개설한다"라는 합의 사항을 지키기 위해 남과 북은 철도 연결에 오랜 노력을 기울여 왔습니다.

본격적인 철도 연결은 〈6·15남북공동선언〉을 계기로 구체화됐습니다. 경의선과 함께 동해선 도로·철도의 남북연결사업이 추진되었고, 그 결과 경의선은 2002년 9월 18일 철도·도로 연결 착공식을 했습니다. 경의선 문산~개성 간 27.3km이 복구되었고, 2003년 6월 14일 남북 간 연결을 기념하는 행사를 했습니다. 2007년 5월 17일에 문산에서 개성역 간 시험운행을 한 데 이어, 같은 해 12월 11일부터 문산에서 봉동 구간에 매일 1회 12량의 화물 열차가 총 222회 정기운행을 했습니다.

동해선 또한 2004년 4월 17일 군사분계선을 지나는 선로가 복원되었으며, 남북출입사무소인 제진역까지는 2005년 12월에 완공되었습니다. 2007년 5월 17일 금강산역에서 제진역 간 25.5km를 시범 운행 했지만, 남북관계 경색으로 남은 구간의 철도 연결 및 정기운행은 더 이상 이어지지 않게 됩니다.

2. 남북 철도 연결의 이로운 점은 무엇일까요?

그림책 『기차』처럼 열차가 닫힌 문을 열고 달리게 된다면 그림책에 나온 여정을 실제로 재연할 수 있을 것입니다. 한반도를 시작으로 시베리아 횡단철도를 거쳐 유럽까지 달리는 기차는 삶의 영역을 넓히는 동시에 수송시간 단축으로 물류경쟁력을 강화해 동북아 지역의 경제협력 기반을 마련하게 할 것입니다. 기존 대륙철도망인 시베리아 횡단철도TSR, 만주 횡단철도TMR, 몽골 횡단철도TMGR와 부산항이 연결돼 운송 경로가 다변화됩니다. 그렇게 되면 우리나라의 물류경쟁력이 획기적으로 개선될 수 있습니다.

연합뉴스 동북아센터 월간 「마이더스」에 따르면 철도로 유럽 수출길이 열리면 선박을 이용할 때보다 운임도 컨테이너 1대당 1천 달러가량 절약된다고 합니다. 더 큰 경제효과는 중국, 러시아, 유럽 등과 육로 교역이 가능해지면서 세계 GDP의 60%를 차지하는 유라시아 경제권에 편입할 수 있다는 점입니다. 그뿐만 아니라 「아리랑 디지털 뉴스」에 따르면 부산에서 모스크바까지 배로는 30일이 걸리지만 철도를 이용하면 14일이 소요될 것으로 예상됩니다.

남북 철도 연결은 갈라진 국토를 연결해 철도의 기능을 회복하는 사업이자, 하늘과 바다가 아닌 대륙을 통해 나아갈 희망을 갖게 해줍니다. 그리고 국제 사회에서 남북의 위상을 높여줄 것이며, 경제 발전과 함께 한반도 평화에 큰 역할을 해줄 것입니다.

*참고 자료
- 김영대, 윤종석, "[남북경협] 유라시아행 기찻길 청신호" 연합뉴스, 2018.06.23., http://www.yonhapmidas.com/article/180704163139_710614.
- 김다혜, "'철도 혈맥 잇기'…이번엔 '단절 역사' 극복?", NEWS1, 2018.06.01. https://

www.news1.kr/articles/?3332961
- 강세훈, "동해선 마지막 단절구간 '강릉~제진' 잇는다…남북철도 연결 의지", 뉴시스, 2022.01.05 https://www.newsis.com/view/?id=NISX20220105_0001714053&cID=10401&pID=10400

영상 자료

[통일로 미래로] "열차 타고 북한 체험"…동해북부선 최북단 '제진역' / KBS 2021.05.29.

[도시의 품격] 남북철도연결-꿈꾸는 열차

비무장지대에 다시 찾아온 겨울 | 비무장지대 2부 [다큐 인사이트]

추천하는 그림책

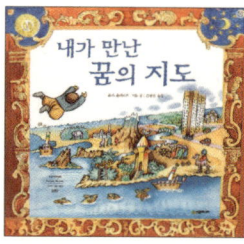

『내가 만난 꿈의 지도』
전쟁으로 이웃 나라로 가야 했던 가족 이야기입니다. 빵 사러 시장 간 아빠가 가진 돈으로 살 수 있는 건 손톱만 한 빵이었다며, 빵 대신 지도를 들고 오자 소년은 화가 났습니다. 다음날 아빠는 벽 하나를 차지할 만큼 큰 지도를 걸었고, 소년은 지도 속에서 절망적 현실을 잊고 새로운 공간을 만나게 됩니다.
난관을 희망으로 이겨내는 힘을 배울 수 있으며, 아이들에게 지도를 선물하는 어른이 되어 새로운 공간을 열어 줄 수 있길 고민하게 하는 책입니다.
유리슐레비츠 지음, 김영선 옮김, 시공주니어, 2017.

『국경』
국경의 의미와 나라마다 다른 국경의 역할을 알 수 있는 책입니다.
국경선이 만드는 문화의 다양성을 보여주며, 교류의 장이 되기도 하고, 넘을 수 없는 장벽이 되기도 하는 국경의 다양한 모습을 통해 국경은 무엇인가를 생각하게 해줍니다. 전 세계가 이어진 채로 살아야 하는 우리가 그려 갈 국경은 어떤 모습이어야 할지를 생각하며 남북의 경계를 다시 생각하게 합니다.
구돌 글, 해랑 그림, 책읽는곰, 2021.

『봄이의 여행』
전국의 장터를 여행하는 할아버지와 봄이가, 굳게 닫힌 비무장지대의 철문을 열어젖히고 북으로 장터 순례를 떠나는 이야기입니다. 세월이 흘러 기차를 타고 한반도를 벗어나 유라시아로 새로운 여행을 떠나는 것으로 마무리되는 이 책은 『기차』가 그리는 평화로운 한반도의 미래와 맞닿아 있습니다.
이억배 지음, 이야기꽃, 2019.

3

북쪽에 있는 엄마를 그리는 소년의 마음

『엄마에게』

🌱 수업에 앞서

어느 날 갑자기 가족과 헤어져야 한다면 여러분은 어떤 마음이 들까요?

우리가 살아가는 이 땅에는 만나지 못하고 헤어져 살아가는 가족들이 있습니다. 분단과 전쟁으로 평생 소식조차 모르고 살아가야 하는 이산가족입니다.

'언젠가 다시 만날 수 있겠지'라는 기다림의 시간은 쉬지 않고 흘러, 어느새 남과 북이 해방을 맞은 동시에 둘로 갈라진 지 79년이 되었습니다. 그러는 사이 많은 이산가족이 고령에 접어들거나 세상을 떠났습니다. 이산가족의 아픔을 근본적으로 씻어낼 대책은커녕 남북관계가 안 좋아지면서 그간 진행하던 이산가족 상봉도 이뤄지지 않고 있습니다. 분단이 길어질수록 이산의 슬픔은 무뎌지고, 세대가 지날수록 남과 북은 처음부터 다른 나라인 듯 인식되는 현실입니다. 이산離散의 그리움을 배워야 느낄 수 있는 세대가 더 많아진 지금, 분단 과정을 겪지 않은 우리는 전쟁통에 엄마와 헤어진 어린이가 어른이 되어서도 북쪽에 있을 엄마를 그리워하는 모습을 통해 이산가족의 슬픔을 짐작해 봅니다.

하지만 가족을 만날 수 없는 당사자들의 마음도 시간이 지난다고 무뎌질 수 있을까요?

임진각 평화누리에는 '망배단'과 '망향의 노래비'가 있습니다. 매년 명절이면 실향민들이 모여 조상의 넋을 기리고 〈잃어버린 30년〉이란 곡을 들으며 이산의 아픔을 달랩니다. 하염없이 눈물을 삼키고 돌아가는 이들이 진정 원하는 것은 무엇일까요?

『엄마에게』를 함께 읽는 동안 아이들이 이산가족의 아픔이 아직 끝나지 않았음을 함께 느끼고 기억할 수 있으면 좋겠습니다. 이 땅에 살아가는 많은 이산가족은 왜 헤어져야만 했을지, 헤어진 후의 삶은 어 떠했는지, 끊임없이 관심을 기울여야 함을 느끼기 바랍니다. 헤어진 가족이 만나는 것은 당연한 일임을 기억할 수 있는 시간이 되길 소망 합니다.

#분단 #이산가족 #공감 #봉선화 #장기려 #그리움

🌱 한 장에 담은 그림책 수업

주제	이산가족의 아픔을 공감하고 내가 할 수 있는 일을 생각해 본다.	
1차시	• 표지 보고 책 제목 맞히기 • 질문과 생각 나누기 • 활동: 포스트잇 적기	① 『엄마에게』 책을 읽고 장기려 박사의 삶과, 아빠 손을 잡고 내려온 아이의 모습을 통해 이산가족의 아픔을 느껴 봅니다.
		② 엄마와 헤어지게 된 까닭을 생각하며 분단 과정에 대해 알아봅니다. 엄마를 만나지 못하는 주인공의 마음을 생각하며 포스트잇에 메시지를 써봅니다.
2차시	• 이산가족의 현황 알아보기 • 활동: 책 표지 만들기	① 이산가족의 현황을 사진과 영상으로 알아보고, 이산가족을 위해 우리가 할 수 있는 일은 무엇이 있을지 생각해봅니다.
		② 책에서 가장 기억에 남는 장면을 떠올려 글과 그림으로 책 표지로 표현하고 새로운 책 제목을 만들어 봅니다.

★ 초등 교과 연계 ★

- [4국01-03] 원인과 결과의 관계를 고려하며 듣고 말한다.
- [4국02-01] 문단과 글의 중심 생각을 파악한다.
- [4국03-04] 읽는 이를 고려하며 자신의 마음을 표현하는 글을 쓴다.
- [4국05-02] 인물, 사건, 배경에 주목하며 작품을 이해한다.
- [4국05-04] 작품을 듣거나 읽거나 보고 떠오른 느낌과 생각을 다양하게 표현한다.
- [6국01-07] 상대가 처한 상황을 이해하고 공감하며 듣는 태도를 지닌다.
- [6국02-03] 글을 읽고 글쓴이가 말하고자 하는 주장이나 주제를 파악한다.
- [6국05-02] 작품 속 세계와 현실 세계를 비교하며 작품을 감상한다.

3. 북쪽에 있는 엄마를 그리는 소년의 마음 『엄마에게』

그림책 소개

두 달만 있다가 봄이 되면 고향에 갈 수 있을 거라고, 엄마를 만날 수 있을 거라고 믿었던 어린 주인공이 결국 엄마 품으로 돌아가지 못합니다.

엄마가 보내주신 소포에 담겨있던 사진, 봉선화 씨앗, 엄마가 불러서 녹음한 〈봉선화〉 녹음테이프를 받고 숨죽이며 울어야 했던 아버지…. 그런 아

서진선 글·그림, 보림, 2014.

버지를 바라보는 주인공의 슬픔이 절절하게 느껴지는 『엄마에게』는 아버지 산소에 핀 봉선화꽃을 바라보며 글을 맺습니다.

이산가족의 삶을 어른의 시선이 아닌 아이의 시선에서 풀어내기에 더욱 가슴 먹먹하게 느껴지는 책입니다.

『엄마에게』를 통해 분단 이후 남은 안타깝고 애달픈 이산가족의 삶을 들여다보려 합니다.

『엄마에게』를 읽어주기 전에

아이들이 책 읽는 사람의 감정에 따라가지 않고 스스로 느낄 수 있도록 읽어줍니다. 『엄마에게』는 몇 번을 읽어도 눈물이 절로 흘러넘치는 그림책입니다. 책 내용에서 감정이 자유로워질 수 있으려면 매우 여러 번 읽고 수업에 임해야 함을 당부하고 싶습니다.

2차시 마무리에 나만의 표지를 만드는 활동이 있습니다. 충분한 시간을 할애해 표지를 보고 제목을 상상하고, 실제 제목을 듣고 느낀 점도 이야기를 나누면 아이들이 생각했던 제목과 느낌을 바탕으로 어렵지 않게 활동에 임할 수 있습니다.

전체 발문

1차시 발문
- 책의 느낌이 어땠나요?
- 이 이야기가 실화를 바탕으로 한 것을 알고 있나요?
- 나는 왜 엄마와 헤어지게 되었을까요?
- 책 장면의 옥의 티를 찾아볼까요?
- 아빠는 왜 이불 속에서 울었을까요?
- 아빠가 소리 없이 이불 속에서 울 때 아이의 마음은 어땠을까요?
- 두 사진의 다른 점은 무엇인가요?

2차시 발문
- 남북으로 갈라져 만날 수 없는 가족을 뭐라 부르나요?
- 주인공은 어떤 꽃을 보고 엄마를 떠올리나요?
- 여러분은 가족을 생각하면 무엇이 떠오르나요?
- 이산가족의 소원이 이뤄지기 위해 필요한 것은 무엇일까요?
- 지금 이 시간 이산가족은?
- 책에서 가장 기억에 남는 장면은 무엇인가요?

🌱 1차시 그림책 장면별 톺아보기

주요 발문과 생각 나누기

발문 1. 이 이야기가 실화를 바탕으로 한 것을 알고 있나요?

『엄마에게』가 장기려 박사와 아들의 실화를 바탕으로 만든 이야기임을 확인하고 그의 삶을 자세히 알아보기 위한 발문입니다.

『엄마에게』가 실화를 바탕으로 만든 그림책임을 확인하고 누구 이야기인지, 어떤 상황이었는지 알아봅니다. 누구보다 환자를 위해 헌신하셨으며 가족을 만날 기회가 주어졌음에도 특혜를 받지 않겠다며 거절하신 마음까지 생각해 볼 수 있습니다.

장기려 박사 이야기는 예전 2학년 교과서에 실려 있었기에 수업을 진행할 때 많은 아이들이 알고 있었습니다. 하지만 장기려 박사가 훌륭한 의사라는 사실에 기억이 머물러있고 '이산가족'이라는 사실은 모르는 아이들이 많습니다. 그래서 매우 놀라워하는 모습을 보였습니다. 1985년 남북고향방문단 및 예술단이 서울과 평양을 오갈 때 정부는 장기려 박사에게 이산가족 상봉을 추진해주겠다며 방북을 제안합니다. 장기려 박사는 "그곳에서 내 생명이 다할 때까지 함께 살 수 있든지, 아내를 데리고 남쪽에서 살 수 있든지, 둘 중 하나라면 평양에 가겠지만 이도 저도 아니라면 사양하겠습니다"라고 했습니다. 수많은 이산가족이 기회를 기다리고 있는데 특권을 누릴 수 없다[1]며 상봉을 거절했다고 설명할 때는 모두 안타까워하는 모습을 보였습니다.

나라면 어떤 선택을 할 것 같은지 물었을 때 대부분의 아이들이 가족을 만날 것 같다고 대답했고, 장기려 박사처럼 만나지 않겠다고 하는 아이들이 간혹 나오면 너 나 할 것 없이 대단하다는 표정을 지으며 엄지를 치켜세우기도 했습니다.

발문 2. 나는 왜 엄마와 헤어지게 되었을까요?

주인공이 엄마와 헤어지게 된 까닭은 병원차 문을 열 수 없기 때문이지만, 그 전에 전쟁으로 피난을 떠나야 하기 때문이고, 그보다 전에 분단이 되었기 때문에 한국전쟁이 일어났음을 설명하기 위한 발문입니다.

'나는 왜 엄마와 헤어지게 되었을까요?'라는 발문은 분단을 설명하기 위한 것입니다. 아이들에게 주인공이 왜 엄마와 헤어지게 되었는지 질문하면, 그림책 속에서 헤어진 모습을 떠올리며 대답합니다.

"병원차 문을 못 열어서요."

---

1. 작성자 대한민국 통일부 | 한국의 슈바이처이자 피난민, 장기려 박사를 만나다[유니콘 in 부산 2편] https://blog.naver.com/gounikorea/222772818251

3. 북쪽에 있는 엄마를 그리는 소년의 마음 『엄마에게』

"아빠 짐을 가져다주러 돌아가서요."

엄마와 헤어지게 된 직접적인 원인은 병원차를 타게 된 주인공과 박사님이 환자들의 안전을 위해 엄마와 동생들을 보았음에도 차 문을 열 수 없었기 때문입니다. 하지만 그보다 더 깊이 들여다보면 가족이 헤어지게 된 원인은 전쟁이 일어났기 때문이고, 전쟁은 분단이 되었기 때문에 일어나게 되었음을 설명할 수 있습니다.

광복을 맞이한 우리나라는 소련과 미국의 분할점령으로 하나 된 나라가 아니었습니다. 분단은 전쟁의 씨앗을 안고 있는 상태였습니다. 이는 한국전쟁의 결과를 낳았고, 휴전이 되었으나 평화로운 협정을 맺지 못하고 분단이 고착화했음을 수업합니다.

아이들 대부분은 한국전쟁 과정을 상세히 알고 있지만, 해방과 동시에 3·8선을 긋게 된 분단 과정에 대해서는 명확히 알고 있지 않음을 알 수 있었습니다.

발문 3. 아빠는 왜 이불 속에서 울었을까요?

엄마의 소포를 받고 숨죽여 울어야 했던 아빠와 아들의 모습으로 이산가족의 마음을 공감하는 발문입니다.

베개를 베고 누워 엄마 사진을 품에 안고 눈물짓는 주인공과 이불을 뒤집어쓰고 있는 아빠의 모습을 보며 "아빠는 왜 이불 속에서 울었을까요?"라는 질문을 해봅니다.

"아들이 잠에서 깰까 봐요."
"너무 보고 싶어서요."
"들키기 싫어서요."
"잘살고 있는 모습이 다행이라서요."
"아들이 슬퍼할까 봐요."

아이들의 다양한 답에 긍정적 호응을 해주고 '누구보다 강하게 느껴졌던 아빠의 숨죽인 울음은 주인공에게 어떤 느낌이었을까요?'라는 다음 질문을 통해 슬퍼하는 아빠를 바라보는 아이의 마음도 헤아려 봅니다. 나아가 내가 가족과 헤어지게 된다면 어떨 것 같은지 생각해 보며 더 깊은 공감을 이끌어 낼 수 있습니다.

『엄마에게』가 어른들의 시선이 아닌 주인공의 시선에서 '엄마'를 그리워하는 그림책이기에 조금 더 친근하고 현실감 있게 아이들의 집중도를 높였다고 생각합니다. 그래서 수업에 참여하는 대부분의 아이들이 다른 세대 이야기로 생각하던 이산가족 이야기에 쉽게 몰입하는 모습을 보였습니다.

발문 4. 두 사진의 다른 점은 무엇인가요?

아이들에게 두 장의 사진을 보여주고 이야기를 나눕니다. 한 장은 그림책이 시작되며 봤던 온 가족이 모두 모여 찍은 사진이고, 다른 한 장은 그림책이 끝날 즈음 나왔던, 피난 이후 아빠와 주인공 둘이 찍은 사진입니다. 두 사진을 살펴보며 언제 찍은 사진인지, 다른 점은 무엇인지, 두 사진을 보고 느껴지는 점은 무엇인지 이야기해봅니다. 아이

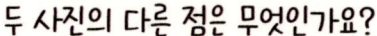

그림책 첫 장면과 마지막 장면을 함께 보며 가족사진의 변화를 보여줍니다. 가족에 대한 그리움과 헤어짐의 안타까움을 이야기 나누는 발문입니다.

들은 두 사진을 찍은 시점과 어떤 점이 다른지 잘 기억하고 대답해 주었습니다. 또한 아빠와 아들만 찍힌 사진에 안타까움을 많이 표현했습니다.

"같이 사진을 못 찍는 게 슬퍼요."
"옛날로 돌아가고 싶을 것 같아요."
"못 만나는 가족들이 걱정될 것 같아요."
"사진을 받은 가족들이 많이 울 것 같아요."
"당장 만나러 가고 싶을 것 같아요."

그 중 "예쁘게 찍어서 보여드리고 싶은 마음과 당장 갈 수 없는 상황에 대한 슬픈 마음이 동시에 날 것 같다."는 대답이 기억에 남습니다. 엄마에게 자신의 모습을 보여드리기 위해 짧아진 교복을 챙겨입고 부은 눈으로 사진을 찍던 주인공의 마음이 학생들의 마음에 깊이 박혔음을 느낄 수 있었습니다. 온 가족이 함께 찍은 가족사진과 헤어져 둘만 찍은 사진의 대비를 통해 가족에 대한 그리움과 헤어짐의 안타까움을 곱씹어볼 수 있는 발문입니다.

활동 1. 주인공에게 들려주고 싶은 이야기

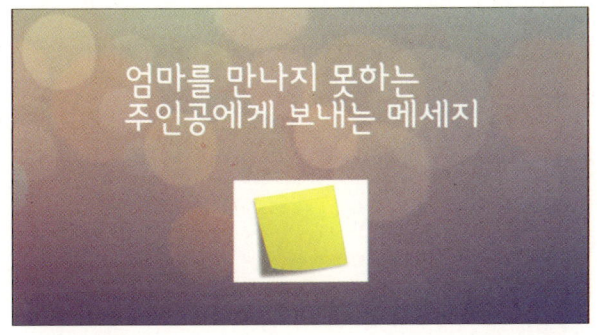

<1차시 활동지>
이 땅에 살아가는 이산가족의 아픔을 충분히 공감하고, 그림책 속 주인공에게 내가 들려주고 싶은 메시지를 포스트잇에 적고 발표하는 활동입니다.

그림책 읽기와 몇 가지 발문으로 간접적으로 느낀 이산가족의 아픔을 활동을 통해 풀어냅니다. 글로 표현하기 어려운 저학년들은 짧게 한 마디를 적어보는 식으로 진행하였고, 중학년 이상부터는 '편지를 쓴다' 생각하고 적어보라는 도움말을 주었습니다.

안타깝다는 마음으로 끝나는 것이 아니라, 이산가족에게 어떤 말을 전하면 좋을지 그리고 내가 할 수 있는 일은 무엇인지 생각해보는 활동입니다.

활동 후 생각 나누기

활동을 통해 아이들은 엄마를 만나지 못하는 주인공이 힘을 내면 좋겠다는 마음을 표현하기도 하고, 나중에라도 꼭 만나면 좋겠다는 위로를 건네기도 했습니다. 장난기 많던 친구들도 쪽지를 적을 때는 진심을 다해 적어주어서 주인공의 아픔에 충분히 공감하고 있음을 알 수 있었습니다.

저학년 아이들이 긴 글 쓰는 것을 어려워해 간단히 써보자고 독려

했는데, 쓴 글보다 더 많은 이야기를 발표하는 친구들이 많아서 놀라 웠습니다. "힘내"라고 적었던 친구가 "엄마를 꼭 만났으면 좋겠어, 힘 내"라고 하는 모습을 보며, 글로 적는 것은 어렵지만 전하고 싶은 말 이 많았다는 것이 느껴졌습니다.

한 자 한 자 꼭꼭 눌러쓴 글에서 주인공에 대한 마음이 충분히 전해집니다. 힘을 내라는 따뜻한 마음의 쪽지가 정말 많았습니다.

통일이 되면 엄마를 꼭 만날 수 있을 거라는 희망의 메시지를 남겨준 쪽지를 통해, 이산가족의 아픔을 해결하기 위해 통일이 되면 좋겠다는 바람도 느껴볼 수 있었습니다.

본인의 상황에 빗대어 주인공의 아픔을 생각해본 아이들의 쪽지에서 주인공을 향한 안타까움이 더 잘 드러났습니다.

🌱 2차시 한 걸음 더 들어가기

발문 5. 여러분은 가족을 생각하면 무엇이 떠오르나요?

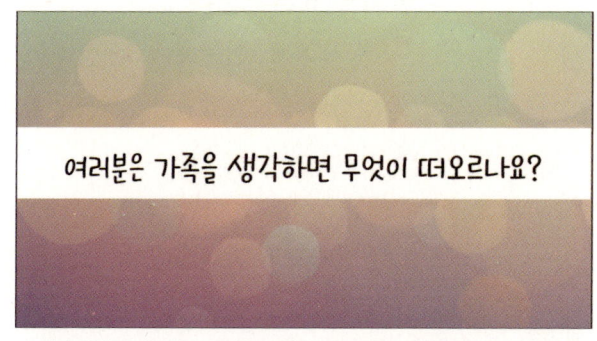

주인공이 '봉선화'를 보며 엄마를 떠올리듯, 학생들이 가족을 생각하면 떠오르는 것을 이야기 나누기 위한 발문입니다.

처음 발문을 만들 때는 주인공처럼 엄마를 생각하면 어떤 꽃이 생각나는지 물으려 했지만, 아이들의 더 다양한 감정 표현을 꽃으로 한정 짓지 않기로 했습니다. 엄마가 아닌 가족으로 확대한 것도 다양한 가족의 형태를 고려하고 더 많은 감정을 담아내면 좋겠다는 생각에서입니다.

주인공처럼 장미, 개나리 등 다양한 종류의 꽃을 이야기하는 친구들도 많았고, 행복함, 포근함 등 느낌을 표현하는 친구들도 있었습니다. 캠핑처럼 가족과 함께한 추억을 떠올리기도 하고, 계란말이나 장조림같이 부모님이 만들어주신 음식이 떠오른다는 이야기도 나누어주었습니다. 보조 질문으로 내가 가족과 헤어져야 한다면 어떨 것 같은지도 물어보았습니다.

"세상이 원망스러울 것 같아요."
"너무 슬프고, 어떻게든 따라가고 싶을 것 같아요."

"하늘이 무너지는 것같이 한 치 앞도 안 보이고 막막할 것 같아요."

당장 눈물을 쏟을 듯 슬퍼하던 눈망울들이 떠오릅니다. 아이들이 가족을 생각하며 떠올린 모든 것은 주인공에게 '봉선화'였음을 다시 상기합니다. 헤어진 가족이 만나는 것은 당연한 것임을, 꼭 이루어져야 하는 것임을 전해줍니다.

발문 6. 이산가족의 소원이 이뤄지기 위해 필요한 것은 무엇일까요?

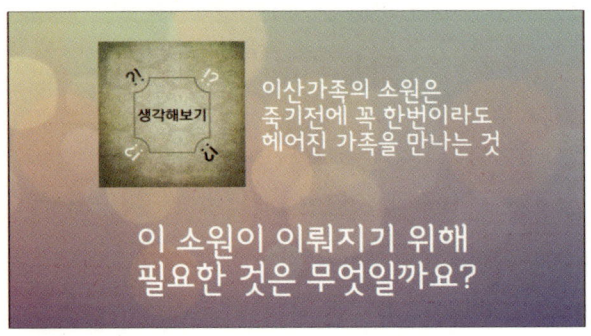

어른이 아닌 '우리가 할 수 있는 일'은 무엇이 있을지 궁리해보기 위한 발문입니다.

발문에 앞서 이산가족 현황을 알아보고 영상을 보며 그들의 삶을 느껴봅니다. 인터뷰 영상과 통계로 그들의 현실을 들여다본 후 심각한 표정을 짓기도 하고 "왜 안 만나는 거예요?"라고 묻기도 합니다.

이산가족의 소원은 '죽기 전에 헤어진 가족을 꼭 한 번이라도 만나는 것'이라는 점을 떠올리며 이 소원이 이루어지기 위해 필요한 것은 무엇일지 궁리해봅니다. 위 질문에 아이들의 답은 다음과 같습니다.

"이산가족 상봉을 해요."

"남과 북이 사이좋게 지내야 해요."
"편지를 전해줘요."
"영상통화를 하게 해줘요."
"통일하면 돼요."

모든 대답에 긍정적으로 반응한 후 "우리가 할 수 있는 일은 무엇일까요?"라고 다시 묻습니다.

"어른들에게 통일하자고 말해요."
"이산가족 홈페이지에 만나게 해달라고 글을 써요."
"북한을 미워하지 않을 거예요."
"대통령한테 화해하자고 편지를 보내요."
"통일하자는 팻말을 만들어요."

기발하고 가슴 뭉클한 모든 대답에 서로 박수로 화답한 뒤, 어른이 아닌 우리가 지금 당장 할 수 있는 일은 기억하는 일이라는 것을 확인합니다. '기억해주세요.'

활동 2. 나만의 『엄마에게』 책 표지 만들어 보기

활동에 앞서 책에서 가장 기억에 남는 장면이 무엇인지 아이들에게 묻고 호응합니다. 그림책 수업을 시작하며 책 표지를 보고 생각했던 제목도 기억해봅니다. 이를 토대로 그림과 편지글 등 자유로운 형식으로 나만의 표지를 만들어 봅니다. 수업을 진행하며 느낀 감정들도 곱씹으며 『엄마에게』가 아닌 새로운 제목도 지어봅니다. 완성된 책 표지를 발표하고 친구들과 소감을 나누며 마무리합니다.

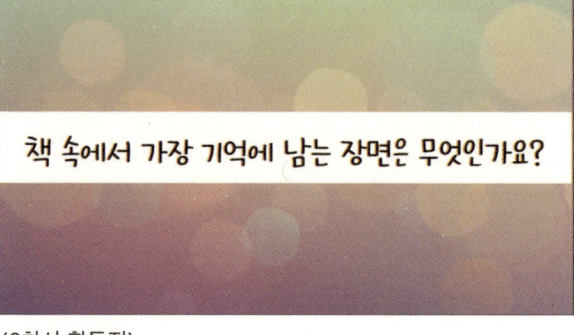

〈2차시 활동지〉
그림책 수업을 진행하며 가장 기억에 남는 것을 책 표지로 표현해 봅니다. 새로운 제목을 지어보고 글과 그림 등 다양한 방법을 사용하여 나만의 표지를 만들어 보는 활동입니다.

활동 후 생각 나누기

아이들 스스로 새로운 제목을 상상하고 표지를 꾸미는 활동을 하며, 이산가족의 마음을 이해하기 위해 노력하는 모습을 보여줬습니다. 더 나아가 이산가족의 아픔이 해소되길 바라는 마음을 표현하는 친구들을 보며 우리가 할 수 있는 일을 잘 기억해준 것에 감사했습니다. 시간이 많지 않은 이산가족에게 아이들의 이 따뜻한 마음이 전해지길 간절히 바랍니다.

꽃으로 표지를 꾸민 친구들이 많았고, 온 가족이 함께한 가족사진을 그린 친구들도 있었습니다. 철조망을 걷고 가족이 만나는 그림과 정말 아들이 된 듯 편지글을 남긴 표지도 기억에 남습니다.

"비록 난 하늘나라로 떠났지만 언제나 너희와 아들을 응원한단다"라며 엄마의 마음을 상상해본 작품입니다. 예쁜 그림과 함께 '따뜻한 봄'이라는 새로운 제목도 만들어주었습니다.

〈다시 만날 수 있는 엄마에게〉라는 새 제목을 제시해준 친구의 작품입니다. 주인공이 가족을 만나길 간절히 소망하는 마음이 그대로 전해졌습니다.

🌱 수업을 더욱 풍부하게!

읽기 자료

남북 이산가족이란 사유와 경위를 불문하고 현재 남한과 북한으로 흩어져 있는 친척·인척 그리고 배우자 등이며, 남북 이산가족의 교류는 남북 이산가족 사이에 이루어지는 서신·전화·통신·방문·재회·재결합 등의 접촉 활동을 말합니다.[2]

2024년 1월 통일부의 '이산가족정부통합시스템'이 발표한 남북 이산가족 신청 현황에 따르면 고령화로 인한 사망자 비율이 높아지고 있으며, 상봉 대상자 대부분의 생애 상봉 시한이 임박했음을 알 수 있습니다.

• 개요(대상: '88~'24.1.31 신청인 등록분 133,989명)

구분	신청자	생존자	사망자
전월 대비	+5	-335	+340
'88~현재	133,989	39,258	94,731
'88~전월	133,984	39,593	94,391

• 생존자 현황(연령별)

구분	90세 이상	89-80세	79-70세	69-60세	59세 이하	계
인원수(명)	13,093	13,551	6,870	3,665	2,079	39,258
비율(%)	33.4	34.5	17.5	9.3	5.3	100

2. 통일부 홈페이지 https://unikorea.go.kr/unikorea/business/solve/reunion/current/

• 사망자 현황

구분	90세 이상	89-80세	79-70세	69-60세	59세 이하	계
인원수(명)	29,398	40,930	19,833	4,579	991	94,731
비율(%)	30.0	43.2	20.9	4.8	1.1	100

이처럼 한시가 급박한 당사자들의 이해관계와 반대로 2024년 2월 11일 통일부의 '남북이산가족 교류 현황'에 따르면 2023년 남북 이산가족 교류는 민간을 통한 서신교환 2건이었던 것으로 나타났습니다. 이는 정부 차원의 교류 및 민간 차원의 교류 전체를 통틀어 1990년 이래 최저 실적을 기록한 것입니다.

통일부의 '최근 10년 이산가족 교류 현황'에서는 이산가족 상봉은 2018년 이후 당국 차원에서 급감하고 민간 차원에서만 이뤄짐을 알 수 있습니다. 민간 차원의 생사확인과 서신교환 또한 눈에 띄게 줄어들었음을 알 수 있습니다.

현재 남은 이산가족 신청자는 생존자보다 사망자가 배 이상 많아졌습니다. 기대수명이 얼마 남지 않은 점을 감안하면 모든 생존자가 향후 생애 한 번이라도 상봉하기 위해서는 더 많은 기회를 늘려야 함을 체감할 수 있습니다.

2013년 박근혜 정부 들어서는 정부 차원의 생사확인이 2013, 2015년에 진행됐고 상봉은 2014, 2015년에 각각 813명, 972명이 참여했습니다. 문재인 정부 들어서는 2018년에 상봉 170건이 이뤄져 833명이 참여했습니다.

윤석열 정부 출범 이후에는 정부 차원 교류는 단 한 건도 없습니다. 간간이 이어오던 민간 차원 교류도 2022년 생사확인 1건, 서신교환 2건에서 2023년 서신교환 2건으로 전무하다시피 한 실정입니다.

이산가족 교류는 인도적 차원의 문제이며, 다른 사항과 무관하게

구분 교류유형 연도	당국 차원										민간 차원				
	생사확인		서신교환		방남 상봉		방북 상봉		화상 상봉		생사확인	서신교환	기타	상봉	
	건	명	건	명	건	명	건	명	건	명	건	건	건	건	명
1985	65	157			30	81	35	76							
1990											35	44		6	
1991											127	193		11	
1992											132	462		19	
1993											221	948		12	
1994											135	571		17	
1995											104	571		17	
1996											96	473		18	
1997											164	772		61	
1998											377	469		109	2
1999											481	637		200	18
2000	792	5,276	39	39	201	1,720	202	674			447	984		152	392
2001	744	4,937	623	623	100	899	100	343			208	579		170	493
2002	261	1,635	9	9			398	1,724			198	935		208	616
2003	963	7,091	8	8			598	2,691			388	961		283	677
2004	681	5,007					400	1,926			209	776		188	470
2005	962	6,957					397	1,811	199	1,623	276	843		95	261
2006	1,069	8,314					594	2,683	80	553	69	449		54	105
2007	1,198	9,121					388	1,741	278	1,872	74	413		55	167
2008											50	228		36	97
2009	302	2,399					195	888			35	61		23	51
2010	302	2,176					191	886			16	15		7	18
2011											3	21		4	14
2012											6	16		3	6
2013	316	2,342									9	22		3	5
2014							170	813			6	11		5	10
2015	317	2,155					186	972			4	26		1	4
2016											6	43		3	8
2017											10	46	1	1	2
2018	292	1,996					170	833			7	36	1	1	1
2019											2	16		1	1
2020												4			
2021												3			
2022											1	3			
2023												2			
2024															
합계	8,262	59,563	679	679	331	2,700	4,024	18,061	557	3,748	3,896	11,646	2	1,757	3,418

이산가족 교류 현황(2024년 1월, 통일부 홈페이지)

일관적인 추진이 필요합니다. 하루빨리 이산가족 문제가 근본적으로 해결되어 계속되는 기다림의 나날이 끝나길 바랍니다.

* 참고 자료
• 김예진, "이산가족 교류 34년 만에 '역대 최악의 성적표'" 세계일보, 2024-02-11, https://www.segye.com/newsView/20240211503726?OutUrl=naver.

영상 자료

[부산재발견] 사람을 품었던 의사 장기려 | KBS 방송

두 사람은 왜 북한과 가장 가까운 땅에 집을 지었을까? 함경도 아오지 출신 부부가 고향 집과 똑같은 모양으로 지은 나무 굴뚝집 #건축탐구집

70년간 죽었다고만 생각한 남편과의 떨리는 재회 | 70년의 이별 두 시간의 재회 | 이산가족 상봉 | 다큐 시선 | #골라듄다큐

추천하는 책

『한반도 분단과 평화 부재의 삶: 성찰과 치유를 위한 이산가족 이야기』
한반도의 여러 유형의 이산가족을 설명하고 이산가족 문제의 복합적 측면을 보여주는 책입니다. 분단 상황 아래 이데올로기 경쟁과 대립이 빚어낸 이산가족의 사례와 각자의 처지에 따라 현지 사회에 적응해야 했던 디아스포라의 이산 체험을 구술자료를 통해 이해할 수 있습니다.
김병로 지음, 아카넷, 2013.

추천하는 그림책

『선생님, 바보 의사 선생님』
주인공의 아버지 장기려 박사의 이야기를 그림책으로 담았습니다. 병원비가 없는 사람도 치료하기 위해 노력했던 바보 의사 장기려 박사의 이야기와 『엄마에게』를 함께 읽으면, 주인공과 장기려 박사의 상황과 아픔을 더욱 이해하기 좋습니다.
이상희 지음, 웅진주니어, 2006.

『달빛다리』
할머니가 그리움에 사무쳐 달을 바라보다가, 달빛다리를 건너온 할아버지와 상봉을 이루고 서로의 아픈 이야기를 혼잣말로 나누는 모습이 가슴 아린 그림책입니다. 이산가족의 상봉이 한 번의 만남이 아니라 지속되어야 함을 느끼게 하기에 충분한 그림책입니다.
양정숙 글, 홍정혜 그림, 가문비어린이, 2023.

『작은 별의 전설』
기러기 가족이 남쪽 나라로 길고 긴 비행을 하다가 헤어지게 됩니다. 아빠 기러기가 전해준 '48개의 작은 별'이 안내하는 대로 남쪽 나라로 내려온 어린 기러기의 이야기를 담은 책입니다. 48개의 별이 무엇을 의미하는지, 헤어진 기러기가 다시 만났을지를 생각하며 이산가족의 아픔과 개성공단을 들여다볼 수 있습니다.
박영옥 지음, 아름주니어, 2019.

4

전쟁은 왜
일어나는 걸까요?

『여섯 사람』

🌱 수업에 앞서

평화는 저절로 오지 않습니다.

지금도 지구의 다른 한쪽에서는 전쟁이 일어나고 있습니다. 정의로운 전쟁이란 존재할까요? 인류의 역사와 함께 계속되는 끊임없는 전쟁의 역사… 전쟁은 도대체 왜 일어나는 걸까요?

평화는 자연스럽게 오지 않습니다.

"함께 생활하는 인간들 사이의 평화 상태는 결코 자연 상태가 아니다. 자연 상태는 오히려 전쟁 상태다." 독일 철학자 칸트의 말입니다. 인류가 아무것도 하지 않는다면 전쟁이 일어날 수 있음을 경고하는 말입니다.

반면 인류는 평화를 지향하는 사회적 본성도 있습니다. 진화 심리학자이자 인지 과학자인 스티븐 핑커는 "인류의 기나긴 역사에서 폭력은 계속 감소해 왔으며, 평화와 권리를 증진하는 방향으로 진보해 왔다."[1]라며 다양한 연구를 통해 주장합니다. 인류가 평화 지향적인 방향으로 느리지만 진보하고 있다는 그의 주장에 전적으로 동의합니다. 그러나 평화는 한없이 이상적인 상태로 추앙되는 만큼 현실적으로는 어렵게 실현되는 것도 사실입니다. 인류의 공존과 평화의 실현을 위해 우리는 끊임없이 노력해야 합니다.

그렇다면, 어떤 선택들이 전쟁을 일으키는 원인이 될까요? 전쟁을 일으키는 자들은 누구이고, 전쟁을 막을 방법은 있을지, 평화를 지켜낼 방법은 무엇인지… 이 책을 함께 읽으며 수업하다 보면 이어지는 질문들이 꼬리에 꼬리를 물게 됩니다.

작은 오해가 전쟁을 일으키기도 합니다. 그 작은 오해는 소통하지

---

1. 『우리 본성의 선한 천사-인간은 폭력성과 어떻게 싸워 왔는가』, 스티븐 핑커 글, 김명남 번역, 사이언스북스, 2014.

못하는 관계에서 비롯되기도 합니다. 갈등을 겪고 있는 지구 반대편뿐만 아니라 한반도의 남과 북은 충분한 소통을 하고 있는지 궁금해지는 이유입니다. 우리 땅에서 평화를 지키기 위해, 또 반복되는 실수를 피하기 위해 어떤 선택을 할 수 있는지 고민하게 됩니다. 이 책 『여섯 사람』은 전쟁과 평화에 대한 다양한 이야기들을 나눠 볼 수 있는 훌륭한 책입니다.

#전쟁의원인 #소통 #갈등 #진정한평화 #평화를위한실천

🌱 한 장에 담은 그림책 수업

주제	전쟁의 무모함과 평화를 위한 실천	
1차시	• 표지 보고 책 이야기 상상하기 • 그림책 읽어주기 • 질문과 생각 나누기 • 활동 1: 〈여섯 사람의 평화 이야기〉	① 책을 읽고 줄거리를 말해보면서 이야기를 정리해 봅니다. 이 책은 줄거리가 간단하지만 많은 의미를 포함하고 있습니다. ② 그림책 내용을 잘 이해했는지, 왜 제목이 '여섯 사람'인지, 군인들과 농부들의 생각은 어떨지 등등 중요한 책 내용에 대해 다양한 질문과 대답으로 생각을 나눕니다. ③ 마지막 살아남은 여섯 사람의 새로운 이야기를 상상해서 뒷이야기 만들기를 해봅니다.
2차시	• '전쟁'에 대한 이미지와 원인에 대해 알아보기 • 활동 2: 평화로운 세상을 위한 나의 실천 찾아보기	① 전쟁은 왜 일어나는지, 전쟁의 원인에 대한 다양한 생각들을 나눠봅니다. ② 그림책의 상황에서 우리나라의 분단 상황까지 연결 지어 이야기를 나눕니다. ③ '전쟁'의 부정적인 감정을 '평화'의 감정으로 바꿔보며 일상에서 평화를 위한 실천을 생각해 봅니다.

★ 초등 교과 연계 ★

- [2바02-03] 차이나 다양성을 서로 존중하며 생활한다.
- [4도02-03] 공감의 태도가 필요한 까닭을 이해하고, 도덕적 상상력을 바탕으로 대상과 상황에 따라 감정을 나누는 방법을 탐구하여 실천한다.
- [4도03-03] 통일의 필요성을 이해하고, 통일 감수성을 길러 바람직한 통일의 방향을 모색한다.
- [6도02-02] 편견이 생겨나는 원인을 탐색하여 해결 방안을 살펴보고, 다양성 존중을 바탕으로 다른 사람과 올바른 관계를 맺기 위한 실천 방안을 탐구한다.
- [6도03-04] 다른 나라 사람들이 처한 여러 가지 상황을 종합적으로 이해하고 해결 방안을 탐구하며 인류애를 기른다.

그림책 소개

이 책에는 평화롭게 살 땅을 찾아 나선 '여섯 사람'이 등장합니다. 여섯 사람은 잘살게 되자 걱정과 함께 욕심이 생겨 전쟁을 일으키고, 결국 양측 군대는 전멸한 채 살아남은 양쪽의 여섯 사람만이 다시 평화롭게 살 땅을 찾아 나섭니다. 그들은 진정한 평화의 땅을 찾았을까요?

전쟁과 평화에 대한 풍자를 통찰력 있게 그려낸 이 책은 단순하면서도 다양한 이야깃거리를 담고 있습니다.

데이비드 매키 글·그림, 김중철 옮김, 비룡소, 1997.

『여섯 사람』을 읽어주기 전에

이 책은 초등 저학년부터 중·고등학생, 성인에 이르기까지 모든 세대와 함께 나누기에 충분한 내용을 담고 있습니다. 무채색의 펜 선을 사용한 그림은 단순하고 글밥도 적지만, 장면마다 담긴 함축된 이야기들은 학습 대상에 따라 단순 동화 이야기에서 전쟁의 원인, 국가의 탄생 및 제국주의까지 다양한 방향으로 수업할 수 있는 그림책입니다.

자칫 무거워질 수 있는 '전쟁'이라는 주제를 담고 있어서, 작가가 의도한 열린 결말과 같이 정답을 묻는 방식이 아니라 학습자들의 다양한 생각을 끌어내는 식으로 진행해야 좀 더 다채로운 수업이 가능할 것입니다.

'여섯 사람'으로 시작해 마지막 장에서 다시 양측으로 갈린 '여섯 사람'이 등장합니다. 줄거리를 이해해야만 더욱 다양한 의견을 나눌 수 있습니다. 책을 읽어주실 때 학생들이 그림에 집중할 수 있도록 부탁합니다.

전체 발문

1차시 발문
- 여섯 사람은 왜 땅을 찾고 있었나요?
- 여섯 사람에게 생긴 걱정은 무엇인가요?
- 군인들이 농장에서 한 일은 무엇인가요?
- 여섯 사람이 군대를 평화적으로 이용하는 방법은?
  (군인은 어떤 일을 하는 사람인가요?)
- 내가 농부라면 어떻게 할까요?
- 내가 도망친 농부라면…?
- 화살이 왜 자기를 쏘았다고 생각했나요?
- 만약 물오리를 맞췄다면?
- 나팔을 불자 무슨 일이 일어났나요?
- 여섯 사람은 평화로이 살 땅을 찾았을까요?

2차시 발문
- '전쟁'은 왜 일어날까요?
- 전쟁이 일어난다면 어떻게 될까요?
- 나는 언제 평화로운가요?
- 평화롭게 살 수 있는 방법은?

🌱 1차시 그림책 장면별 톺아보기

주요 발문과 생각 나누기

발문 1. 여섯 사람은 왜 땅을 찾고 있었나요?

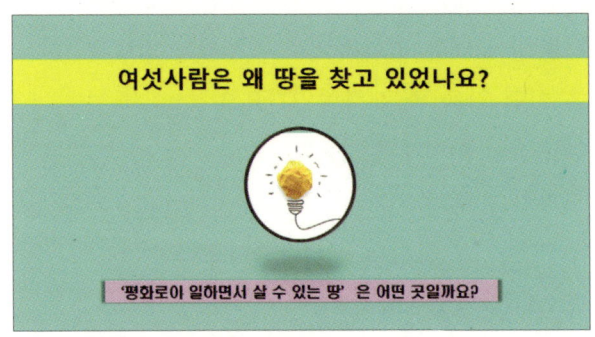

여섯 사람이 찾고 있는 것은 무엇일까요? 그리고 어떤 땅일까요? 학생들은 예상대로 '평화로운 땅'이라고 합니다. 이어서 여섯 사람이 '왜' 땅을 찾고 있었는지로 질문을 이어갑니다. 집이 있거나 땅이 있으면 정말 평화롭고 행복할까요? 평화롭게 사는 땅에 대한 다양한 생각을 끌어내기 위한 질문입니다.

여는 질문으로 왜 작가는 '여섯'이라는 숫자를 주목했을지 묻습니다. 왜 셋도 다섯도 일곱도 아닌 여섯 사람일까요? "그냥요."라는 답이 제일 많지만, "여섯은 6대륙을 의미하고, 그럼 지구상의 모든 사람을 뜻하는 게 아닐까요?"라며 날카롭게 되묻는 학생도 있습니다. 저희가 생각하는 그림책 수업에서 주의사항은, 정답을 요구하는 수업이 아니라는 점입니다. 그래서 어떤 답이든 가능하다며 동조의 의미로 받아주려 합니다.

'평화롭게 사는 땅을 찾으면 행복할까요?'

질문과 대답을 주고받다 보면 학생들이 어렴풋이 느끼게 됩니다. 평화로운 땅을 찾은 '여섯 사람'은 그것에 만족하지 못하고 걱정과 두려움이 생겨났고, 그 해결책으로 군인들을 고용해 보초를 세우게 됩니다. 이내 군인들을 이용해 옆 마을을 빼앗게 되고, 더 많은 땅을 차지하기 위해 결국 전쟁으로 이어진다는 것을요.

학년과 나이에 따라 다른 단어를 사용하여 질문을 이어가다 보면, 자연스럽게 전쟁의 개념과 더 나아가 (중학생 연차 시 수업 또는 고등학생 및 성인 대상 수업의 경우에는) '제국주의'에 대해서도 이해하게 됩니다. 굳이 어렵게 설명하지 않아도, 인류가 평화를 위한 노력을 지속하지 않으면 전쟁이 계속될 수 있음을 느끼게 할 수 있는 질문들입니다.

발문 2. 내가 농부라면 어떻게 할까요?

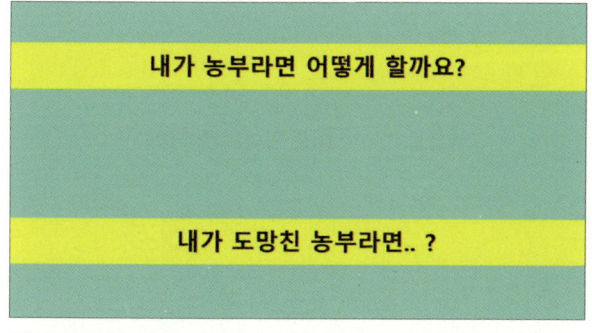

군인들에게 농장을 빼앗긴 농부들은 싸우다가 죽거나 항복하기도 했습니다. 그리고 도망친 농부들은 전쟁을 준비합니다.
두 가지 상황 속 농부들의 입장을 상상하며 고민해주길 바라는 질문입니다. 다양한 답이 나오면 그 이유까지 좀 더 들어보면서 현실 세계와도 연결 지어 봅니다.

평화롭게 살고 있는 농부들에게 갑자기 군인들이 쳐들어온다는 이 책 내용은 인류의 보편적인 전쟁 역사와 유사점이 있습니다. 일상을 열심히 살아가다 갑작스레 전쟁이 일어났을 때, 우리는 어떤 선택을 할까요?

"도망가요."

"맞서 싸워요."

"친구들을 불러와요."

"군대를 조직해요."

"옆 나라에 도움을 청해요."

"항복하고 다음 기회를 노려요."

이어서 바로, 땅을 빼앗기고 '도망친 농부'라면 어떤 선택을 할 수 있는지도 함께 이야기 나누면서 다양한 상상력을 발휘할 수 있게 합니다.

발문 3. 만약 물오리를 맞췄다면?

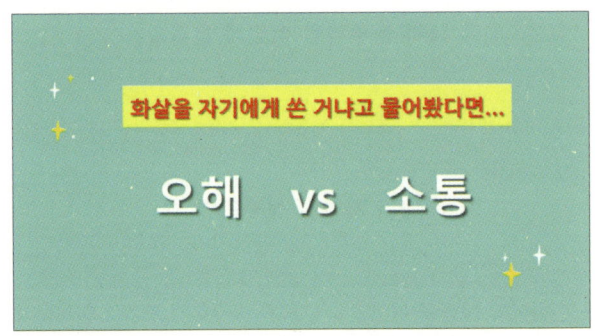

전쟁은 작은 오해에서 시작될 수도 있고, 소통하지 않을 때도 발생할 수 있다는 내용을 이어가기 위한 발문입니다.

강가 양측에 서 있던 보초들이 날아오른 물오리를 보고 화살을 쏘았는데 맞히지 못합니다. 그리고 날아온 상대방의 화살을 두 보초 모두 자기를 향해 쏜 것이라고 생각하고 비상 나팔을 불어 전쟁이 시작되었습니다.

두 보초는 왜 상대방의 화살이 물오리가 아니라 자기를 쏘았다고 생각했을까요? 학생들은 이렇게 답합니다.

"양쪽 군인들이 서로 믿지 못해서요."
"보초서는 데 너무 집중해서요."
"화살이 날아오면 무조건 '적'의 공격이라고 생각하지 않을까요?"
"나는 물오리를 향해 쐈지만, 상대방은 그럴 리가 없다고 생각한 거 같아요."

화살이 물오리를 맞췄다면 전쟁이 일어나지 않았을까요? 양측 군인들은 "그 화살은 너에게 쏜 것이 아니야"라고 왜 말하지 않았을까요?
작은 오해가 큰 전쟁을 불러올 수도 있고, 이는 그림책뿐만 아니라 현실에서도 마찬가지입니다. 우리 모두에게 소통이 필요함을 학생들과 이야기 나눕니다.

활동 1. 〈여섯 사람〉의 뒷이야기 만들기 활동

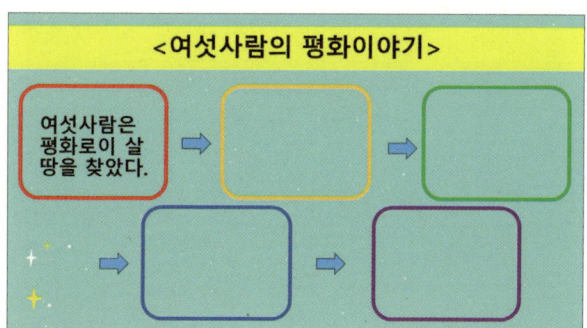

〈1차시 활동지〉
여섯 사람은 평화로이 살 땅을 찾았을까요? 작가는 결말을 열어 독자에게 넘겨줍니다. 평화로운 결말도 불행한 결말도 훌륭한 이야기가 될 수 있습니다.
학생들은 다양한 이야기와 결론으로 뒷이야기를 만들어 내고, 발표로 자신들의 생각을 표현합니다.

이 활동에서 학생들이 반드시 평화적인 이야기를 만들지 않아도 괜찮습니다. 조금 황당하고 어쩌면 비극적인 결말로 마무리하기도 합니다. 하지만 다양한 이야기가 나올수록 함께 나눌 평화의 내용이 풍부해지기에 오히려 괜찮다고 생각합니다.

활동이 끝난 뒤, 학생들이 작업한 내용들을 칠판에 붙이기도 합니다. 발표를 원하는 학생들에게 스토리텔링을 해보게 하면서 각자의 이야기를 공유합니다.

활동 후 생각 나누기

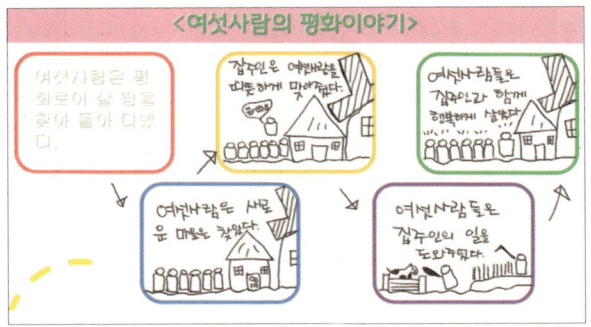

여섯 사람이 찾아간 마을 집주인이 먼저 따뜻하게 환대합니다. 이에 여섯 사람은 집주인의 일을 도와주면서 더불어 살아가는 방법을 배웁니다. 귀엽고 앙증맞은 그림을 더해 모두의 해피엔딩으로 마무리합니다.

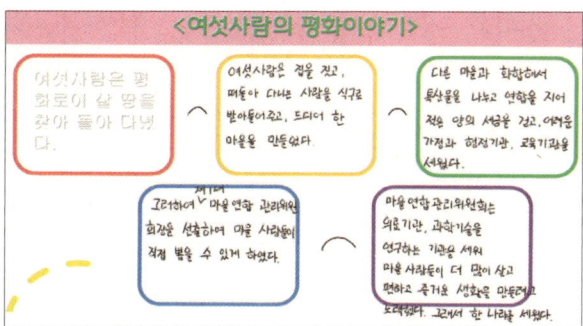

여섯 사람은 떠돌아다니는 사람들마저도 식구로 받아 마을을 이룹니다. 그리고 다른 마을과 화합하고 연합을 이뤄 특산물도 나누고, 세금을 걷고, 행정기관과 교육기관도 세웁니다. 민주주의의 꽃인 투표로 제1대 마을연합관리위원회 회장도 선출하고, 그 위원회는 마을 사람들이 더 잘살 수 있게 할 일을 다 합니다. 하나의 국가가 이뤄지는 과정이 오롯이 담겨 있습니다.

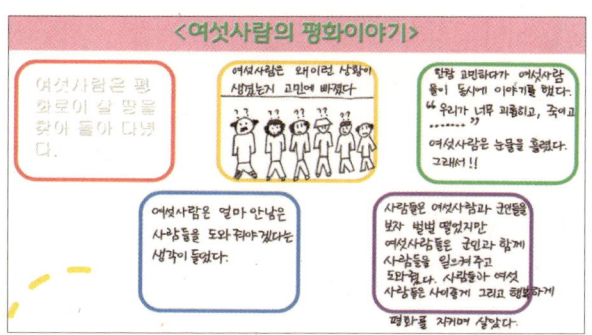

평화로운 땅에서 살기 원했던 그들이 왜 전쟁을 일으키고 수많은 사람을 죽이기까지 했는지….
여섯 사람은 고민합니다. 그리고 이내 반성하고, 눈물 흘리고, 얼마 남지 않은 사람들을 도와줘야 한다고 결론짓습니다. 그러나 이미 겁에 질린 사람들은 벌벌 떨게 되지요. 여섯 사람과 군인들이 나서서 사람들을 일으키고 도움을 주면서 화해를 청합니다. 그렇게 평화가 다시 찾아옵니다.

글쓰기를 어려워하는 학생들에게는 그림으로 표현해보도록 합니다. 이쁘고 세련된 그림이 아니어도 학생들만의 표현방식으로 풍부하게 이야기를 전개해 갑니다.

그림책이지만 계속해서 전쟁을 이야기하다 보니, 어떤 학생들은 컴퓨터게임 내용이나 판타지 소설 같은 내용으로 이야기를 만들기도 합니다. 때론 반복되는 전쟁이 발발하는 비극적인 결말도 나오고, 지구를 벗어나 우주전쟁까지 상상의 나래를 펼칩니다.

"그림책의 이야기처럼 똑같이 반복될 것이다. 얼마 지나지 않아 곧 반복될 것이다."
"20년 동안 전쟁을 계속했다."
"군대를 또 세우고 이번에는 세계를 정복했다."
"평화를 찾았지만 지구온난화로 결국 지구가 멸망했다."
"전쟁에 이겨 부자가 되었다."
"모든 마을을 점령하여 강철부대가 되었다."

대부분의 학생들은 열린 결말이지만 평화로운 결말 쪽으로 좀 더 기울어집니다.

"전쟁이 일어나지 않는 평화로운 땅에서 잘 살았다."
"회의를 했고, 군대들을 일꾼 삼아 농사와 광업을 하며 군대를 이용했다."
"다른 나라와 교류하며 영원히 행복하게 살았다."
"집을 많이 짓고 법을 만들어 나라를 세웠다."
"평화로운 땅을 찾아 그런 실수를 반복하지 않기 위해 다른 사람들과 서로 존중하고 배려하며 살아갈 것이다."

"전쟁의 고통을 느꼈기 때문에 병사를 덜 세우고, 그 대신 문학과 예술에 관심을 쏟았다."

"알고 보니, 여섯 사람이 꿈을 꾼 것이었다…."

"다른 사람들에게 많이 베풀며 살았으며, 어려운 처지에 있는 사람을 도왔다."

2차시 한 걸음 더 들어가기

주요 발문으로 내용 심화하기

발문 4. '전쟁'은 왜 일어날까요?

여섯 사람의 걱정이 시작되고, 군대가 생기고, 이웃 마을을 차지하기 위해 전쟁을 벌이게 됩니다.
학생들이 생각하는 전쟁의 이유를 끌어내 보는 질문입니다.

전쟁은 왜 일어나는 걸까요? 그림책의 여섯 사람에게는 걱정과 두려움 그리고 욕심이 생겼고, 그것이 결국 군대를 부르고 더 많은 땅을 차지하기 위한 전쟁을 벌이게 됩니다. 현실에서도 크게 다르지 않습니다.

"욕심 때문에요."
"더 잘살고 싶어서요."
"남의 땅이 더 커 보여서요."
"우리 걸 훔쳐 갈까 봐 무서워서요."
"약속을 안 지켜서요."
"종교가 달라서 전쟁이 일어나기도 해요."

학생들의 다양한 이야기를 듣다 보면 바로 우리 땅의 상황과 비슷하다는 것을 알게 됩니다. 판문점을 사이에 두고 남과 북의 군인들이 대치하는 상황이 그림책의 한 장과 겹치기 때문입니다.

그럼, 다음 질문으로 이어집니다. 현실에서 우리 땅에 전쟁이 일어난다면 어떻게 될지 물어봅니다.

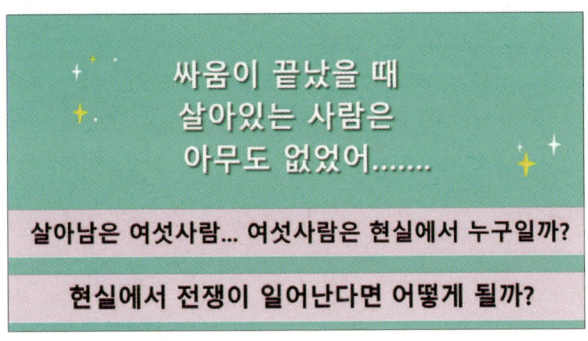

오해 때문에 쏘아 올린 화살로 인해 전쟁은 벌어지고 결국 아무도 살아남지 못합니다. 단지 '여섯 사람'을 제외하고 말이죠.

"대한민국이 이겨요. 북한보다 현대 무기가 훨씬 뛰어나거든요."
"북한은 우리나라보다 군인이 많아서 우리가 불리할 수도 있어요."
"우리나라는 미국이 도와줄 거라서 우리가 이길 거에요."

"군사력이 우리나라가 세계에서 높아요."
"북한은 무기가 재래식이라 우리가 이겨요."
"북한은 핵무기가 있어서… 우리는 없잖아요."

그러면, 다시 묻습니다. 전쟁이 일어나면 우리 땅은 괜찮을지, 할아버지 할머니나 아이들은 어찌 될지, 핵무기가 없지만 원자력발전소가 많은 남측 땅에 폭탄이 터지면 또 어찌 될지, 도망가면 어디로 어떻게 가면 살 수 있을지, 살아남는 사람은 누가 될지….

준비된 영상(드라마 〈더킹 투 하츠〉)을 본 후 전쟁의 무도함에 대해 이야기를 나눕니다. 조금 어려운 단어지만 남과 북이 '공멸共滅'할 가능성이 더 크다는 것을, 영상 내용을 설명하며 짚어줍니다. 다시는 한반도에서 전쟁이 일어나지 않아야 한다고 이야기 나눕니다.

발문 5. 나는 언제 평화로운가요?

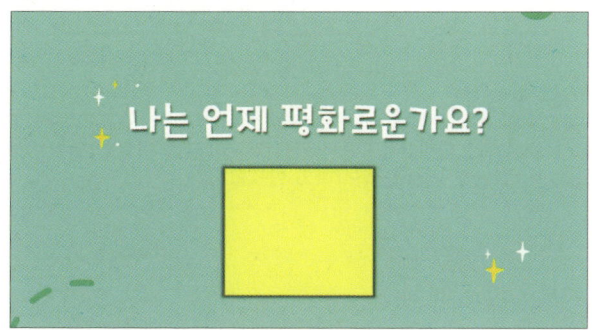

'여섯 사람'으로 시작해 두 무리의 '여섯 사람'의 여행으로 끝나는 결말을 학생들의 주변 상황으로 이끌어오는 질문입니다. 평화에 대한 다양한 의미와 답을 끌어낼 수 있습니다.

전쟁이 일어나지 않게 하기 위한 해결 방안은 무엇이 있을까요? 학생들은 그 해결 방안을 어떻게 이야기할까요?

학생들에게 전쟁은 먼 나라의 이야기나 역사 속 사건으로만 다가갈 수도 있습니다. 그래서 지금 살고 있는 현실의 일상으로 이야기를 끌고 오는 것이 중요합니다.

'나는 언제 평화로운가요?'라는 질문으로 일상의 평화를 생각해 보고 평화의 다양성을 이야기합니다.

활동 2. 평화롭게 살 수 있는 방법 표현하기

평화롭게 살 수 있는 방법은 무엇일까요? 다양한 답과 그 이유를 나눠보고 일상에서 실천할 수 있는 것들을 찾아봅니다.

〈2차시 활동지〉
-평화로운 세상을 위한 나의 실천 방법.
일상에서 집과 학교, 사회에서 평화로운 세상을 만들기 위해 각자 할 수 있는 방법들을 생각하고 발표합니다.

활동 후 생각 나누기

『여섯 사람』의 내용에서 전쟁을 다루고 이야기하다 보니, 학생들에게는 조금 먼 내용이 될 수 있다고 생각했습니다. 그러나 전쟁은 우리가 당연하게 누리는 '일상'을 깨뜨리는 참혹한 비극을 가져옵니다. 그래서 '평화로운 세상을 위한 나의 실천 방법'을 생각하고 활동해 보면서 일상의 소중함과 평화의 소중함을 느껴보게 됩니다. 처음에는 반응이 잘 나오지 않지만, 평범한 일상에서 지킬 수 있는 소중한 평화에 대해 이야기하다 보면 다양한 것들을 나눌 수 있었습니다.

집	학교	사회
엄마 말 잘 듣기 내 방은 내가 치운다. 오빠랑 싸우지 않는다. 언니랑 싸우지 않기 낭비하지 않기 예의 지키기 웃어른에게 공손하고 예의 바르게 행동하기 집안일 함께하기	학교 숙제를 잘 하자. 친구들과 싸우지 않는다. 친구가 나를 속상하게 했을 때 때리거나 화내지 않기 '나 속상해…'라고 내 마음을 전한다. 고운말 쓰기 친구의 의견 존중 사소한 일로 다투지 않는다.	쓰레기를 막 버리지 않는다. 빨리 남북이 화해하면 좋겠다. 전쟁이 끝났으면 좋겠다. 일본과 전쟁하지 말고 화해하자. 사람들을 만나면 인사하기

🌱 수업을 더욱 풍부하게!!

읽기 자료

1. 이스라엘-하마스 분쟁, 그 원인

전쟁의 원인은 무엇일까요? 어떤 이는 생존이라고 하고, 종교적 갈등, 경제적 이권 쟁탈 경쟁이나 불안정한 국제질서가 원인이라고 하는 이들도 있습니다. 다양한 견해가 있을 수 있는 주제이기에 학생들과도 이 그림책을 읽으면서 흥미 있는 이야기들을 나눌 수 있을 겁니다.

최근 세계적 이슈인 이스라엘과 팔레스타인의 전쟁이 이 그림책을 활용하는 데 참고가 될 듯해 내용을 정리합니다.

이스라엘과 팔레스타인 간 전쟁은 쉽게 정의하기 어렵습니다. 너무나 오래되고 뒤엉킨 역사 때문입니다. 2023년 발발한 이 전쟁의 당사자는 이스라엘과 팔레스타인(하마스)이지만, 결코 두 나라만의 문제가 아닙니다. 여기에는 1차 세계대전 당시 영국과 현재 이스라엘 뒤에 있는 미국으로 통칭할 수 있는 '서구 열강', 그리고 그 반대편에 있는 이집트와 이란 등 국제질서가 복잡하게 얽혀 있기 때문입니다.

유대인과 아랍인은 '여호와'와 '알라'로 다른 이름이지만 같은 신을 섬기는 민족입니다. 고대 이집트에서 노예 생활하던 유대인들은 이집트를 벗어나 다다른 가나안 땅(팔레스타인)을 차지합니다. 쭉 그곳에서 살던 유대인들은 로마에 의해 약 2천 년 전 팔레스타인에서 쫓겨나 세계 각지로 흩어졌고, 이 시기에 아랍인들이 다시 이 땅에 자리 잡았습니다.

제1차 세계대전이 발발하자 영국은 팔레스타인 지역 아랍인들과 유대인 양쪽 모두에게 지킬 수 없는 이중 계약을 합니다. 군사적 협력을 얻기 위해 아랍인들에게는 그들의 독립을 약속(후세인·맥마흔 서한,

1915)하고, 전쟁 비용 등을 위해 유대인들에게는 팔레스타인 내 유대인 국가 건설 지지를 약속(밸푸어 선언, 1917)합니다.

이후 세계 곳곳에서 유대인들이 이곳으로 이주해오기 시작했고, 결국 1947년 유엔은 팔레스타인 영토의 약 56%를 유대 국가에, 약 43%를 아랍 국가에 할당하기로 합니다. 당시 팔레스타인 영토는 아랍인이 대부분을 차지하고 있었고 유대인들은 극히 일부(약 6%)를 차지하고 있었기에, 팔레스타인 측에서는 절대 받아들일 수 없는 조건이었습니다. 반면 전 세계를 떠돌던 유대인들은 유엔의 결정을 환영했고 1948년 이스라엘을 건국합니다.

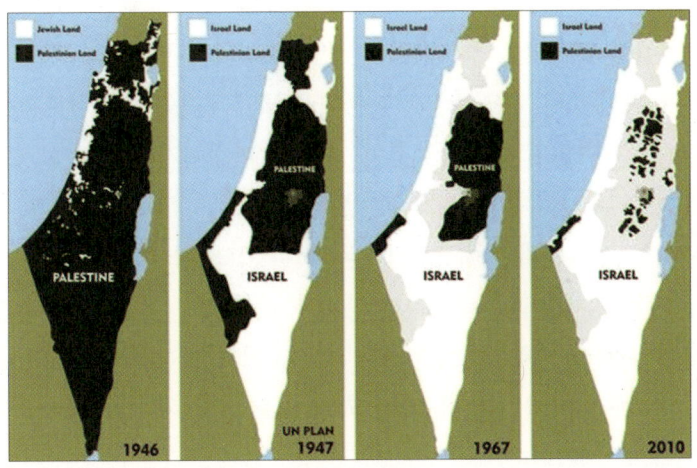

이스라엘-팔레스타인 영토 변화 지도 1946-2010. 출처: 뉴스앤조이

1967년 제3차 중동전쟁에서 승리한 이스라엘은 유엔에서 승인했던 영토를 넘어 지중해 해변 가자지구, 이집트 북부 시나이반도, 시리아 접경 부근 골란고원 등을 점령합니다. 이는 곧 주변 아랍국가 모두를 적으로 만들게 됩니다. 유엔이 안보리 만장일치 결의안(제242조)을 통해 점령지 영토 반환을 명했지만, 이스라엘은 유엔 결정과 국제법을 무시합니다.

네 번에 걸친 중동전쟁으로 이스라엘이 팔레스타인 지역의 대부분을 차지하자 많은 팔레스타인인은 난민으로 전락하게 되었습니다. 이스라엘은 불법 점령한 곳에 정착촌을 건설했고, 반발하는 팔레스타인인들에게 폭력과 살상을 자행했습니다. 팔레스타인의 저항이 계속되자 2007년 물과 전기, 기본적인 생필품마저 차단하고 거대한 장벽으로 만든 감옥을 세웠습니다. 팔레스타인 가자지구의 무장한 정당 하마스가 있는 바로 그곳입니다.

2023년 10월 7일 이스라엘과 팔레스타인 간에 전쟁이 발발했습니다. 전쟁의 직접적인 원인은 팔레스타인 무장 정당 하마스의 습격이었습니다. 하마스는 이스라엘 민간인을 죽이고 인질을 납치했습니다. 이는 반인권적 행위이고 폭력적인 범죄입니다. 그러나 이는 그간의 분쟁과 협정, 평화조약, 대공습 등 지루하게 반복되어온 이스라엘과 팔레스타인 간의 여전히 해결되지 않은 역사의 과정이기도 합니다.

오늘날 이스라엘과 팔레스타인 분쟁의 시작은 서구 국가들이 불씨를 심었습니다. 유대인 차별, 강대국의 비밀조약과 이권 개입, 미국의 친이스라엘 정책, 아랍 국가들의 분열과 정쟁 등… 서구 열강이 만들어 놓은 늪에서 생존 전쟁을 하는 이스라엘과 팔레스타인 분쟁이 두 나라 영토를 넘어서는 확전擴戰이 되지 않도록 전 세계가 평화를 위해 노력해야 할 때입니다.

* **참고자료**
- 『이스라엘과 하마스 전쟁의 역사적 배경』, 임형백, 성결대학교 다문화평화연구소, 2023.
- 〈이스라엘-팔레스타인 분쟁 너머 살펴봐야 할 이야기〉, 이승원, GQ Korea, 2023.12.13.

2. 소극적 평화·적극적 평화

평화롭게 산다는 것은 무엇일까요?

현대평화학의 창시자 요한 갈퉁Johan Galtung은 〈평화적 수단에 의한 평화〉에서 평화를 크게 두 가지로 나누었습니다. 직접적 또는 물리적 폭력이 없는 상태를 '소극적 평화negative peace'라 부르고, 간접적 또는 구조적 폭력 및 문화적 폭력까지 없는 상태를 '적극적 평화positive peace'라 일컬었습니다.

물리적 힘으로 사람의 생명과 안전을 해치는 '직접적 폭력'이 해소된 상태는 '소극적 평화'입니다. 여기서 더 나아가, 법이나 제도처럼 사회 시스템에 내재된 억압인 '구조적 폭력'과 사상·종교·전통·담론 등의 형태로 가해지는 '문화적 폭력'까지 모두 제거된 상태가 '적극적 평화'입니다. '적극적 평화'에서는 갈등 해결뿐 아니라 빈곤이나 자연재해, 기후변화까지도 평화 담론의 대상이 될 수 있습니다.

그리고 두 평화는 서로 연결돼 있습니다. 국가 간 평화와 국내 평화도 서로 연결돼 있습니다. 요한 갈퉁은 평화란 어떠한 갈등도 없는 상태가 아니라 갈등이 있음에도 그것을 다루는 과정이 비폭력적이어야 한다고 말합니다. '평화'의 개념을 단순히 분쟁이나 폭력이 없는 상태가 아니라 갈등을 비폭력적으로 해결하는 것까지로 확장합니다.

영상 자료

[유튜브] 드라마 〈더 킹 투 하츠〉의 전쟁 발발 예상 이야기

[유튜브] 유퀴즈 '이스라엘-하마스 전쟁' 영상

추천하는 그림책

『잘했어. 꼬마 대장!』
1980년 시작된 이란-이라크 전쟁에서 벌어진 수많은 민간인 피해 중 일부를 토대로 이란 작가들이 쓰고 그린 그림책입니다. 전쟁은 군인들 사이에 벌어지는 일이지만 그 피해는 대부분 민간인, 특히 힘없는 노인, 여성, 아이들에게 고스란히 돌아갑니다. 그리고 이들이 입은 피해는 전쟁이 끝난 후 그 누구도, 국가도 책임지지 않습니다. 결국 전쟁을 원하지 않는 평범한 사람들이 전쟁에 대한 책임을 고스란히 지게 되는 것이 현실입니다.
아마드 아크바푸르 글, 모테자 자헤디 그림, 고래이야기, 2021.

『전쟁의 이유』
우리는 왜 싸우는 걸까요? 정말 '내 편', '네 편'이라는 게 있을까요? 편을 가른 싸움과 전쟁의 의미를 돌아보게 하며 전쟁의 어리석음을 그린 책입니다. 누군가 들고 있던 파란색 아이스크림이 녹아 빨간 개에게 묻는 것이 전쟁의 시작이 됩니다.
하인츠 야니쉬 글, 알료샤 블라우 그림, 풀빛, 2021.

『새똥과 전쟁』
어처구니없는 오해가 불러일으킨 전쟁을 그린 책입니다. 사람들이 처음 살기 시작했을 때 아름답고 평화롭기만 했던 빨간 나라와 파란 나라. 어느 날, 두 나라 임금님의 콧등에 새똥이 떨어지자 임금님들은 전쟁을 선포하는데…… 전쟁은 단지 새똥 때문에 일어난 것일까요? 아이들은 물론, 함께 읽는 어른들에게도 많은 것을 생각하게 하는 동화입니다.
에릭 바튀 글·그림, 교학사, 2014.

『풀밭 뺏기 전쟁』
더불어 사는 세상이 더 좋음을 알려주는 그림책입니다. 맛있는 풀을 먹고 뛰어놀고, 개들은 오줌도 똥도 누는 풀밭은 세상에서 가장 푸르고 보드랍고 좋은 풀밭입니다. 토끼들은 자신들을 괴롭히며 쫓아다니는 개들을 몰아내고 풀밭을 독차지할 계획을 세웁니다. 지혜와 용기를 총동원한 작전은 성공하고, 토끼들은 그들만의 풀밭을 맘껏 누릴 수 있게 되는데…
어느 날, 개들이 사라진 풀밭에 문제가 생깁니다. 어찌 된 일일까요? 토끼들은 좋은 풀밭을 되찾을 수 있을까요?
바두르 오스카르손 글, 권루시안 역, 진선아이, 2020.

5

일상의 평화, 전쟁이라는 반反평화

『숨바꼭질』

🌱 수업에 앞서

어릴 때 기억을 떠올리면 먼저 골목길이 생각납니다. 또래 친구뿐만 아니라 한참 나이 많은 동네 언니, 오빠들과 어울려 '숨바꼭질'도 하고 '고무줄 놀이'도 하며 시간을 보냈습니다. 해가 뉘엿뉘엿 질 무렵 엄마들이 밥 먹으라고 부르시면 그때야 헤어지곤 했습니다. 골목길이 보기 드문 요즘 아이들에겐 흔하지 않은 풍경입니다.

흔히 '공기'의 존재에 감사해야 하지만 그 고마움을 잊고 산다고 합니다. 어릴 때부터 당연하다고 생각해 온 일상의 평화는 늘 당연하지 않습니다. 지구 곳곳에서 벌어지는 분쟁지역의 많은 어린이가 고통을 겪고 있기 때문입니다.

'전쟁터의 사람들은 어떤 생활을 하고 있을까?' 전쟁을 일으키는 사람들은 그 목적이 '평화'나 '정의'라고 주장하겠지만, 정작 전쟁을 겪어내는 사람들도 그 생각에 동의할지 궁금합니다.

친한 친구와 매일같이 나누는 수다, 맛있게 나누어 먹는 귤의 새콤달콤한 맛 같은 일상의 평화가 늘 우리 곁에 있을 거라고 생각합니다. 그러나 우리가 살고 있는 한반도는 휴전 상태입니다. 전쟁은 우리가 당연하다고 생각하는 일상의 평화와 행복을 빼앗아갑니다.

그림책 『숨바꼭질』은 평화로운 일상을 누리던 두 친구가 전쟁으로 헤어지는 이야기입니다. 그림책 속 '순득이'가 겪은 전쟁을 보며 한반도의 '분단'이 전쟁이 끝나지 않은 상태라는 점을 되새겨 봅니다. 언제든지 내 일상의 평화를 깨트릴 수 있는 전쟁에 대해 경계하고 평화를 어떻게 만들어갈지 궁리하는 것은 우리의 안전과 매우 밀접합니다. 일상의 평화에 고마워하는 계기가 되길 바랍니다.

#생명존중 #한국전쟁 #숨바꼭질 #평화로평화만들기 #일상의평화

🌱 한 장에 담은 그림책 수업

주제	일상 속 평화의 소중함 알기	
1차시	• 그림책 제목 알아맞히기 활동으로 『숨바꼭질』의 내용 상상하기 • 『숨바꼭질』 읽기 • 사실적 이해와 주인공의 마음 헤아리기	① 그림책을 읽고 장면별 톺아보기로 학습자와 다양한 의견을 나눕니다. ② 활동: '내가 순득이라면?' 활동하기 활동지를 나눠주고 그림책 주인공 순득이가 되어 잃어버린 친구를 생각하며 말풍선을 채웁니다.
2차시	• 그림책을 통해 분단과 평화 생각하기 • 평화에 의한 평화 vs 힘에 의한 평화 • 평화의 시 만들기	① 그림책과 자료 사진을 가지고 전쟁과 친구와의 이별에 대한 이야기를 나눕니다. ② 활동: 평화의 시 만들고 낭독하기 색띠를 한 개씩 나눠주고 '평화'란 무엇일지 생각하고 써서 모으면 한 편의 시가 됩니다. 완성된 시를 낭독합니다.

★ 초등 교과 연계 ★

- [4도02-02] 친구 사이의 배려에 대한 올바른 이해를 바탕으로 일상생활에서 배려에 기반한 도덕적 관계를 맺을 방안을 탐색한다.
- [4도02-03] 공감의 태도가 필요한 이유를 이해하고, 도덕적 상상력을 바탕으로 대상과 상황에 따라 감정을 나누는 방법을 탐구하여 실천한다.
- [4국02-05] 읽기 경험과 느낌을 다른 사람과 나누는 태도를 지닌다.
- [4국05-04] 작품을 듣거나 읽거나 보고 떠오른 느낌과 생각을 다양하게 표현한다.
- [6국05-02] 작품 속 세계와 현실 세계를 비교하며 작품을 감상한다.

그림책 소개

『숨바꼭질』은 이순득과 박순득, 두 친구에 관한 이야기입니다. 매일같이 숨바꼭질 놀이를 하며 행복한 일상을 누리던 두 사람은 전쟁으로 서로 만날 수 없는 상황을 맞이합니다. 처음에는 숨는 사람이 되었다가 나중에 술래가 되어 친구를 찾아 나서지만 숨어버린 친구를 영영 찾을 수 없습니다. 순득이는 친구 순득이를 찾을 수 있을까요?

김정선 글·그림, 사계절, 2018.

『숨바꼭질』 수업을 시작하기 전에

『숨바꼭질』은 수채화 느낌의 그림과 숨바꼭질 놀이할 때 부르는 노랫말이 이야기를 이끌어 가는 그림책입니다. 자세한 설명글이 없어 그림에서 이야기하고자 하는 내용을 놓칠 수 있지만, 그래서 조금 더 주의 깊게 그림을 들여다보게 합니다. 가능하다면 모둠별로 한 권씩 책을 준비하여 모둠 친구들과 그림책의 장면을 천천히 살펴보면 좋겠습니다. 다른 그림책도 마찬가지입니다만 특히 『숨바꼭질』은 그림책 장면 장면을 좀 더 음미하며 읽을 때 학습자와 나누는 이야기가 더욱 풍부해집니다.

그림책을 읽고 난 후 "무슨 내용인지 모르겠다", "박순득과 이순득이 원래는 한 사람 아닌가요?"라는 반응을 보이는 학습자도 가끔 있습니다. 그런 경우 그림책을 한 번 더 반복해서 읽어주는 것도 좋은 방법입니다.

전체 발문

1차시 발문
- 어떤 상황인가요? / 둘의 마음은 어떨까요?
- 이순득은 어디로 가고 있을까요? / 둘의 마음은 어떨까요?
- 어디일까요? 순득이 표정이 어떤가요?
- 어떤 상황인가요? / 순득이는 어디 있나요?
- 순득이는 어디 있을까요? / 여기는 어디일까요?
- 어디로 가는 걸까요? / 순득이는 왜 앞장섰을까요?
- 순득이는 무얼 하고 있을까요?
- 누구 집인가요?
- 점박이가 물어 온 것은 무엇일까요?
- 자전거 뒤에 실려있는 것은? / 왜 싣고 다닐까요?

2차시 발문
- 이순득과 박순득은 왜 헤어졌을까요?
- 한국전쟁은 왜 일어났을까요?
- 세계는 왜 싸울까요?
- 전쟁이 나면 일상은 어떻게 변할까요?
- 선물하기 vs 무기 늘리기, 여러분의 생각은?
- 여러분이 생각하는 '평화'는? / 무슨 맛일까요?
  무슨 색깔일까요? / 어떤 과일이랑 비슷할까요?

1차시 그림책 장면별 톺아보기

주요 발문과 생각 나누기

『숨바꼭질』을 읽고 나서 학생들에게 소감을 묻습니다. 학습자마다 차이는 있지만 "슬프다", "친구를 찾았으면 좋겠다" 등의 소감을 이야기하고 친구들의 소감을 경청하는 자리가 만들어집니다. 간혹 내용을 잘 모르겠다는 학습자가 있으면 선생님이 한 번 더 읽어주며 그림책이 주는 의미와 서사에 학습자 스스로 느끼고 생각할 수 있도록 독려합니다.

발문 1. "이순득은 어디로 가고 있을까요? / 둘의 마음은 어떨까요?"

일상에서 놀이로써 숨바꼭질이 아닌 전쟁으로 헤어지게 된 주인공의 마음이 되어보는 발문입니다. 두 친구는 지금 이 상황을 또 다른 숨바꼭질로 받아들이는지, 전쟁 상황을 이해하고 있는지 생각해 봅니다.

그림책의 처음은 일상의 평화를 보여줍니다. 등장인물인 이순득과 박순득은 '해가 나고 달이 날 때'까지 숨바꼭질하며 일상을 함께 보내는 친한 친구입니다. 그랬던 두 친구의 일상에 전쟁이 일어나고 자전거포 집 이순득은 가족과 피난을 떠납니다. 그림책에서는 '피난'이라는 단어를 직접 언급하지 않습니다. 그러나 작은 어깨에 짐을 짊어진 이순득이 다른 사람들과 떠나는 모습을 통해 피난이라는 상황을 떠올리게 합니다. 이 그림에서 학습자에게 제시하는 발문은 다음과 같습니다. "이순득은 어디로 가고 있을까요?", "둘의 마음은 어떨까요?" 독자는 두 순득이의 헤어짐이 단순한 숨바꼭질이 아니라는 것을 알 수 있지만, 정작 책 속의 두 사람은 숨바꼭질 놀이를 시작하자고 서로에게 제안합니다. 발문 1에 대한 학습자의 반응은 다음과 같습니다.

교사: 이순득은 어디로 가고 있을까요?
학습자: 피난을 가고 있어요.
교사: 무엇을 보고 알 수 있나요?
학습자: 순득이 뒤에 있는 사람들이 짐을 많이 들고 어딘가 떠나고 있어서요.

발문 2. "어떤 상황인가요? / 순득이는 어디 있나요?"(부수적 피해[1])

한국전쟁 당시 민간인에 대한 폭격이 있었다는 것을 설명하기 위한 발문입니다. 오른쪽 아래 아빠, 동생과 엎드려 있는 순득이를 찾아볼 수 있도록 시간을 줍니다.

---

1. 인권실천시민연대, "전쟁에서 '부수적 피해'라는 말의 무서움", 오마이뉴스, 2006.10. 25, https://www.ohmynews.com/NWS_Web/View/at_pg.aspx?CNTN_CD=A0000368984

피난을 떠난 이순득 가족이 폭격기의 폭격을 피해 땅바닥에 엎드려 있는 장면이 나옵니다. 아버지의 넓은 품에 이순득과 어린 동생이 안겨 있습니다. 하늘에는 폭격기가 날아다니고 흰 뭉게구름 같은 연기가 땅으로부터 끊임없이 피어오릅니다. 친구와 숨바꼭질 한다고 생각하며 집을 떠났던 순득이의 표정은 이 상황을 이해하기 어려워 보입니다. 이 장면에서 한국전쟁에 대한 이야기와 군사용어인 '부수적 피해'에 대해 잠깐 언급합니다.

교사: 그림 속 폭격기에서 보면 순득이 가족처럼 군인이 아닌 민간인이 보일까요? 안 보일까요?
학습자: 잘 안 보일 것 같아요.
교사: 높이 날면 보이지 않지만 낮게 날면 지상에 있는 사람들이 보인다고 해요.
학습자: 보이는데 저렇게 폭탄을 떨어뜨리고 공격할 수 있나요? 정말 너무해요.
교사: 전쟁에서 이기려면 적이 있다고 생각하는 장소에 폭탄을 떨어뜨린다고 합니다. 그 과정에서 어쩔 수 없이 죽는 민간인들을 '부수적 피해'라고 불러요. 그런데 여러분, 생명 중에 중요한 생명과 부수적인 생명이 따로 있나요?
학습자: 그런 건 없어요. 생명은 다 소중해요!
교사: 맞습니다. 그런데 전쟁이 일어나면 이기기 위해(군사작전상) 어쩔 수 없이 죽는 생명도 발생한다고 여겨요. 이걸 '부수적 피해'라고 합니다.

개개인의 '생명'에서 과연 '중요한' 생명과 '부수적'인 생명이 나뉠 수 있는지 의견을 나누다 보면 전쟁의 반인륜적 성격이 명확하게 드러납니다. 전쟁이란 그 목적이 무엇이든 무고한 민간인이 수없이 희생되는 일이며 그중에서도 특히 어린이, 여성, 노인의 피해가 크다는 것을 알아갑니다.

『숨바꼭질』에서 이순득은 술래를 피해 열심히 숨습니다. 전쟁 때문에 살던 집을 떠나 임시거처에 모인 많은 사람이 그려진 장면은 한국전쟁 당시 임시수도였던 부산의 피난민 수용소를 떠올리게 합니다. 전쟁으로 집을 떠나 모르는 사람들과 같은 천막 아래 잠 자고 생활하는 모습은 지금도 세계 곳곳에서 일어나는 일입니다.

그림책 톺아보기에서 피난민 수용소가 묘사된 그림과 함께 아프가니스탄이나 우크라이나, 팔레스타인 가자지구 등의 사진으로 지금도 계속되는 분쟁, 전쟁으로 고통받는 사람들의 현실에 공감합니다. 그리고 공감을 넘어 왜 세계는 여전히 싸우고 있으며, 우리 역시 왜 전쟁이 아직 끝나지 않았는지 의견을 나눠 봅니다.

세계가 여전히 싸우고 있는 이유는 "땅을 더 넓히려는 욕심 때문에요", "금이나 다이아몬드 같은 지하자원을 차지하려고요", "사이가 원래 좋지 않아서요" 등이 있었습니다. 그리고 우리, 즉 남과 북의 분단이 끝나지 않은 채 여전히 전쟁 상태인 이유 역시 "사이가 좋지 않다"는 이유가 많았습니다. 남과 북이 사이가 좋아지려면 어떻게 하면 좋을지 2차시에도 더 심도 있게 대화를 이어나갑니다.

발문 3. 어디로 가는 걸까요? / 순득이는 왜 앞장섰을까요?

고향으로 돌아가는 순득이의 발걸음은 무척 가벼워 보입니다. 고향을 떠나올 때는 엄마, 아빠의 뒤를 따라 겨우 걸어가는 모습이었는데 웬일인지 순득이는 엄마, 아빠보다 앞장서서 걷습니다. 왜 그럴까요?

- 같이 놀던 친구를 만날 생각에 신나서 앞장서서 걸어요.

이전 그림과 다르게 순득이는 부모님보다 앞장서서 걷습니다.
그림을 보고 순득이의 마음 상태를 헤아려보는 발문입니다.

- 어서 집에 돌아가고 싶어서 빨리 걷는 것 같아요.
- 전쟁이 끝났나 봐요. 저 같아도 빨리 집에 가서 친구랑 놀고 싶을 것 같아요.

이 발문에 대해 학습자는 이제 숨바꼭질의 술래가 되어 고향에서 만날 친구(박순득)를 찾을 생각에 신났다는 것을 알고 있습니다. 그런데 고향에 도착해서 친구를 찾지만 집도 마을도 폭격으로 엉망인 모습만 확인합니다. 친구(박순득)는 찾을 수 없고 기르던 강아지 '점박이'만 만날 수 있었습니다. 이순득은 말합니다. "못 찾겠다 꾀꼬리!"

발문 4. 자전거 뒤에 실려있는 것은? / 왜 싣고 다닐까요?

시간이 지나 마을 풍경이 달라지고 순득이의 머리카락은 길어져 꽁지머리를 묶었습니다. 자신의 몸집만 한 자전거를 타고 다니는데 뒷자리에는 신발 한 짝이 동그마니 실려 있습니다. 학습자에게 묻습니다. "자전거 뒤에 실린 것은 무엇일까요? 왜 싣고 다닐까요?"

- 친구 신발이요. 만나면 주려고 그러는 것 같아요.

- 친구를 못 만났지만 친구처럼 생각하고 신고 다니는 것 같아요. 좀 불쌍해요….
- 아까 점박이가 물어온 신발이에요.

그림책을 읽고 생각하는 학습자는 알고 있습니다. 매일같이 숨바꼭질하며 친하게 지내던 친구를 기다리며 친구의 신 한 짝을 신고 다닌다는 것을 말입니다. 이 그림책으로 한국전쟁을 이야기할 수 있고, 친구나 사랑하는 사람과의 이별을 이야기할 수도 있습니다. 무엇보다 일상의 작은 평화마저 깨트리는 전쟁의 폭력성을 생각해 보게 합니다.

활동 1. 내가 순득이라면?(순득이는 무슨 생각을 했을까?)

〈1차시 활동지〉
활동지에 내가 순득이가 되어 어떤 마음일지 글로 표현해 봅니다. 각자 발표하며 다른 친구들의 생각도 경청합니다.

1차시를 마무리하는 활동은 주인공 '순득이'의 마음이 되어 보는 것입니다. 전쟁과 분단으로 친구와 헤어진 마음이 어떤 것인지, 내가 살던 곳이 파괴되어 버린 것이 어떤 것인지 조금이나마 공감해 보기 위해서입니다.

활동 후 생각 나누기

다른 학습자의 생각은 다음과 같습니다.

- 집은 부서지고 친구는 사라지고 어떻게 살아? 돌아와, 친구야. 북한에 갔니? 통일되면 만나자.
- 순득이가 없으면 안 돼. 어디 있지? 너 하늘나라에 있니? 아니면 북한에서 군인이 됐니?
- 정말 순득이는 어디 있는 거야? 그리고 마을은….
- 재미있게 다시 놀자! 그런데… 어디 있어?
- 순득아, 어디 있니? 어디 갔어? 못 찾겠다 꾀꼬리. 순득아, 박순득! 이제 그만 하자!
- 친구도 없고 재미도 없다. 그래도 포기하지 않고 친구를 찾을 거야. 근데 다시 볼 수 있을까?
- 친구도 못 찾고 마을도 망가져가고, 지치고 슬프다… 순득이는 어디 있을까?
- 나는 왜 순득이랑 가지 않았을까? 순득아 돌아와!
- 넌 나를 따라 피난 갔니? 박순득 궁금해. 넌 도대체 어디 있니? 우리 다시 볼 수 있을까?

　자신이 겪지 않은 일에 대해 상대방의 마음이 되어 공감한다는 것은 생각처럼 쉽지 않습니다. 그러나『숨바꼭질』의 주인공이 어린이라는 점은 초등학교 학습자로 하여금 자신과 동일시하여 공감하는 데 중요한 역할을 합니다. 꼭 초등학교 학습자가 아니더라도 친구와의 관계를 소중히 하는 사람이라면 그 아픔에 공감하고 전쟁을 반대하게 되리라 생각합니다.

"사라진 박순득은 어디 갔을까? 숨바꼭질만 했는데, 박순득을 꼭 찾을 거야. 우리 마을은 무너지고, 그 속에 순득이가 있지 않을까? 만약 있다면 내가 꼭 구해줄 거야."
- 친구 순득이를 찾으며 어딘가에 묻혀있을지도 모를 친구를 구하려는 의지가 드러납니다.

"전쟁은 왜 일어나는 거야? 못 찾겠다, 꾀꼬리. 그만 나와. 박순득(그립고, 외롭다)."
- 친구를 찾는 과정에서 도대체 전쟁은 왜 일어나는지 반문하고 있습니다. 친구를 그리워하는 표현에서 학습자가 주인공의 마음에 공감하고 있음을 알 수 있습니다.

🌱 2차시 한 걸음 더 들어가기

주요 발문과 생각 나누기

2차시 수업의 첫 발문은 "이순득과 박순득은 왜 헤어졌을까요?"로 시작합니다. 한국전쟁에 대해 단편적으로 알거나 잘 모르는 학습자를 위해 한국전쟁은 왜 일어났는지를 시작으로 세계의 분쟁과 그로 인해 일상이 어떻게 파괴될 수 있는지 이야기 나눕니다.

'세계는 왜 여전히 싸우는지'를 살펴보고 '자원에 대한 욕심', '다름을 인정하지 않는 것', '다른 종교로 인한 갈등', '물 부족' 등으로 분쟁이 일어날 수 있고 한반도도 그중 하나라는 것을 학습자와 나눕니다. 마지막으로 한반도에서 전쟁이 아니라 평화를 만들고 지키는 마음은 어떤 것인지 생각하고 '평화의 시 만들기'를 합니다.

발문 5. 한국전쟁은 왜 일어났을까요?

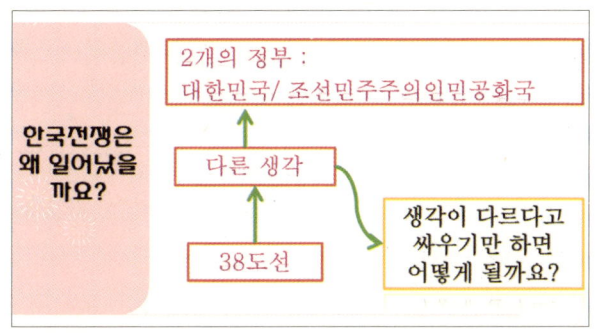

한국전쟁이 어떤 배경에서 일어났는지 역순으로 되짚어 보는 발문입니다. 먼저 한국전쟁이 일어난 순서를 화살표를 따라가 봅니다. 그리고 한국전쟁 당시 남과 북이 다른 생각, 즉 체제가 달라서 벌어진 전쟁으로 여전히 화해하지 못한 것을 설명합니다. 다름을 인정하는 남과 북이 될 수 있을지 생각해 보는 발문이기도 합니다.

'한국전쟁이 왜 일어났는지'에 대한 답은 다양합니다. "북이 땅을 넓히기 위해", "공산주의 국가를 만들기 위해", "당시 북한보다 남한이 힘이 약해서" 등등. 하지만 여기서 중요하게 다루는 것은 서로 생각이 다르고 그것을 인정하지 않아서 생긴 전쟁이 아직도 이어지고 있다는 점입니다. 그래서 학습자와 발문 5로 나누는 주제는 남과 북이 전쟁을 했지만 어떻게 화해하고 평화로 나아갈 수 있을까 생각하는 계기를 마련해주고자 합니다.

발문 6. 선물하기 vs 무기 늘리기, 여러분의 선택은?

발문 6을 만들기 위해 많은 궁리를 했습니다. 저뿐만 아니라 경기평화교육센터 선생님들의 오랜 고민의 산물이기도 합니다

"평화를 원한다면 평화를 준비하라/평화를 원한다면 전쟁을 준비하라"를 어떻게 발문으로 만들어 학습자와 토론할지 고민한 것입니다. 요한 갈퉁의 "소극적 평화와 적극적 평화"로도 접근해 보았지만, 학습자와 '평화'를 이야기하기엔 역시 어려웠습니다.

'평화로 평화를 만드는 방법' 중 하나인 선물하기와 '평화를 힘으로 지키는 방법' 중 하나인 무기 늘리기 중에 어떤 방법이 평화를 지키고 만드는 데 더 유용할지 학습자와 논의하고자 하였습니다. '선물'이냐 '무기'냐를 선택하게 하는 것 역시 바람직하지 않다는 의견도 있었지만, 이 두 가지 방법뿐만 아니라 이 둘을 중심으로 평화를 지키거나 만드는 방법을 함께 생각해 보자는 취지였습니다.

학습자의 반응은 "전쟁은 나쁘니까 반대합니다. 그러니까 무기 늘리기도 좋은 방법은 아닐 것 같아요", "사이좋게 지내면서 평화를 만들면 좋을 것 같아요", "대가 없이 선물을 나누는 방법도 좋은 것 같아요", "상대방의 의견을 경청해요" 등과 같은 의견이 있었습니다.

평화를 만들고 지키는 것이 막연하고 어렵다고 생각할 수 있습니다. 하지만 이런 생각조차 시작하지 않는다면 평화로 가는 길은 더 멀어

보일 것이 분명합니다. 평화를 원하고 만들고자 하는 생각이 쌓이다 보면 실천으로 나아가는 발걸음도 빨라진다고 보기 때문입니다.

활동 2. 평화의 시 만들기

평화의 시 만들기

1. 색띠를 하나씩 받습니다.
2. 내가 생각하는 평화를 적어봅니다.
   (평화는 _____ 이다)
3. 선생님이 여러분의 평화 띠를 풀로 붙입니다.
4. 우리반 '평화의 시'를 낭독합니다.

〈2차시 활동지〉
학생들에게 길게 자른 색도화지를 한 장씩 나눠줍니다. 각자 자신이 생각하는 '평화'란 무엇인지 적고 칠판에 차례대로 붙입니다. 모든 학생이 참여하고 나면 한 편의 '평화의 시'가 됩니다. '평화의 시'를 낭독하는 시간을 갖습니다.

처음부터 "평화란 _____ 이다."를 자신 있게 쓰는 학생은 많지 않습니다. 평화란 무엇인지, 나에게 평화는 어떤 의미인지 깊이 생각해 볼 기회가 많지 않기 때문일 것입니다. 그래서 이 수업 시간을 통해 평화를 생각하고 스스로 평화란 무엇인지 정의 내리는 경험은 무척 의미 있는 일입니다. 우리를 둘러싼 환경에 비평화적인 요소들이 많은데, 자신의 생각이 평화를 중심으로 세워져 있지 않다면 나도 모르는 사이에 비평화적인 생각과 행동을 할 수 있기 때문입니다.

활동 후 생각 나누기

평화의 시 만들기 활동에서 학생들에게 평화는 '가족', '이해 또는 존중', '인간답게 사는 것', '싸우지 않는 것', '노는 것', '행복', '자기 마음', '아무도 다치지 않는 상황' 등이었습니다. 그림책을 통해 마음을 열고 평화란 무엇인지, 그것이 '나'와 어떤 관계에 있는지를 짚어내고 있습니다. 그 밖에 다른 학습자의 생각은 다음과 같습니다.

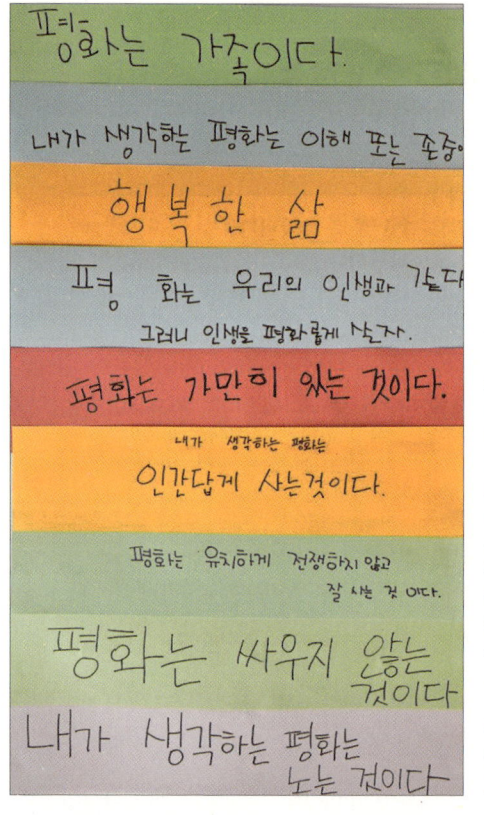

- 우리 반 평화의 시 -

평화는 가족이다.
내가 생각하는 평화는 이해 또는 존중이다.
행복한 삶
평화는 우리의 인생과 같다. 그러니 인생을 평화롭게 살자.
평화는 가만히 있는 것이다.
평화는 인간답게 사는 것이다.
평화는 유치하게 전쟁하지 않고 잘 사는 것이다.
평화는 싸우지 않는 것이다.
내가 생각하는 평화는 노는 것이다.

평화는 결국 인간답게 살고, 잘 노는 것이 아닐까요? 학습자는 이미 그 답을 알고 있습니다.

평화는 '다투지 않는 것'이라는 소극적 평화의 의미와 평화란 지키는 것을 넘어 '만드는 것'이라는 실천적 의견이 공존합니다.

🌱 수업을 더욱 풍부하게!!

읽기 자료

1. '부수적 피해'와 제네바 협약

　부수적 피해 collateral damage 는 전쟁 중 발생하는 민간인 피해를 지칭하는 군사용어로, 현대 미군이 쓰기 시작했습니다. '전쟁 수행 중 어쩔 수 없이 일어난 일'이라는 의미로, 전쟁 상황에서 발생하는 민간인 피해에 대한 회피성 발언이기도 합니다. 미국은 이라크전쟁의 민간인 사망이나 한국전쟁 당시 노근리 민간인 학살 역시 '부수적 피해'라고 부릅니다.[2] 사회학자 지그문트 바우만(영국 리즈대학 명예교수)은 이 용어의 적용 범위를 오늘날 사회 전반으로 확장시켜 사회적 불평등과 그 속에서 피해받는 사람들에 대한 문제 제기도 하고 있습니다.[3]

　전쟁은 필연적으로 '생명 경시'라는 현상을 품고 있습니다. 전쟁 상황에 놓인 인간이 얼마나 비이성적으로 행동하기 쉬울지 어렵지 않게 예측할 수 있습니다. 그로 인한 비극은 인류사적인 비극이 될 가능성이 높지만, 그나마 다행인 것은 1864년에 만들어져 1949년 4개 협약으로 발전한 제네바 협약이라는 국제적 장치가 작동한다는 점입니다.

　현행 제네바 협약은 4개 협약과 2개 추가의정서로 이루어져 있습니다. 특히 제4 제네바 협약은 '전시에서의 민간인 보호'에 관한 내용을 담고 있습니다. 제네바 협약은 주권을 가진 국가라면 의무적으로 가입해야 하며, 전시 상황에서 이 협약을 위반하면 국제 사법체계를 통해 단죄하는 일이 가능합니다.[4] 그러나 2019년 미군이 이끄는 연합군이

---

2. 허미경, "한겨레신문[문화], 불평등의 지구화가 부르는 다수의 피해", 2019.10.19., https://www.hani.co.kr/arti/culture/book/609639.html
3. 지그문트 바우만, 정일준 역, 『부수적 피해: 지구화 시대의 사회 불평등』, 민음사, 2013.

아프간 탈레반을 잡겠다는 명분으로 '국경 없는 의사회' 병원을 폭격한 일이나, 2024년 이스라엘-팔레스타인 전쟁의 '가자지구' 학살 등을 보면 전쟁에서 민간인 학살은 여전히 '부수적 피해'로 여겨진다는 것을 확인합니다.

총이 없는 민간인으로서 흰 천을 머리에 두르고 흰 깃발을 들고 길을 건너지만 총을 든 군인이 여지없이 사격을 가합니다. 21세기 중반에 들어서는 지금도 '부수적 피해'라고 일컬어지는 민간인 학살 희생자의 많은 수가 어린이와 여성, 노인입니다. 국가로부터 마땅히 보호받아야 할 이들이 보호받지 못할 때 국제사회로부터도 보호받지 못하는 현실을 어떻게 풀면 좋을까요? 평화의 연대가 강력하게 필요한 때입니다.

2. 한국전쟁과 폭격-흰옷 입은 적

전쟁이 일어나면 '적'을 어떻게 알아보고 공격할까요? 추측해 보면 적의 군복이나 무기의 형태와 진행 방향, 사전 정보, 군 지휘관의 명령 등으로 수행할 것 같습니다. 적이라고 판단하는 순간 적에게 공격받지 않기 위해서라도 먼저 공격하는 행위 역시 전쟁이라는 상황에서 정당방위로 여겨질 것입니다. 그러나 아무리 전쟁 상황이라도 간과해서는 안 되는 것이 '인간 생명'에 대한 예의와 배려입니다.

김태우의 『폭격』에는 한국전쟁 당시 '흰옷 입은 적'이라는 존재가 나옵니다. 전투폭격기를 조종했던 미군 조종사의 업무 일지에 적혀있는 말입니다. 하늘을 날아다니는 전폭기 조종사는 적이라고 생각하는 목표물을 향해 폭탄을 투하합니다. 적을 향해 기관 소총을 쉴 새 없

---

4. 최희진, "한 손엔 백기, 한 손엔 네 살 손자…'가자주민 대피중 총격 사망'", SBS NEWS, 2024.1.27., https://news.sbs.co.kr/news/endPage.do?news_id=N1007515345

이 발사합니다. 흔히 항복을 표시할 때 흰 깃발이나 흰색 천을 흔들어 자신은 공격할 의사가 없다는 것을 표시합니다. 얼마 전 언론매체에서 보도된 이스라엘-팔레스타인 전쟁에서도 팔레스타인 어머니가 아이들을 데리고 길을 건너면서 흰 깃발을 흔들며 지나가려고 하지만 적이라고 생각한 이스라엘 군인에 의해 무차별 공격을 받습니다. 이처럼 전쟁이라는 상황은 사람의 사고를 마비시켜 이성적 사고를 가로막는 것에 틀림없습니다.

한국전쟁에 참전했던 미 공군 전폭기 조종사들 역시 크게 다르지 않았던 것 같습니다. 군 지휘 체계가 있지만 제대로 작동되지 않는 날도 있었고, 공격 좌표만 하달받고 폭탄을 다량 탑재한 채 민간인이 사는 마을로 출동합니다. 그리고 적이 '있을 것' 같은 마을이나 보급품이 숨겨져 있을 것 같은 '큰 건물'에 폭탄을 투하합니다.

1950년 8월 16일 포항 북송리와 홍안리에 폭격이 시작되자 가장 안전하다고 생각하는 포항 용한리 바닷가로 피난민들이 모입니다. 그중에는 강원도에서 내려온 사람들도 있었습니다. 사람들이 용한리 모래사장으로 모인 이유는 당시 동해안에 미군 연합군 함대가 있었기 때문에 가장 안전하다고 생각해서였다고 합니다. 모인 사람들은 1,000여 명 가까이 된다고 유족들은 증언합니다. 그곳을 오전 10시쯤 정찰대가 저공비행하더니 2대의 폭격기가 그 모래사장에 모인 사람들에게 폭격을 시작합니다. 핏물과 바닷물이 뒤섞여 온통 시뻘겠다고 합니다. 피난민들은 미군 폭격기를 향해 민간인이라는 표시로 흰 띠를 필사적으로 흔들었지만 그와 상관없이 폭격은 계속됐다고 합니다.

한국전쟁 당시 미군 폭격에 의한 민간인 학살의 대표적인 사례로 '노근리 민간인 학살'이 있습니다. 1950년 7월 25일부터 29일까지 발생한 사건으로, 충북 영동 노근리 인근 임계리, 주곡리 등의 사람들이 미군의 소개疏開 명령에 따라 남쪽으로 피난 가던 중 발생합니다. 국도를 따라 걷던 피난민들은 미군의 유도에 따라 경부선 철로 위로 이동합니다. 그러나 곧 미 공군의 폭격 및 기총 소사로 피난민 다수가 사망합니다. 놀란 피난민들은 노근리에 위치한 개근철교(쌍굴다리)로 피신하지만 미 공군 폭격기와 반대편에 걸어놓고 쏘아대는 기관총에 의해 또다시 학살당합니다. 이때 사망자의 70% 이상이 여성과 어린이였습니다.

  노근리 사건 생존자와 유족들은 한국 정부와 미군에 끊임없이 진상조사를 요청했지만 묵묵부답이었습니다. 유족 정은용 씨가 노근리 사건을 배경으로 쓴 책 『그대, 우리의 아픔을 아는가』가 이슈화하면서 1999년 미국 'AP통신' 기자단이 탐사보도를 하며 세상에 알려집니다. 그 결과 한미 공동 진상조사와 피해접수가 시작됩니다. 조사 끝에 빌 클린턴 당시 미국 대통령이 피해자와 한국 국민을 대상으로 유감 표명 성명서를 발표합니다. 사건에 대한 사과Apologize가 아니라 유감Regret이지만 미군 관련 사건에 대해 현직 미국 대통령이 유감 표명을 한 것은 노근리 사건이 유일합니다.

노근리 쌍굴다리와 총탄 자국
(출처: 노근리 평화공원, https://www.yd21.go.kr/nogunri/)

  학살 당시 사격명령을 내린 주체가 누구인지에 대한 논쟁은 여전히 남아 있지만 유족과 여러 단체의 노력으로 특별법이 만들어지고, 현재 노근리 평화공원도 조성되었습니다. 노근리 평화공원과 시민단체를 중심으로 노근리 민간인 학살 때 희생된 분들의 명예 회복과 진상 규명, 그리고 인권과 평화교육에 힘쓰고 있습니다.

＊참고 자료
• 김태우,『폭격: 미 공군의 공중폭격 기록으로 읽는 한국전쟁』, 창비, 2013.

영상 자료

[뉴스타파] 〈당신이 보지 못한 한국전쟁〉 1화: 초토화 폭격

추천하는 책

『폭격: 미 공군의 공중폭격 기록으로 읽는 한국전쟁』
한국전쟁 당시 미 공군 전투폭격기 조종사의 업무 일지를 바탕으로 소련, 남북한의 사료를 교차 비교하며 분석한 책입니다. 한국전쟁에서 미 공군은 '군사목표 공격'에 집중했다는 기존 주장을 객관적인 자료 분석을 통해 정면 반박합니다. 비행기가 발명되고 얼마 지나지 않아 군사 목적으로 이용된 점, '육감'으로 적을 판단하고 민간인을 공격한 점, 초토화 작전 등 한국전쟁 당시 전폭기의 공격 양상을 그대로 보여줍니다. 서사나 사건의 연대표 형식으로 이해해 왔던 한국전쟁을 실제 사료와 증언을 통해 그 참상을 더 자세히 파악할 수 있는 책입니다.
김태우 지음, 창비, 2013.

추천하는 그림책

『지뢰밭 아이들』

11세 소녀 마르와와 친구 아마드는 숲속에 들어갔다가 반짝반짝 빛나는 노란 병을 발견합니다. 노란 병의 정체는 바로 '집속탄'입니다. 얼굴과 가슴과 팔에 깊은 상처를 남겼지만 주인공 마르와는 자신이 겪은 일을 전쟁을 모르는 친구들에게 알리고 싶어 합니다. 집속탄을 만들며 집속탄 금지 협약에 가입하지 않은 우리나라가 협약에 가입하는 날이 빨리 오길 바라는 마음으로 추천합니다.

앙젤 들로누와 글, 크리스틴 들르젠느 그림, 김영신 옮김, 한울림어린이, 2013.

『모든 것이 사라진 그날』

학교에서 화산을 배우고 새를 그리던 주인공은 그날 오후 전쟁과 맞닥뜨립니다. 전쟁을 떨쳐내고 싶어서 낯선 학교의 교실 문을 열지만 '의자'가 없다는 이유로 외면당합니다. 전쟁 상황에서 보호받지 못하는 아동 인권에 대해 생각해 보게 하는 그림책입니다.

니콜라 데이비스 글, 레베카 콥 그림, 명혜권 옮김, 우리동네책공장, 2019.

『필리스트: 끝나지 않은 팔레스타인 이야기』

이스라엘과 팔레스타인 분쟁을 만화로 알기 쉽게 들려줍니다. 이스라엘인이 만든 점령촌과 팔레스타인 사람들의 마을 사이에는 오늘도 최루탄과 돌멩이가 오가며 어린이들의 생명을 위협하고 있습니다. 분쟁 지역 어린이의 삶에 마음 아파하고 평화를 염원하게 만드는 책입니다.

원혜진 지음, 만만한책방, 2021.

6

끝나지 않은 전쟁의 아픔을 위로합니다

『우리 할아버지는 열다섯 살 소년병입니다』

수업에 앞서

　70여 년 전 발발한 한국전쟁이 잠시 멈춰있지만, 이 책의 '우리 할아버지'에게 전쟁은 아직 끝나지 않았습니다. 우리가 살고 있는 지구의 어느 곳에서도 전쟁의 참혹한 피해와 치유되지 못한 아픔으로 힘들어하는 많은 이들이 있고, 그들의 호소와 절규가 끊이지 않습니다. 열다섯 살 소년병이었던 '우리 할아버지'처럼 전쟁이라는 가혹한 상황에서는 누구라도 희생자가 될 수 있습니다. 급박하고 치열하게 돌아가는 포화 속에서 가해자와 피해자가 따로 나뉠 수 없는 일들이 생길 수도 있습니다. 그것이 바로 전쟁이라는 비극일 것입니다. 우리에게 여전히 끝나지 않은 '한국전쟁'뿐만 아니라, 전 세계에서 벌어지는 모든 전쟁을 경계하고 주시하고 그 피해와 상처들을 기억함으로써 끊임없이 평화의 소중함을 되새겨야 하는 이유가 바로 그것입니다.
　'전쟁'이란 단어는, 책과 교과서를 통해 학습한 지금 세대에겐 하나의 역사적 사건에 지나지 않습니다. 하지만 그 전쟁을 경험한 우리 할아버지, 할머니 세대에게 그때의 아픈 기억은 지금도 '현재진행형'입니다. 이 책의 '우리 할아버지'는 그날의 참혹한 기억에 갇혀버려 열다섯 살의 아픈 시간을 살고 있습니다.
　『우리 할아버지는 열다섯 살 소년병입니다』는 아픔을 지닌 할아버지를 향한 따스한 시선을 담고 있습니다. 책을 읽고 함께하는 활동을 통해 할아버지 곁에서 위로하는 방법들을 생각해 보며 치유 경험과 공감의 시간을 가져보고, 좀 더 나아가 일상 속 평화의 소중함을 느껴보고 평화의 메시지를 만들어 보는 좋은 수업이 될 것입니다.

#끝나지않은전쟁　　#전쟁후유증　　#소년병　　#기억하기　　#위로
　　　　　　#공감　　#치유　　#평화

🌱 한 장에 담은 그림책 수업

주제	전쟁의 후유증을 이해하고 평화의 소중함을 느껴본다.	
1차시	• 표지 보고 책 이야기 상상하기 • 그림책 읽어주기 • 질문과 생각 나누기 • 활동 1: 편지쓰기	① 책을 읽으며 주인공 할아버지의 상황과 배경을 알아보고 이야기를 나눕니다. ② 전쟁 후유증으로 힘들어하는 이들을 위한 치유와 위로의 방법들을 생각해 봅니다. ③ 할아버지에게 위로와 격려의 편지를 쓰면서 전쟁을 체험한 분들의 심정을 느껴봅니다.
2차시	• 그림책의 배경인 한국전쟁과 전쟁 후유증에 대해 알아보기 • 활동 2: 사진 속 문구들을 '평화의 메시지'로 바꿔보기	① 할아버지의 기억 속 전쟁과 학생들이 생각하는 한국전쟁의 다양한 모습을 사진들을 통해 자세히 알아봅니다. ② 한국전쟁 당시 참전했던 학도병(이우근의 편지)의 동영상을 통해 그들의 아픔을 공감해 봅니다. ② 전쟁과 관련된 사진 속 문구들을 '평화의 메시지'로 바꾸고 평화에 대한 생각을 공유합니다.

★ 초등 교과 연계 ★

- [2국02-04] 글을 읽고 인물의 처지와 마음을 짐작한다.
- [2국03-03] 주변의 사람이나 사물에 대해 짧은 글을 쓴다.
- [4도02-03] 공감의 태도가 필요한 이유를 이해하고, 도덕적 상상력을 바탕으로 대상과 상황에 따라 감정을 나누는 방법을 탐구하여 실천한다.
- [4도03-03] 통일의 필요성을 이해하고, 통일 감수성을 길러 바람직한 통일의 방향을 모색한다.
- [6도03-03] 통일 과정과 통일 이후 사회의 여러 가지 상황을 예상하고 바람직한 통일 과정과 통일 국가의 사회상을 제시한다.

그림책 소개

『우리 할아버지는 열다섯 살 소년병입니다』는 한국전쟁의 후유증으로 열다섯 살 기억 속에 살고 있는, 치매에 걸린 할아버지를 통해 전쟁의 아픔을 보여줍니다. 그리고 할아버지 곁에서 위로하고 공감해주는 가족 구성원들의 따스한 이야기들을 그려냄으로써 상처받은 이들의 아픔을 치유하는 방법들을 이야기합니다.

박혜선 글, 장준영 그림,
위즈덤하우스, 2019.

전쟁 트라우마로 힘들어하는 할아버지에게는 전쟁이 여전히 진행중임을 보여 줌으로써, 우리가 잊고 지내는 일상 속 평화의 소중함을 생각해 보게 합니다. 오랜 기간 계속된 묵은 상처로 아파하는 이들에게 우리는 어떤 위로를 줄 수 있을까요?

『우리 할아버지는…』을 읽어주기 전에

작가는 전쟁의 아픔과 상처를 따스한 파스텔 톤으로 담백하게 그려 냈습니다. 치매에 걸려 흐려진 할아버지의 기억처럼 페이지 곳곳에 담겨있는 한국전쟁의 아픈 흔적들이 흐릿하게 그려져 있습니다. 학생들이 자연스럽게 느낄 수 있도록 그림을 조금 오래 볼 수 있게 해주시면 좋을 듯합니다. 그림책의 힘만으로도 많은 것을 공감하게 해주는 따뜻한 책이 될 것입니다.

전체 발문

1차시 발문
- 읽고 난 후 어떤 생각이 들었나요?
- 왜 할아버지가 열다섯 살 소년이 되었다고 할까요?
- 할아버지는 왜 장구 치는 어르신과 싸우셨을까요?
- 전쟁 중에는 어떤 소리들이 들릴까요?
- 아빠는 할아버지에게 왜 이렇게 말했을까요?
- 상처받은 할아버지를 위로할 방법은 무엇이 있을까요?
- 할아버지의 기억은 왜 '그날'에 멈춰있을까요?
- 할아버지가 그린 그림(의 장소)은 어디일까요?

2차시 발문
- 할아버지의 기억이 멈춰있는 그날, 그 전쟁?
- '그날'의 기억들은 어떤 것들이었을까요?
- 학도병(학도의용군), 소년병은 누구일까요?
- 전쟁의 후유증, 어떤 것들이 있을까요?

🌱 1차시 그림책 장면별 톺아보기

주요 발문과 생각 나누기

먼저 그림책 표지를 보여주고 이 책에 대한 흥미를 이끌어 냅니다. 등장인물과 주변에 그려진 해당화, 바닷가 등등을 이야기 나누며 어떤 느낌인지 묻고 호기심을 갖게 합니다. 그리고 가려진 제목을 한 줄씩 순서대로 보여줍니다. 먼저 '우리 할아버지는'을 보여주고 다음에 이어질 제목을 유추해보게 합니다. '할아버지' 하면 떠오르는 다양한 단어들을 서로 나누면서 학생들 개개인의 일상과 가족들에게 연결 짓고, 이어서 '열다섯 살 소년병입니다'를 보여주면서 평범하지 않은 이 책의 할아버지 이야기로 학생들을 끌어오는 시간입니다.

발문1. 할아버지는 왜 장구 치는 어르신과 싸우셨을까요?

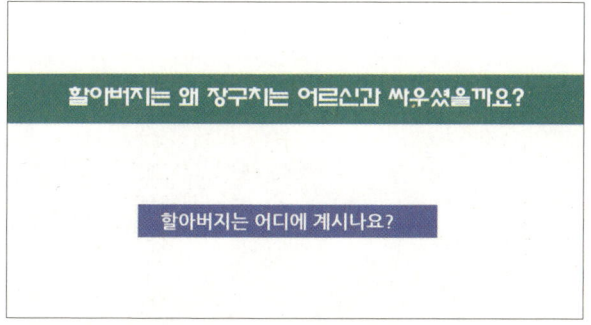

치매에 걸려있는 할아버지가 소리에 민감하고, 그 이유가 전쟁 중 겪게 된 다양한 경험들과 연결되어 있음을 이야기 나누려는 질문입니다.
그림 속 할아버지는 새카만 터널 끝에 한껏 웅크리고 앉아계십니다. 할아버지를 찾아보게 해 트라우마에 갇혀있는 아픔을 이해해 보려 합니다.

그림책 속의 할아버지는 전쟁 후유증으로 열다섯 살의 기억 속에 살고 있는, 치매를 겪고 있는 할아버지입니다. 스스로 만든 터널 속에 갇혀있는 할아버지는 (어르신들을 위한) 유치원에서 빗자루만 봐도 놀라 소리를 지르고, 식판 씻는 소리에도 놀라 구석에서 울고 있습니다. 끔찍했던 전쟁의 트라우마가 할아버지를 고통의 순간으로 자꾸 내모는 탓입니다.

 "돌아가신 우리 외할아버지도 치매에 걸렸다고 했어요."
 "할아버지한텐 장구 치는 소리가 총소리로 들렸을 것 같아요."
 "빗자루 막대가 긴 총으로 보였나 봐요."

학생들은 가족이나 주변에 치매로 고통받는 어른들 이야기도 하고, 긴 장구채나 빗자루를 보고 총으로 연상될 수도 있겠다며 할아버지를 조금씩 이해해 갑니다.

발문 2. 전쟁 중에는 어떤 소리가 들릴까요?

할아버지의 아픔을 이해하고 전쟁의 참혹함을 알아보기 위해, 전쟁 중에 들리는 다양한 소리를 학생들과 이야기 나눕니다. 준비된 영상을 보기 전에 '전쟁의 기억이 소리로 남을 수도 있다' 는 것을 생각해 보기 위한 질문입니다.

이 영상은, tvN 드라마 〈사이코지만 괜찮아〉에서 트라우마에 괴로워하는 할아버지를 위로해 주는 한 장면입니다. 베트남전쟁에 참전했던 '필옹' 할아버지는 버스 밖에서 들려오는 공사장 굴착기 소리를 듣고 전쟁 당시 트라우마가 되살아나 소리 지르게 되고, 함께 있던 '상태'가 할아버지를 옷으로 감싸며 위로해 줍니다. '괜찮아… 괜찮아…'

전쟁 트라우마, 전쟁 후유증, 외상 후 스트레스 장애PTSD 등… 굳이 어렵게 따로 설명하지 않아도 이 영상을 보면서 학생들은 그림책 속 할아버지의 고통을 좀 더 쉽게 이해하게 됩니다.

발문 3. 상처받은 할아버지를 위로할 방법은 무엇이 있을까요?

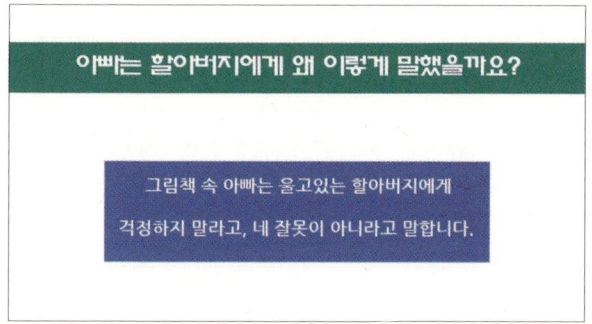

아빠가 할아버지를 위로해 주는 말들을 살펴보며 그 의미를 생각해 보고, 상처받은 타인을 위로하는 방법을 학생들과 이야기 해보려는 질문입니다.

자신과 같은 아이를 죽였다며 잠결에 흐느끼는 할아버지를, 아빠는 꼭 안아주면서 걱정하지 말라며 위로해 줍니다. 할아버지의 잘못이 아니라며 꼭 안아주면서 위로하면 무서움에 두려워하던 할아버지는 이내 얌전해지곤 합니다. 책 속의 할아버지뿐만 아니라 주변의 상처 입은 사람들을 위로하는 방법들을 다양하게 이야기 나누면서, 위로의 의미를 생각하며 공감해 볼 수 있습니다.

활동 1. 할아버지에게 편지쓰기

평소 글쓰기를 어려워하던 학생들도 할아버지에게 위로의 편지를 쓰는 것은 큰 부담 없이 편하게 임합니다. 저학년 학생들도 긴 글로 풀지는 않지만 그들이 할 수 있는 최대한의 위로를 편지에 담아냅니다.

〈1차시 활동지〉
-이야기 속 할아버지에게 하고 싶은 말, 위로의 말을 전해 보아요.
〈할아버지에게 편지쓰기〉 활동지를 나눠주고, 이야기 속 할아버지에게 하고 싶은 말이나 위로의 말을 써보게 합니다. 활동 후 발표를 원하는 학생들의 이야기를 들으며 마음을 나눠봅니다.

활동 후 생각 나누기

이 그림책이 담담하게 그려내는 이야기만으로도 전쟁을 겪고 후유증을 앓고 있는 분들에게 공감하는 것이 어렵지 않았습니다.

"전쟁은 한 사람의 잘못이 아니고 모두의 잘못이니 아프지 말아요."

"우리 할아버지는 한국전쟁 때 초등학생이셨는데 너무 무서워서 산속에 숨어 있었대요. 그때 살아야 하고 도망가야 하는 것만 생각났다고 하셨어요."

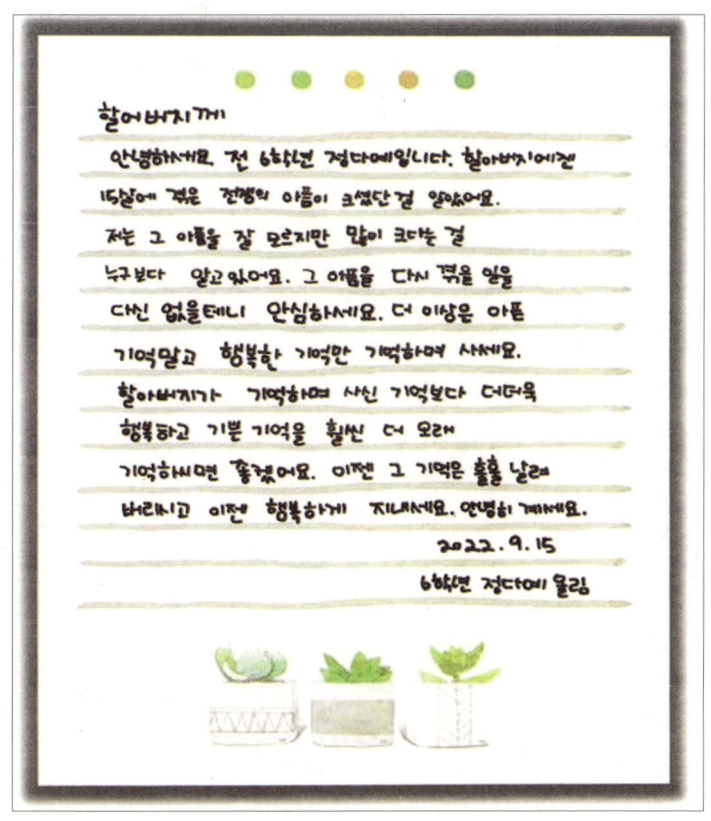

"저라면 벗어나고 도망치고 싶었을 거예요."
"가끔은 소라 소리를 들으며 안정을 취해보세요."
"이제 괜찮아요!!! 전쟁이 끝났어요!"
"이제 안심하셔도 돼요. 아무 걱정 마시고 행복하게 사셔도 돼요."
"괜찮아질 거예요. 저도 그랬어요."

교과서나 책으로 전쟁을 학습한 세대가 전쟁을 겪은 세대를 이해하기에 이 책 내용과 편지쓰기 활동이 많은 도움이 되었습니다.

> 초등학교 4학년인 한 학생은
> 전쟁을 겪는다는 건 상상이 안 되지만,
> 본인도 심하게 다친 적이 있고 그때 기억만 하면 힘들었다며…
> 자신의 상처를 꺼내 공유하면서
> 할아버지의 아픔에 공감했습니다.
> 그러고는 "저희 같이 힘내요!"라며
> 할아버지에게 응원의 메시지도 보냅니다.

> 위례시에 있는 초등학교 6학년 학생은
> 할아버지의 아픔이 크다는 걸 알게 되었다며,
> 그 기억을 훌훌 날려버리시라고 합니다.
> "더 이상 아픈 기억은 말고 행복한 기억만 기억하며 사세요."라며
> 할아버지의 아픔을 위로합니다.

> 다양한 트라우마가 있겠지만
> 전쟁 트라우마는 더욱더 충격이 크다며,

전쟁으로 인한 후유증을 공감합니다.
전쟁 현장을 감히 상상할 수는 없지만
어리고 어린 열다섯 살이 견디기에는
너무나 가혹했을 것 같다며…
아픔은 계속 마음에 남아 있더라도
전쟁의 현장을 잊으시고
평화로 가득한 세상이 되기를 바란다는 마음을
편지쓰기에 담았습니다.

2차시 한 걸음 더 들어가기

발문 4. 할아버지의 기억이 멈춰 있는 그날, 그 전쟁?

할아버지가 잊지 못하는 '그날'과 한국전쟁을 연결해봅니다. 학생들이 알고 있는 한국전쟁에 대한 것들을 칠판에 써보거나 포스트잇(post it)에 각자 써본 후 발표합니다.

할아버지가 다니는 어르신 유치원의 원장님(의사)은 할아버지가 가족 모두를 기억에서 잊어버려도 열다섯 살의 기억은 잊지 못해, 모든 행동이 그날에 멈춰있다고 하십니다.

한국전쟁 당시 남과 북, 한반도 전역이 초토화되었던 사진, 참혹한 피난길, 그로 인해 생겨난 전쟁고아들, 파괴된 대동강철교 위를 오르는 피난민 등… 이 책에서 '그림으로 표현된 전쟁'과 '실제 한국전쟁'의 차이를 보여주는 슬라이드입니다.

할아버지의 기억이 멈춰져 있는 '그날'은 '한국전쟁의 기억'입니다. 학생들이 생각하는 한국전쟁에서 벌어졌던 장면들에 대한 이야기들을 나눠봅니다. 한국전쟁을 자세히 모르는 학생들에게서도 탱크, 총, 파괴된 집 등 다양한 이야기들이 나옵니다.

그림책의 배경인 한국전쟁의 상황을 알아보면서 실제 사진과 함께 한국전쟁과 분단, 휴전 등 간단한 설명도 덧붙입니다. 한국전쟁에 대한 현실적인 이야기를 나눔으로써 할아버지의 상황을 좀 더 이해하게 됩니다.

발문 5. 학도병(학도의용군), 소년병은 누구일까요?

'가방 대신 총을 메고' 소년병이 된 할아버지와 〈이우근의 편지〉를 통해 학도병과 소년병에 대해 좀 더 알아봅니다. 여전히 아물지 못한 상처가 있는 분들의 이야기들을 영상과 편지글로 보면서 전쟁의 후유증을 좀 더 자세히 알고 이해하며 공감하게 됩니다.

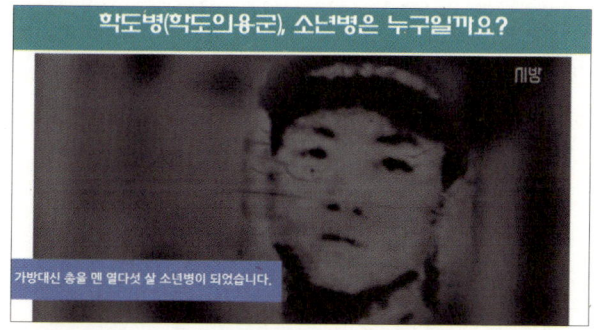

소년병으로서의 할아버지를 이해하기 위한 영상입니다.
*한국전쟁 당시 포항 전투에 참전했던 학도병 이우근 학생이 어머니께 보내는 편지입니다.
낙동강 전선에 투입된 학도의용군 71명은 경북 포항시 포항여중 앞 전투에 훈련을 제대로 못 받은 채 참전해 48명이 전사했습니다. 서울 동성중학교 3학년 학생 신분으로 이 전투에 참전한 이우근의 주머니 속에서 피로 얼룩진 메모지에 쓴, 어머니께 보내는 편지글이 발견됐습니다.

발문 6. 전쟁 후유증, 어떤 것들이 있을까요?

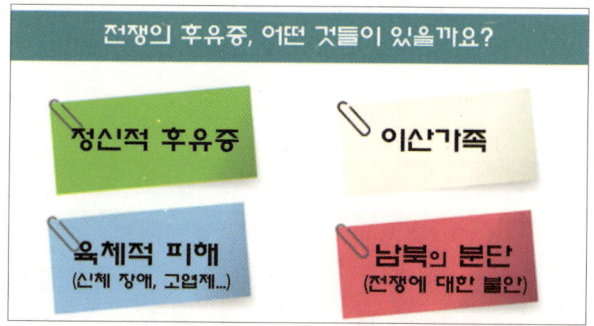

책 속의 할아버지는 전쟁 후유증을 극복하지 못해 참혹한 그날의 기억에 갇혀 버렸습니다. 치매에 걸려 아파하시는 할아버지를 이해하는 것에서 시작해 전쟁 후유증에 대한 다양한 이야기들로 넓혀가는 질문입니다.

전쟁 후유증에는 어떤 것들이 있을까요? 신체장애 같은 육체적 피해, 트라우마나 우울증 등 정신적 피해 같은 개인적인 것들도 있지만, 남북 분단과 이산가족 등 사회적 후유증들도 있고, 그것들이 여전히 우리 사회에서는 현재진행형이라는 것을 알게 됩니다. 분단으로 인한 피해는 한반도에 사는 우리 모두에게도 영향을 미치고 있는 폐해임을 이야기 나눕니다.

활동 2. 평화의 메시지로 문구 바꿔보기

먼저 아프리카 수단의 군복 입은 어린 소년의 사진을 보여주고 '군인이 아닌, 어린이입니다'라는 유니세프UNICEF의 반전反戰 문구를 보여줍니다. 어린 소년·소녀들을 전쟁터로 끌어들이는 일들이 전 세계 어디서나 일어나고 있다는 현실을 이야기합니다.

2월 12일은 유니세프에서 정한 '소년병 반대의 날'입니다. 지구의 다른 한편에서는 여전히 다양한 이유로 전쟁이 진행되고 있습니다. 그로 인해 피해를 겪는 어린 소년·소녀병들의 사진을 보면서, 평화를 향한 생각의 폭을 한반도에서 시작해 지구적인 마음으로 넓혀 볼 수 있습니다. 이 활동은 전쟁은 우리 중 누구라도 희생자가 될 수 있음을 조심스럽게 상기시키고 일상의 소중함과 평화의 의미를 생각해 보게 해 줍니다.

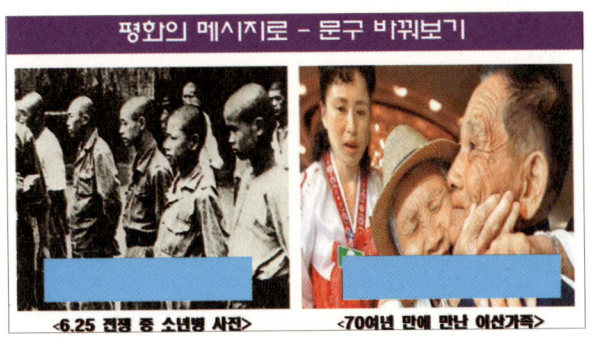

〈2차시 활동지〉
-사진에 있던 문구를 평화의 메시지로 바꿔보기.
전쟁과 관련된 사진 속 문구들을 '평화의 메시지'로 바꿔봅니다. 학생들이 기자 또는 사진기자가 되었다고 가정하고, 사진의 메시지들을 평화적으로 바꿔보게 합니다.

이어서 그림책 속 할아버지가 어린 모습으로 군복을 입은 채 '책 대신 총'을 들고 있는 사진을 보여줍니다. 당시의 할아버지라면 어떤 말을 하고 싶었을까요?

학생들은 사진기자가 되어서 활동지의 두 사진에 쓰여있는 〈6·25 전쟁 중 소년병 사진〉, 〈70여 년 만에 만난 이산가족〉 두 개의 제목을 새로 써봅니다.

학교에 있어야 할 학생들이 한국전쟁 중 소년병으로 찍힌 사진을 보면서	분단으로 만날 수 없는 이산가족들의 사진에는
"집에 가고 싶어요." "수업하고 싶어요." "부모님을 보고 싶어요." "공부하는 평범한 학생을 할 거예요."	"이젠 만나고 싶어요!" "보고 싶었어." "볼 수 있는, 만날 수 있는, 가족입니다." "평생 못 볼 줄 알았는데… 보고 싶었어요."

활동 후 생각 나누기

소년병 사진의 문구를 "전쟁터가 아닌 운동장에서 뛰고 싶어요"로 바꾸며 같은 학생의 마음으로 공감합니다.
'이산가족'이라는 생경하고 아픈 단어보다는 평범하지만 소중한 '가족'으로 불리고 싶은 할아버지 할머니들의 마음을 대변하는 듯합니다.

몸에 안 맞는 군복을 입고 굳어진 표정을 짓는 소년들에게 "곧 전쟁이 끝날 거야! 난 그렇게 믿어!"라며 위로를 건넵니다. 이제는 엄마만큼이나 주름진 아들을 끌어안고 울고 계신 할머니에게, "드디어 다시 만났어! my 가족!"이 라며 기쁨을 나눕니다.

"돌아가고 싶어요. 학생으로"라며 군복 대신 교복을 입고 싶었던 소년의 마음을 이해합니다.
60여 년간 떨어져 있다가 겨우 3일이라는 짧은 만남을 끝내는 두 분 어르신의, 다시 헤어지고 싶지 않은 마음을 글로 써봅니다.

🌱 수업을 더욱 풍부하게!!

읽기 자료

1. 학도병과 소년병

한국전쟁 개전 초기부터 전사자와 부상병의 증가로 병력 투입이 시급해지자 학도병들과 소년병들이 자원이나 모집을 통해 전선으로 보내졌습니다. 당시 전투 상황은 이들이 힘들게 도착해도 명단을 기록할 겨를도 없었고, 전사자와 부상자의 규모와 수도 제대로 파악할 수 없을 정도로 급박했다고 합니다.

학도의용군(학도병)은 1950년 6월 29일 이후 '학도의용군(재일동포 학도의용군 포함)'으로 육·해·공군 또는 유엔군에 배속돼 1951년 2월 28일 해산할 때까지 근무한 자로, 전투에 참가하고 그 증명이 있는 자를 말한다. 전상戰傷으로 중간에 나온 자도 포함한다.[1]

한국전쟁 당시 학생 신분으로 자원했거나 모집되어 국군과 미군, 유엔군에 배속되어 싸운 학생들을 학도의용병 혹은 간단히 학도병이라고 부릅니다. 이들 중에는 나라를 지키기 위해 자원입대한 분들도 있지만, 길을 걷다가 교복 입은 채로 미군 트럭에 실려 낙동강 전선으로 보내졌다는 증언도 있어, 당시 모병募兵 상황의 긴박함을 보여주기도 합니다.

그들 대부분은 14~17세에 불과했고 징집 연령인 18세에 미달했습

---

[1] 1959년 공포된 「병역법」의 학도의용군에 대한 정의.

니다. 기록과 증언에 의하면 학도병들은 제대로 된 훈련도 못 받고 총 쏘는 방법만 겨우 익힌 채, 군복과 철모도 없이 계급장과 군번을 대신하여 학도의용군이라 쓰여진 어깨띠만 두르고 나서야 했습니다. 이들은 군번과 계급이 없는 비정규군이었습니다.

학도병의 주 임무는 전투 참전, 치안 활동, 후방 선무공작, 보급품 전달 등 다양했습니다. 낙동강 방어선 전투 당시 다부동 기계·안강, 영천, 포항 등에 총 30여만 명이 참가했습니다. 5만여 명은 전투에 참전했고 그 외 인원은 후방 선무공작 활동 등을 맡았습니다. 그들 중 7천여 명이 군번도 계급도 없이 싸우다 전사했습니다.[2]

전투에 투입된 학도병 인원은 1957년 '중앙학도호국단' 자료에는 총 27,700명이 각 지역 전투에 참전해 전사자가 1,394명으로 기록되어 있으며, 교육부(문교부) 통계에 의하면 5만 명이 참전해 전사자는 7천 명으로 기록되어 있습니다. 또한 '용산전쟁기념관'은 전국 349개 중학교(현재의 중학교와 고등학교 포함) 학도병 중 1,976명이 전사한 것으로 기록하고 있습니다. 이렇게 학도병 참가자 수와 전사자 수가 다른 것은 당시 학도병을 종합적으로 관리한 부처가 없어 기관마다 다른 통계를 내놓았기 때문으로 추정됩니다.

1951년 3월 국군과 유엔군이 전선의 균형을 찾고 병력 충원이 원활해지자, 피난을 떠났던 국민들도 전쟁 속 일상을 살게 되었고, 이승만 대통령의 복교령이 담긴 담화 발표로 학도병들은 학교로 돌아갔습니다. 그러나 학교로의 복귀 지시나 대통령 담화가 제대로 전해지지 않은 곳에서는 학도병 활동이 중단되지 않고 휴전 때까지 계속되기도 했다고 합니다.[3]

---

2. 『1129일간의 전쟁 6·25』, 육군본부 육군군사연구소, p.597.
3. 『6·25전쟁 학도의용군 연구』, 국방부 군사편찬연구소, p.73.

소년병은 '정식 군번을 부여받아 정규군으로 참전한 17세 이하 군인'이다. 한국전쟁에 참전한 소년병의 규모는 2만 9,603명에 이른다. 이는 한국전쟁 당시 '3개 사단'에 해당하는 병력이다. 이 가운데 2,573명이 전사했다. 전사자를 제외한 소년병 가운데 2만 4,263명은 국군 소속, 2,765명은 유엔군 소속으로 참전했다. 특히 국군에 배속됐던 소년병 2만 4,263명 가운데 467명이 '소녀병'(여군)으로 확인됐다. 그동안 국방부가 주장해온 '23명'보다 20배나 많은 규모다.[4]

소년병은 만 17세 이하의 아동과 청소년으로, 군번과 계급을 부여받은 정규군입니다. 군번이 부여되지 않은 학도병은 정부의 복귀령에 따라 학교로 돌아갔지만, 더 어린 소년병은 군번이 부여된 채 정식 군인 신분으로 편입됐기 때문에 군 생활을 계속했습니다. 1953년 7월 27일 휴전이 된 뒤에도 전역하지 못하고 5~7년 더 군 생활을 하기도 했습니다.

당시 어린 나이로 참전했을 뿐 아니라 휴전협정 이후에도 1~2년 동안 군에 머무르며 나라의 안보를 위해 복무했지만, 그들 대부분은 '국가유공자'가 아닌 '참전유공자'로 분류되어 지금까지 제대로 보상받지 못하고 있습니다.

한 소년병은 길거리에서 징병된 후 기차 안에서 6시간가량의 훈련만 받고 바로 전투에 투입되기도 했습니다. 길거리에서 강제 모집되어 가족에게 알리지도 못한 경우도 많습니다. 소년병 중에는 여성들도 있었습니다. 낙동강 전투에서는 주변 학교 여학생들이 행정병으로 활용되기도 했습니다. 북한군에 의해 의용군으로 붙잡혀 가던 한 소년이

---

4. 『6·25전쟁 소년병 연구』, 국방부 군사편찬연구소, 2011.2.

전투에서 형제를 만나 국군과 북한군으로 나뉘어 전투를 벌이는, 그 야말로 동족상잔이 벌어지기도 했습니다.

정부는 오랫동안 소년병의 실체를 인정하지 않았습니다. 그러다가 김대중 정부 출범 이후 '참전유공자예우에 관한 법률'(참전유공자법)을 개정하는 과정에서 '소년 지원병'이라는 용어를 공식 사용하며 그 실체를 인정했습니다.

정부가 '소년 지원병'이라는 용어를 사용하는 이유

국제적으로 18세 미만 소년병의 징집은 불법입니다. 한국전쟁 당시에도 징집 대상은 18세 이상이었습니다. 그러나 국가는 전쟁 초기 병력 보충을 위해 15~17세 소년들을 전쟁터로 내몰았습니다. 그들 중 다수는 자원입대했다고 하지만, 적지 않은 소년병들이 강제 징집되었다는 것 또한 사실입니다. 정부가 '6·25 참전 소년 지원병'이라고 쓰는 것은 '지원' 입대했다는 점을 부각해 '강제' 징집이라는 의미를 감추려는 것으로 보입니다.

*참고 자료
- 『6·25전쟁 학도의용군 연구』, 국방부 군사편찬연구소, 2012.
- 『1129일간의 전쟁 6·25』, 육군본부 육군군사연구소, 2014.
- 〈군번 계급없는 영웅! 학도의용병(정전 70년, 끝나지 않은 6·25)〉, 동아일보, 2023.09.06
- 〈6·25 참전 소년병의 국가유공자로서의 당위성〉, 유영옥, 2006.5.

2. 〔소년병 반대의 날〕 피해자이자 가해자가 된 어린이, 소년병[5]

유엔UN은 보호받아야 할 어린이가 전쟁에 동원되지 않도록, 2월 12일을 '소년병 반대의 날(Red Hand Day 또는 국제 소년병 사용 반대

---

5. 유니세프(unicef) 홈페이지 https://www.unicef.or.kr/what-we-do/news/150764/

의 날)'로 정했습니다.

    소년병은 만 18세 미만의 미성년 군인 또는 그들로 이루어진 군대를 의미합니다. 유엔이 비준 발효한 '아동의 무력 충돌 참여에 관한 아동 권리 협약 선택의정서'(2002)는 징병·참전을 위한 최소한의 나이를 18세로 하고, 18세 미만의 어린이나 청소년이 전투나 분쟁에 가담되는 것을 금지합니다. 특히 15세 미만 어린이를 군인으로 모집하는 행위는 '전쟁범죄'로 규정합니다.

    소년병으로 징집된 이들은 적대 행위에 직접 참여하는 것 외에도 요리사, 우편병, 전달자, 스파이 또는 성적인 목적으로 학대받기도 합니다. 세계 90여 개 국가에서 무려 30만~50만 명의 어린이나 청소년이 전쟁터로 내몰리고 있으며, 이 가운데 3분의 1은 소녀들입니다. 강제 징집된 여자 어린이는 특히나 취약해 이들 중 45%가 성적 폭력을 당하거나 심하면 사망하는 경우도 27%에 이르기도 합니다.[6] 대다수는 폭력이나 고문을 목격하거나 직접 당했고 죽음으로 내몰렸습니다. 그리고 70% 이상이 사람을 살해하는 장면을 목격하고 그중 절반가량이 대량 학살의 폭압에 노출된다고 합니다.

    소년·소녀병은 성인보다 납치하기도 쉽고 전투에 투입할 정도의 체력은 된다는 이유로 계속 징집될 뿐만 아니라 전쟁범죄의 표적이 됩니다. 일반적으로 소년병은 권위에 대항하는 경우가 거의 없고 부당한 명령에 불복할 능력도 없습니다. 가장 다루기 쉬운 존재라는 의미입니다. 게다가 어른보다 식량도 적게 들고, 필요한 목적을 위해 속이기도 쉬워 전쟁의 희생양으로 이용되곤 합니다. 극심한 저항 없이 자살폭탄이 되거나 인간 방패로 쓰여 아군을 대신하여 죽기도 합니다.[7]

---

6. 〈어린이와 무력충돌: Children and armed conflict〉 유엔(UN), 2019
7. 〈the Children International 2021〉, Stop the War on Children: A crisis of recruitment. p.16.

더욱 심각한 것은, 전쟁에 참여한 많은 소년·소녀병은 일단 전쟁이 시작되어 버리면 심히 잔혹해지기도 한다는 점입니다. 총이 뿜어내는 파괴력에 빠져 그 힘을 자신과 일치시켜 과시하기도 하고, 덜 성숙한 자아로 인해 이유 없는 살상을 하거나 폭행을 저지르기도 합니다. 이런 경험을 한 소년들은 전쟁이 끝났음에도 집으로 돌아가기 힘들어하고 점차 끔찍한 어른 괴물이 되기도 합니다.

3. 소년병 징집 반대 의미 담은 '붉은 손의 날' 캠페인

UN이 정한 매년 2월 12일 '소년병 반대의 날'에는 어떤 아이도 어른들에 의해 전쟁터로 나가서는 안 된다는 뜻으로 '붉은 손의 날Red Hand Day' 캠페인을 벌입니다. '붉은 손'은 소년병 징집을 중단하려는 국제적인 노력의 상징입니다.

그날은 종이와 현수막에 붉은 손 그림을 프린트하고, 그 위에 소년병 징집 중단을 요청하는 편지를 써넣습니다. 또한 '총을 버리고 펜을 잡자(#Drop the Gun Pick Up the Pen)'라는 해시태그를 SNS에 게시하기도 합니다. 이는 더 이상의 소년병 징집에 반대하며 캠페인에 동참하는 데 의의가 있습니다.

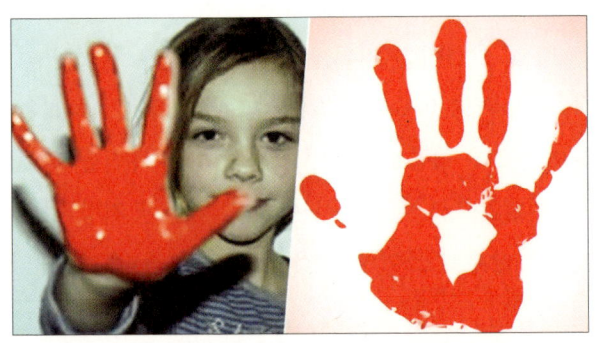

소년병 징집에 반대한다는 의미로 붉은색을 칠한 손바닥을 내보이는 소녀 (출처: 국제인권감시기구)

*참고 자료
- "왜 소년병이 총을 드는가?…전 세계 90개국, 50만 명 강제 동원", 중앙일보, 2021.02.11.
- 유니세프(UNICEF) 공식 홈페이지

영상 자료

[KBS NEWS 광주·전남]
한국전쟁 생존자, 70년 지나도 PTSD 여전

[유튜브]
tvn드라마 〈사이코지만 괜찮아〉, 전쟁이 소리로 기억되던 사례

[유튜브]
전쟁 때문에 생긴 트라우마?/소녀시대 써니의 폭죽공포증

[유튜브] 〈현재사는 심용환〉 "소년들은 왜 총을 들었나"
끝나지 않은 소년병의 전쟁/2월 12일 소년병 반대의 날 특집

추천하는 그림책

『할아버지의 양손』
네 살이었던 윤중식 작가가 겪은 가족의 피란길 스케치. 가족들과 다른 피란민들이 겪어야 했던 끔찍한 고통을 작가 윤대경이 그의 아버지 윤중식 화백의 28장의 생생한 스케치와 글로 남긴, 한국전쟁 중 슬픈 여정이 담긴 그림책입니다.
윤대경 글, 윤중식 그림, 상수리, 2023.

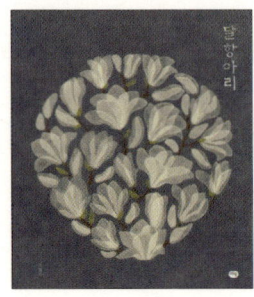

『달항아리』
전쟁을 겪은 세대를 이해하는 책. 전쟁이라는 극한 상황에 내몰리게 된 한없이 평범한 여인이 세 아이와 함께 묵묵히 살아내야 했던 이야기를 우리 민족을 닮은 달항아리의 시선으로 그린 책입니다.
조영지 글·그림, 다림, 2020.

7

그림책으로 들어보는 1950년 가족 이야기

『온양이』

수업에 앞서

'콩 한 쪽도 나눠 먹는다'는 말이 있습니다. 내가 가진 것이 콩알처럼 작지만 주변 사람들과 나눠 먹는다는 뜻이지요. 당장 나도 배가 고프지만, 주변 사람들의 어려움을 모른 척하지 않고 서로에게 힘이 되려는 마음과 실천을 나타냅니다. 우크라이나와 러시아 전쟁으로 폴란드 국경을 넘는 우크라이나 난민들을 위해 구호품을 나누는 사람들, 수혈할 혈액이 부족할지 몰라 미리 헌혈하는 사람들의 긴 행렬은 이 세계를 지탱하는 인류애라는 이름의 한 모습일 것입니다.

한국전쟁 당시에도 콩 한 쪽이라도 나누고자 한 사람들이 있었습니다. 그림책 속 명호네 가족처럼 피난민들이 도착한 거제도의 주민들입니다. 당시 거제도 주민보다 훨씬 많은 피난민과 포로들이 들어왔지만, 유입된 피난민들에게 핀잔하기보다는 필요한 것이 없는지 살피며 김치나 먹을거리를 나누는 사람들이 많았다고 후손들은 말합니다. 세계는 여전히 전쟁 중이지만 그래도 절망하지 않는 것은, 어려운 상황에서도 서로 돕고 사랑하는 사람들이 있기 때문입니다.

『온양이』는 한국전쟁으로 할머니를 여의고 병든 할아버지를 집에 남겨둔 채 남쪽으로 피난 갈 수밖에 없었던 명호네 이야기입니다. 명호와 명남이는 피난 행렬에서 전쟁으로 힘들어하는 많은 사람을 만납니다. 그 와중에도 고아가 된 아이와 음식을 나누어 먹은 명남이와 만삭인 어머니를 위해 선원에게 도움을 청하는 명호의 용기 있는 행동에서 전쟁이라는 극한 반평화 속에서도 인간성을 잃지 않는다는 것에 대해 생각해 보게 됩니다. 이산가족의 아픔을 이해하고 다시 만날 수 있도록 응원하는 계기를 마련하고자 했습니다.

#한국전쟁　#이산가족　#흥남철수　#인류애　#온양호　#전쟁의아픔

한 장에 담은 그림책 수업

주제	끝나지 않은 분단의 아픔	
1차시	• 책 표지 보며 이야기 상상하기 • 그림책 장면을 보며 발문과 생각 나누기	① 그림책 표지를 자세히 살펴보며 전쟁의 이미지를 상상해볼 수 있게 합니다.
		② 장면별 발문으로 한국전쟁 당시 사람들의 어려움에 대해 이야기 나눕니다. 온양이가 아버지와 만났을지 상상하며 의견을 나눕니다.
2차시	• 활동: 『온양이』의 뒷이야기 만들기 • 학생들의 작품 공유하기 • 이산가족의 이야기 알아보기	① 활동지에 그림책의 뒷이야기를 상상하고 표현해봅니다. 창작한 뒷이야기를 친구들과 발표하며 공유합니다.
		② 그림책에 나오는 이산가족의 아픔이나 전쟁의 아픔들이 실제 있었던 일이라는 것을 사례를 보여주며 소통합니다.

★ 초등 교과 연계 ★

- [4국05-03] 이야기의 흐름을 파악하여 이어질 내용을 상상하고 표현한다.
- [6국01-07] 상대가 처한 상황을 이해하고 공감하며 듣는 태도를 지닌다.
- [4도02-01] 효, 우애의 의미와 필요성을 명료하게 이해하고 가족의 행복을 위해 할 수 있는 일을 탐색하여 실천 계획을 세운다.
- [4도02-02] 친구 사이의 배려에 대한 올바른 이해를 바탕으로 일상생활에서 배려에 기반한 도덕적 관계를 맺을 방안을 탐색한다.
- [6도03-01] 인권과 관련된 다양한 사례를 살펴보고 인권에 관한 감수성을 길러 이를 실천하려는 의지를 함양한다.

그림책 소개

『온양이: 흥남 철수 작전의 마지막 피란선 이야기』는 한국전쟁 당시 함흥에서 살고 있던 명호네가 폭격을 피해 흥남철수 작전과 맞물려 남쪽으로 내려온다는 이야기입니다.

그 과정에서 할아버지와 헤어진 명호네는 정든 고향을 떠나 수많은 전쟁 피해자의 모습을 목격하게 됩니다.

선안나 글, 김영만 그림, 샘터사, 2010.

작가는 전쟁의 어려움 속에서 안전하게 태어난 '온양이'를 통해 희망을 잃지 않는 사람들의 모습을 보여주고자 합니다.

『온양이』를 읽어주기 전에

'전쟁'이 생소한 학습자에게 한국전쟁이란 어떤 전쟁인지 단편적이나마 전달할 수 있는 그림책입니다.

특히 가족의 헤어짐, 전쟁으로 고통받는 사람들의 심정, 전쟁 중에도 태어나는 생명의 소중함 등을 중심으로 학습자와 소통할 수 있습니다. 그런 과정을 통해 전쟁이라는 실체에 조금이나마 다가가리라 생각합니다.

다른 그림책에 비해 글이 많은 편으로, 자칫 집중력이 떨어질 수 있습니다. 교실 뒤에 앉은 학습자가 그림책의 그림을 자세히 볼 수 있도록 배려가 필요합니다.

전체 발문

1차시 발문
- 기차에 탄 사람들은 왜 떠나고 있을까요?
- 명호는 할아버지께 인사하며 어떤 마음이었을까요?
- 흥남 쪽으로 가는 길목을 헌병이 막은 까닭은 무엇일까요?
- 전쟁이 나면 가장 힘든 점은 무엇일까요?
- 내가 명남이였다면 어떻게 행동했을까요?
- 전쟁으로 내가 살던 마을, 집들이 무너진다면 어떤 마음일까요?
- 온양이는 아버지를 만났을까요?

2차시 발문
- 분단으로 가장 가슴 아픈 일은 무엇일까요?

🌱 1차시 그림책 장면별 톺아보기

주요 발문과 생각 나누기

'그림책 표지 자세하게 보기'를 먼저 진행합니다. 제목을 가린 표지 그림만으로 책 내용을 유추해봅니다.『온양이』표지 그림에는 만삭인 어머니와 두 형제가 나옵니다. 배경에 있는 'LST(상륙함)'라는 배와 연기가 피어오르는 산의 모습을 통해 이제부터 만나게 될 내용을 상상하고 이야기 나눕니다.

학습자들은 표지 그림을 보고 책 내용이 전쟁과 가족에 대한 것이라는 점을 어렵지 않게 예상하게 됩니다.

발문 1. 기차에 탄 사람들은 왜 떠나고 있을까요?

그림책을 읽고 난 후 첫 발문으로 주인공 가족이 살고 있는 함흥 사람들이 무슨 이유로 기차를 타고 남쪽으로 향하는지 묻습니다. 학습자가 그림책 내용을 잘 이해했는지 파악하고 한국전쟁 중 흥남 철수의 배경을 이해합니다.

기차 사진을 자세히 보면 기차 지붕 위에도 사람들이 빼곡하게 앉아 있는 것을 볼 수 있습니다. '기차에 탄 사람들은 왜 떠나고 있을까요?'라는 발문에 학습자는 그림책을 읽고 난 후여서 내용을 잘 기억하고 답합니다.

"곧 전쟁이 나서 불바다가 된다는 이야기를 들었어요."
"일본에 떨어진 원자폭탄 같은 엄청난 폭탄이 떨어진다는 소문을 들었다고 나와요."
"내가 살던 곳이 불바다가 된다고 하면 무서워서 어서 떠나고 싶을 것 같아요."
"중공군이 쳐들어와서 미군이 후퇴한다는 말도 나와요."

학생들의 대답에서도 알 수 있듯, 한국전쟁 당시 중국군(당시는 중공군)의 개입으로 미군이 후퇴하게 되면서 대규모 철수 이후 폭격이 예정되어 있다는 것을 알게 됩니다. 전쟁이 일어나면 당장 생명이 위협받기 때문에 생존을 위해 떠나는 선택을 할 수밖에 없다는 것을 이해하게 됩니다. 사람들이 기차를 타고 있는 모습에서도 전쟁을 읽을 수 있습니다. 원래 기차는 기차 내부 의자에 앉는 것이 일반적인데, 사람들은 기차 안이 아니라 바깥, 지붕에도 빼곡하게 앉아 있기 때문입니다. 저렇게 위험한 모습으로 기차를 타고 떠나는 사람들의 심정을 생각하며 전쟁이라는 급박한 상황을 조금이나마 이해하게 됩니다.

발문 2. 전쟁이 나면 가장 힘든 점은 무엇일까요?

"전쟁이 나면 가장 힘든 점은 무엇일까요?"라는 발문에 학습자들은 잠깐 생각하는 얼굴이 됩니다. 전쟁을 소재로 한 영화에서나 봤을 법한 장면을 떠올려야 할지도 모릅니다. 방금 그림책에서 본 그림과 내용도 참고하며 다음과 같이 답합니다.

"사람들이 많이 다치고 죽는 모습을 보는 거요."
"가족이나 친구랑 헤어지는 것이 제일 힘들 것 같아요."
"총소리나 폭탄 소리가 무서울 것 같아요."

한반도의 '분단'은 언제든지 전쟁이 일어날 수도 있다는 것을 의미합니다. 하지만 태어나면서부터 분단된 한반도에 살고 있는 우리는 전쟁에 대한 위기감에 민감하게 반응하지 못할 때가 많습니다. 이 발문과 그림을 보고 실제 전쟁이 일어났을 때의 어려움을 생각해 봅니다.

    좋은 것만 보여주고 싶은 어린 학습자에게 전쟁이 나면 가장 힘든 것을 생각해 보라고 하는 것은 다소 폭력적일지도 모릅니다. 하지만 분단국가에 살고 있는 현재를 제대로 파악해야 희망적인 미래로 나아갈 수 있다고 믿기 때문에 필요한 과정입니다. 분단이라는 이름으로 여전히 우리 곁에 머물고 있는 '전쟁'의 본질을 우리는 잘 모르기 때문입니다. 그림책으로 전쟁의 본질을 조금이나마 이해한 후 전쟁에 반대하고 평화를 사랑하는 마음이 생길 것이기 때문입니다.

발문 3. 내가 명남이라면 어떻게 행동했을까요?

    다른 발문에 비해 이 발문은 학생들이 답하는 빈도가 높고 반응도 빠른 편입니다. 그만큼 마음에 와닿는 장면이고 발문이라 할 수 있습니다. 평소에도 배가 고프면 내 입으로 들어가는 음식이 먼저인데 한 치 앞도 모르는 전쟁 상황에서 남과 음식을 나누어 먹을 수 있을지 의견은 다양합니다.

흥남 부두에서 배를 기다리며 명남이는 어머니가 사주신 국밥을 먹습니다. 그런데 옆에는 주먹밥을 빼앗긴 아이가 배가 고파 울고 있습니다. 이 상황에서 '나'라면 어떻게 행동하게 될지 생각해 보는 발문입니다.

"나도 명남이처럼 행동했을 것 같아요."
"언제 또 밥을 먹을 수 있을지 모르는데 나라면 밥을 나눠 먹지 않았을 것 같아요."
"먹고 남는다면 나눠줄 수도 있어요."
"모르겠어요. 그 상황이 돼봐야 알 것 같아요."

학습자들은 여러 갈래의 답으로 표현합니다. 자기 음식을 나눠 준다고 하는 학생도 있지만 나눌 수 없다는 현실적인 의견도 있습니다. 그리고 아주 솔직하게 "그 상황이 되어보지 않았기 때문에 어떻게 행동할지 모르겠다"고도 합니다. 당장 자신 있는 선택을 내릴 수 없더라도 어려운 상황에서 음식을 나눠야 하는 것에 대해 생각해 보는 기회가 됩니다.

풍요로움에 대해 각기 생각이 다르겠지만 일반적으로 볼 때 우리는 1950년대보다 풍요로운 사회에 살고 있습니다. 그래서 부족함 없는 먹을거리, 청결, 인간 생명에 대한 존엄성, 인권에 대한 인식이 당연하다고 여깁니다. 위 발문으로 학습자와 이야기 나눔으로써 우리가 누리고 있는 당연함이 전쟁 상황에서는 그렇지 않다는 것을 환기시킵니다. 영화나 책에서 보는 전쟁이 아니라 내 주변에서 일어날 수 있는 전쟁에 대한 의미를 생각해 보는 계기를 마련합니다.

발문 4. 온양이는 아버지를 만났을까요?

그림책 내용을 마무리하며 2차시 수업 활동을 시작하기 위한 발문입니다. 왼쪽 사진은 전쟁이 일어나기 전에 찍은 가족사진이고 오른쪽 사진은 흥남 철수 당시 마지막 배 온양호에서 태어난 막내 '온양이'의 사진입니다.
'사진 속에 계시는 아버지를 남쪽으로 내려온 온양이는 만났을까?'라는 질문으로 학생들과 이야기 나눕니다.

그림책 마지막에 등장하는 온양이는 아버지가 계시지 않은 상황에서 태어납니다. 가족의 소중함을 알고 있을 학습자에게 온양이의 마음이 되어 아버지를 만났을지 묻습니다. 또 가족과 원하지 않는 헤어짐을 경험하는 것이 어떤 것일지 이야기 나눕니다. 발문 4에 대한 대답은 다양하지 않지만 다음 시간의 활동을 위한 사전 작업이어서 비중 있는 발문이기도 합니다. 학습자의 반응은 다음과 같습니다.

"온양이가 아버지를 만났을 것 같아요. 그냥 그러면 좋을 것 같아서요."
"온양이 아버지는 이미 전쟁터에서 돌아가셨을 것 같아요. 그래서 온양이는 아버지를 만나지 못할 것 같아요."

"나중에 피난 가서 만났을 것 같아요. 그런데 할아버지는 못 만날 것 같아요. 나이가 많으시니까요."

"가족과 헤어지면 정말 슬프고 심심할 것 같아요. 온양이가 불쌍해요."

"온양이는 아빠 얼굴도 모르지만 명호, 명남이는 아빠 얼굴을 아니까 더 보고 싶을 것 같아요."

의견을 내지 않는 학습자도 친구들의 의견을 듣고 생각하는 얼굴이 됩니다. 가족과 헤어지는 경험과 슬픔은 겪지 않은 사람이라면 상상하기 어려우니 시간이 조금 필요합니다. 수업하는 선생님은 어렸을 때 가족과 헤어져서 시골에서 한 달 정도 살면서 매일같이 싸웠던 동생이 그리웠다는 등, 사례를 들어 학습자가 자신의 의견을 낼 수 있도록 독려합니다.

🌱 2차시 한 걸음 더 들어가기

주요 발문과 생각 나누기

2차시는 '『온양이』의 뒷이야기 만들기' 활동으로 시작합니다. 책의 마지막은 '온양이'가 태어나고 명호와 명남이가 여동생 온양이에게 인사하는 장면으로 끝납니다. 그림책을 읽고 나면 그 후 온양이 가족이 어떤 삶을 살았는지 궁금해집니다. 그래서 2차시 활동은 학습자로 하여금 온양이나 온양이 가족이 아버지(또는 헤어진 가족)를 만나게 되었을지, 어떤 삶을 살았을지를 생각해 봄으로써 이산가족의 마음을 조금이나마 헤아려보는 계기를 마련합니다.

활동. 『온양이』의 뒷이야기 만들기

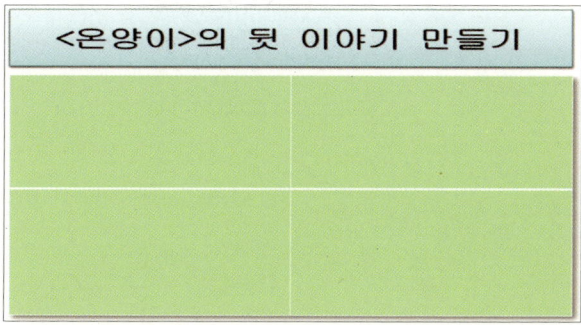

그림책을 읽고 장면별 톺아보기를 하고 나서 그림책의 뒷이야기를 상상해 봅니다. 상상한 내용을 A4 종이에 4컷 만화나 글로 표현합니다.

남쪽으로 출발한 피난선에서 태어난 온양이와 가족이 고향을 떠나와 어떻게 살았을지 상상해 봅니다. 이산가족의 삶이 어떠했을지 그 고단함을 가늠해 보고, 한국전쟁 이후 사람들의 삶을 생각해 봅니다. 그림 그리기가 부담스러운 학생이 있을 수 있으므로 네 컷 만화 그리기를 어려워하는 학습자에게는 글로 표현해 보기를 권합니다.

활동 후 생각 나누기

창작을 어려워하는 반도 있지만, 순풍에 돛 단 듯 술술 풀어내는 반도 있습니다. 선생님이 얼마나 격려하고 편안하게 해주느냐에 따라 학생들이 창작하는 내용이 달라질 수 있을 것입니다. 네 컷 만화로 표현한 학습자의 결과물 내용은 다음과 같습니다.(학습자의 표현 그대로 옮깁니다.)

• 어느 날 시장에 갔다. ⇨ 시장을 둘러보는데 ⇨ 아빠를 만났다! ⇨ 행복하게 살았다.

온양이는 '온양호'에서 태어났지만 흥남철수 작전에서 가장 많은 피난민을 수송했던 메러디스 빅토리호에서 태어난 '김치5(five)' 중 한 명으로 설정하고 이야기를 만들었습니다. 일반적으로 배가 도착한 뒤 아버지를 만난 이야기가 많은데, 이 활동지에서는 피난 가는 배 안에서 아버지와 할아버지를 모두 만나는 행복한 결말입니다.

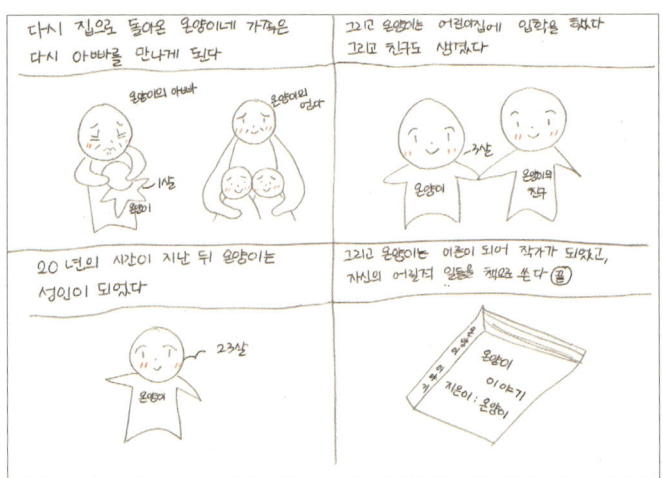

다시 집으로 돌아온 온양이가 아빠를 만나고 잘 자라서 작가가 된다는 내용입니다. 여기서 '집'은 고향 함흥일 수도 있고 남쪽에 정착한 집일 수도 있습니다. 온양이는 자라서 작가가 되어, 자신이 겪은 일을 책으로 냅니다.

• 할아버지는 다행히 살아계셨다. 배를 통해 온양이를 만났다.

⇨ 아버지는 온양이가 있는 곳에 있어서 같이 할아버지와 아버지를 만났다. 아버지는 오래 기다렸다며 메이플 빵을 주었다. 온양이, 명남, 명호는 ○○초등학교에 다니며 생활했다.

⇨ 온양이는 외모가 이뻐서 연예인으로 됐다. 금세 유명해져서 여러 가지 예능에 나갔다. 명남이는 통일을 위해 대통령이 됐고, 명호는 전쟁 때문에 늙은(낡은) 시설을 위해 LG시설(그룹) CEO가 됐다.(괄호 안: 필자)

⇨ 온양이는 연예인을 그만두고 엔터테인먼트를 설립해 공유, 원빈, 유재석 등 유명한 연예인을 끌어들였다. 온양이와 식구들은 세계에서 가장 돈이 많은 부자로 등극했고 부자가 됐다. 끝.

실제 이산가족의 사연을 알아봅니다

『온양이』 그림책으로 나눈 이야기들이 실제 있었던 일이라는 것을 사례를 찾아서 사진이나 편지글로 알려줍니다. 영화 <국제시장>의 일부—주인공이 KBS 이산가족 방송으로 흥남 철수 때 헤어진 여동생을 찾는 장면—을 보여주고 이산가족의 비극과 전쟁을 겪은 사람들의 아픔에 잠시나마 공감해 봅니다. '나'의 일이 아니어서 좀처럼 공감할 수 없다고 생각하는 이산가족의 아픔을 '우리' 일로 만드는 것이 공동체의 평화에 한 걸음 다가가는 일이라는 것을 나눌 수 있으면 좋겠습니다.

발문 5. 분단으로 가장 가슴 아픈 일은 무엇일까요?

분단국가에서 태어난 것을 처음 인지한 학습자도 있을 것입니다. 만족스럽지는 않으나 크게 부족하다고 느끼지 못한 대한민국이 원래 조선민주주의인민공화국과 '하나의 나라'라는 것을 알고 인정하는 데도

이산가족의 삶을 통해 분단의 아픔을 생각해 보는 발문입니다. 분단의 아픔과 폐해는 헤아릴 수 없이 많지만 이 그림책을 활용한 수업에서는 이산가족의 아픔에 집중하고자 합니다.

시간이 필요할 것입니다. 다행인 것은, 이 그림책 수업에 참여한 학생들에게 분단을 인지하고 이산가족의 아픔에 공감하는 계기가 되었다는 점입니다. 책을 읽고 발문으로 소통한 학생들은 위 발문에 대한 생각을 다음과 같이 표현합니다.

"남과 북을 마음대로 갈 수 없는 거요."
"전쟁이 아직 끝나지 않은 거요."
"헤어진 가족이 만나지 못해요."

분단으로 인한 폐해는 헤아릴 수 없이 많습니다. 무엇보다 인도적인 차원에서 한 가지만 든다면, 헤어진 가족이 보고 싶어도 만날 수 없다는 것입니다. 전하고 싶은 소식을 전할 수도 없습니다. 위 발문으로 학생들과 이야기 나누며, 남과 북이 사이좋게 교류하고 헤어진 가족이 웃으며 모두 만나는 순간을 기대합니다.

마지막으로 어느 4학년 학생의 말이 오래도록 기억에 남습니다. 잠시 멍한 얼굴이던 그 학생은 한국전쟁에 대해 알고 있었지만 이 그림책을 읽고 이야기 나누고 나니까 '한국전쟁이 원래는 이런 전쟁이었구나' 하는 생각이 들었다고 합니다. 그래서 전쟁은 다시는 일어나서는 안 된다고 솔직한 의견을 들려주었습니다. 이 땅에서 전쟁도 끝내고 평화도 어서 오면 좋겠습니다.

🌱 수업을 더욱 풍부하게!!

읽기 자료

1. '한국전쟁'을 부르는 이름들

흔히 6·25전쟁이라고 부르는 한국전쟁은 호명하는 주체에 따라 이름이 달라집니다. 한국전쟁에 참전한 영미권은 'The Korean War', 일본은 조선전쟁朝鮮戰爭, 중국의 경우 '항미원조전쟁抗美援朝戰爭', 북측은 '조국해방전쟁'이라고 부릅니다. '조선전쟁'은 일본뿐 아니라 북측에서도 한국전쟁을 부르는 명칭으로, 조선반도朝鮮半島에서 일어난 전쟁이기에 호칭하는 것으로 보입니다. 중국은 당시 공산주의 국가로, 1950년대 미국에 대항해서 전쟁하는 조선(조선민주주의인민공화국)을 도와준다는 명목으로 전쟁의 이름을 붙였습니다. 북측은 전쟁을 통해 조국해방을 이루겠다는 목적을 전쟁 명칭에 드러내지만, 이 역시 객관적이고 중립적인 것으로 설명되기 어렵습니다.

남측에서 통상 부르는 '6·25전쟁' 역시 1950년 초반을 전후해서 수백 번의 국지전이 38도선 근처에서 있었던 사료에 근거하면 한국전쟁의 성격을 규정하는 이름으로는 다소 모호한 부분이 있습니다. 하지만 1950년 6월 25일을 한국전쟁의 시작으로 보아 '6·25전쟁'이라는 명칭이 타당하다고 하는 이들도 많습니다. 마지막으로 '한국전쟁The Korean War'이라는 명칭은 연합군이 참전함으로써 붙인 이름으로, 번역투입니다. 수입된 명칭이라는 성격과 '한국' 전쟁이기 때문에 대한민국에서 일어난 모든 전쟁을 지칭하는 것 같은 포괄적인 성격, 북측에서는 동의하기 어려운 명칭이라는 한계가 있습니다.

우리가 분단 사회, 즉 전쟁이 끝나지 않은 사회에 살고 있음에도 한국전쟁에 대해 자세히 배우거나 공부한 사람을 찾아보기 어렵습니다.

혹자는 한국전쟁이 어떤 전쟁이었는지 들여다보면 현재 대한민국 사회를 이해하는 데 도움이 된다고 합니다. 무엇보다 한국전쟁은 남과 북, 둘만의 내전이 아니라 이념 전쟁이자 국제전, 대리전의 성격이었다는 사실을 이 전쟁의 명칭과 연결해서 돌아보는 계기가 되기 바랍니다.

* 참고자료
- "6·25를 이해하는 다섯 가지 방법① 6·25전쟁인가 vs 한국전쟁인가", 전남교육소식지, 2022.6.21. https://www.newsjn.kr/news/articleView.html?idxno=695
- 박태균, 『한국전쟁: 끝나지 않은 전쟁, 끝나야 할 전쟁』, 도서출판 책과함께, 2005.

2. 흥남 철수와 온양호

그림책 『온양이』의 배경이 되는 '흥남 철수'는 한국전쟁 당시 중공군(현 중국군)의 개입으로 미군이 후퇴하며 10만 명 가량의 피난민도 남쪽으로 피난시킨 작전을 말합니다. 시기는 1950년 12월 15일부터 12월 26일(흥남부두 출발은 24일, 거제도 도착은 26일)까지이며, 흥남 부두에 모인 피난민들을 수송하기 위해 메러디스 빅토리호 같은 큰 배뿐만 아니라 온양호 같은 우리 배들도 피난민 수송 작전에 큰 역할을 했습니다.

① 메러디스 빅토리호와 라루 선장

1950년 12월 23일, 화물선이던 메러디스 빅토리호는 사람이 탈 수 있는 구조로 내부를 개조하여 흥남 부두에 모여있던 사람 중 약 14,000명을 태웁니다. 군용선이 아닌 상선 메러디스 빅토리호의 라루 선장은 '피난민을 태워줄 수 있는지?'에 대한 군의 요청에 잠시도 망설이지 않고 승낙했다고 합니다. 흥남 부두를 출발한 메러디스 빅토리호는 배에서 태어난 5명의 아기를 포함해 14,005명으로 거제도 장승포항에 도착합니다. 당초 부산에 내리려 했으나 흥남 부두에서 남하한 너무 많은 피난민과 군인들을 수용할 수 없는 상태였습니다.

장승포항에 도착하여 피난민들이 타고 있던 문을 여는 순간 많은 사람이 죽었을 거라고 선원들은 예상했지만 단 1명도 죽지 않은 기적 같은 일이 일어났습니다. 오히려 5명의 새 생명이 태어난 것입니다. 메러디스 빅토리호 선장 '레너드 라루'는 흥남 철수 작전이 마무리되고 나서 조용히 자취를 감춥니다. 이후 라루 선장은 성 베네딕토회 소속 뉴튼 수도원에서 노동하는 평수사로 살았으며, 사후 성인으로 추대될 만큼 모범적인 인물로 평가됩니다. 메러디스 빅토리호는 한 척의 배로 가장 많은 사람을 수송한 공적을 인정받아 2004년 기네스북에 등재되었습니다.

당시 통역관으로 근무했던 현봉학의 활약도 빼놓을 수 없습니다. 함경북도 성진에서 태어난 현봉학은 해방 후 가족과 월남하여 1947년 서울 적십자병원에서 일했습니다. 미국 버지니아주립 의과대학에서 유학하고 귀국해 세브란스 병원에서 일하다가 한국전쟁을 맞이합니다. 미 제10군단장 에드워드 M. 알몬드의 통역관으로 일하던 중 흥남 철수 작전에서 북한 주민의 승선을 여러 번 요청하지만 처음에는 받아들여지지 않습니다. 군사작전에 민간인을 개입시켜 피난시킬 수 없다는 이유였습니다. 영화 〈국제시장〉의 첫 장면에도 등장하는 현봉학은 알몬드 장군을 끈질기게 설득하여 마침내 LST(상륙함)와 메러디스 빅토리호 등에 피난민들을 태워 남쪽으로 피난시킵니다.

② 흥남 철수 작전의 마지막 배 온양호

흥남 철수 작전에 참여한 배에는 온양호, 김천호, 부산호 같은 우리 배도 많았습니다.[1] 2,700t LST(상륙함) 온양호의 실습 항해사였던 황

---

1. "DMZ 스토리 251회 중 『온양이』 작가 선안나 씨 인터뷰 중", G1 방송, 2016.12.10. http://www.g1tv.co.kr/tv/?vodid=6544&page=6&mid=209_220_236

호채 씨는 1950년 12월 24일 흥남부두의 마지막 모습을 이렇게 증언합니다.

> 2,700t 온양호에 수천 명을 태우고 나왔습니다. 사람이 포개 앉을 정도였습니다.
> 부두에는 배를 타지 못한 사람들이 아우성이었습니다. 선두 쪽 문을 닫을 때는 미처 배 안으로 들어가지 못한 피란민이 문 사이에 끼여 허덕이다 바다에 떨어지기도 했습니다. 배에 탄 미군들이 배를 빨리 떼라고 허공에 총을 막 쏘았어요.
> 우리 배가 출항하자마자 흥남 시내가 불바다가 됐는데, 철수선을 타지 못하고 부둣가에서 아우성치던 그 많은 피란민이 어떻게 됐는지 궁금합니다. _LST 실습 항해사 황호채의 증언[2]

흥남 철수 작전의 마지막 배 '온양호'가 흥남 부두를 출발한 직후인 1950년 12월 24일 2시 30분쯤 흥남 부두가 폭파됩니다. 남겨둔 시설과 군수물자를 중공군이 사용하지 못하게 하기 위해서였습니다.

영상 자료

[KBS] "김치 1호, 나의 이름은"

[SBS] "기적의 흥남 철수 작전"

---

2. 이상훈, "世界史의 결정적 순간들 ⑫ - 흥남철수作戰", Daily 월간조선, 2005.7. https://monthly.chosun.com/client/news/viw.asp?ctcd=&nNewsNumb=200507100077

추천하는 책

『한국전쟁: 끝나지 않은 전쟁, 끝나야 할 전쟁』
'한국전쟁'이란 무엇이며 왜 일어났는지 등을 대내외적 요인을 시작으로 다양한 시각으로 파헤친 책입니다.
한국전쟁을 호명하는 여러 명칭에서 드러나는 왜곡과 편견에 대해 언급하고, 한국전쟁은 여러 단위에서 실패한 전쟁이었다는 것을 자세하게 서술합니다. 1년 만에 끝날 수 있었던 전쟁이 2년이나 더 이어진 정황, 민간인 학살 등을 다루며 마지막으로 '끝나야만 했던 전쟁이 왜 아직 끝나지 않았는지' 독자에게 묻습니다.
박태균 지음, 도서출판 책과함께, 2005.

추천하는 그림책

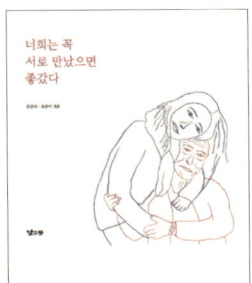

『너희는 꼭 서로 만났으면 좋겠다』
구순(九旬) 할아버지가 그리고 딸이 엮은 책입니다. 유춘하 할아버지는 사랑하는 가족의 얼굴을 하나하나 그리다가 북에 두고 온 딸의 얼굴도 떠오릅니다. 언제 만날지 기약할 수 없지만 할아버지는 말씀하십니다. "너희는 꼭 서로 만났으면 좋겠다." 라고.
유춘하·유현미 지음, 낮은산, 2018.

『우리 형』
주인공에게 한글을 가르쳐주고 오줌 싼 이불을 몰래 치워주는 다정다감한 형이 어느 날 돌아오지 않습니다. 전쟁이 일어났다는 소식과 함께 형이 군대에 입대했다는 사실을 뒤늦게 알게 됩니다. 형이 당부한 대로 동생을 돌보며 형을 기다리지만 전쟁은 주인공의 집 앞까지 다가오고, 부모님과 함께 집과 가축과 누렁이를 남겨두고 피난을 떠나게 됩니다.
돌아온 집에서 주인공은 형을 만날 수 있을까요?
박예분 글, 김태란 그림, 책고래출판사, 2020.

8

서로의 상처를
치유하는 방법

『할아버지의 감나무』

🌱 수업에 앞서

1950년 6월 25일 발발한 한국전쟁은 한반도에서 오랫동안 함께 살아온 사람들의 생각과 행동을 변화시켰습니다. 1945년 8월 15일 일제의 패망으로 해방을 맞이한 한반도는 새로운 독립국가의 탄생을 꿈꿔보기도 전에 미국과 소련이라는 두 강대국의 이해관계로 분단되었습니다. 국내에서는 물론 머나먼 타국에서 조국 독립을 위해 인생을 바친 수많은 독립운동가는 꿈에서도 분단된 조국을 상상하지 않았을 것입니다. 분단과 전쟁, 휴전으로 이어지는 일련의 과정에서 남과 북이 서로 미워하고 불신하는 관계 속에서도 평화를 위한 움직임은 이어졌습니다.

전쟁을 겪지 않은 학생들에게 전쟁의 참상과 후유증을 전달하는 것은 매우 어려운 일입니다. 2024년, 우리는 TV나 뉴스를 통해 우크라이나, 팔레스타인에서 벌어지는 전쟁의 민낯을 보고 있습니다. 그러나 우리 일상이 아니기에 그들이 겪는 고통과 슬픔을 온전히 공감하기 어렵습니다. 누군가에게 총은 친구들과 즐겁게 놀 수 있는 장난감이지만, 누군가에게는 잊을 수 없는 공포의 기억, 그 자체입니다.

할아버지는 군인으로 참전하여 굶주린 적의 소년병과 민간인을 죽였다는 죄책감으로 평생을 괴로워하셨습니다. 할아버지가 남긴 일기로 알게 된 사실은, 전쟁으로 목숨을 잃은 희생자는 물론 자신의 의지와 상관없이 가해자가 된 이들도 전쟁의 피해자라는 것입니다.

할아버지는 자신의 죄책감과 트라우마를 죽은 이에 대한 기억과 추모로 치유하고 있었습니다. 자신이 겪은 이 참혹한 전쟁을 손자에게 남기지 말아야겠다는 마음으로 한반도의 평화와 통일을 기원하고 계셨을지도 모릅니다.

평화와 통일은 저절로 찾아오지 않습니다. 70년 넘게 분단된 시간

만큼 서로를 이해하고 인내하는 시간이 겹겹이 쌓여 열매를 맺을 수 있다고 생각합니다.

『할아버지의 감나무』는 전쟁의 가해자이자 희생자인 할아버지의 행동을 통해 남과 북이 평화와 통일을 논하기 전에 어떤 것이 선행되어야 할지 생각하게 합니다.

#감나무 #이름표 #치유 #화해 #용서

🌱 한 장에 담은 그림책 수업

주제	전쟁의 아픔과 화해를 위한 노력	
1차시	• 읽기 전 주의사항 나누기 • 책 표지를 보고 내용 상상하기 • 활동 1: 할아버지 일기를 읽고 알 수 있는 것 찾아보기	① 할아버지와 손자가 행복하게 웃는 모습의 표지를 보고 어떤 이야기가 전개될지 이야기를 나눠봅니다. ② 할아버지 일기를 통해 감나무와 이름표에 대해 알아봅니다.
2차시	• 휴전 후 남과 북의 평화에 대한 노력에 대해 알아보기 • 활동 2: 감나무에 새로운 이름 붙여주기	① 평화를 위한 남과 북의 노력에는 어떠한 것들이 있었는지 알아봅니다. ② 할아버지에게 '감나무'는 속죄와 더불어 전쟁의 아픔을 치유하는 상징이었습니다. 할아버지의 감나무에 다른 이름을 붙여보며 할아버지의 바람을 생각해 봅니다.

★ 초등 교과 연계 ★

- [4국02-04] 글을 읽고 사실과 의견을 구별한다.
- [4도03-03] 통일의 필요성을 이해하고, 통일 감수성을 길러 바람직한 통일의 방향을 모색한다.
- [4국05-04] 작품을 듣거나 읽거나 보고 떠오른 느낌과 생각을 다양하게 표현한다.
- [6도03-01] 인권과 관련된 다양한 사례를 살펴보고 인권에 대한 감수성을 길러 이를 실천하려는 의지를 함양한다.
- [6도03-03] 통일 과정과 통일 이후 사회의 여러 가지 상황을 예상하고 바람직한 통일 과정과 통일국가의 사회상을 제시한다.

그림책 소개

할아버지는 매일 산에 올라 정성껏 감나무를 키우셨습니다. 그 감나무에는 이름이 적힌 여러 개의 이름표가 걸려 있습니다. 어느 날 손자와 문방구에 간 할아버지는 장난감 총을 겨누며 장난치는 손자에게 화를 내셨습니다. 이유도 모른 채 혼이 난 손자는 서운했고, 그날 밤 할아버지는 악몽으로 괴로워하셨습니다. 할아버지가 돌아가신 뒤 할아버지의 일기를 읽게 된 손자는 할아버지가 감나무를 정성껏

서진선 글·그림, 평화를 품은 집, 2019.

키운 까닭과 감나무에 걸려있던 이름표의 주인이 누군지 알게 됩니다. 장난감 총을 겨누었던 손자에게 화를 낸 까닭도 알게 됩니다.

『할아버지의 감나무』 수업을 시작하기 전에

수업 전, 학생들과 표지에 관한 이야기를 나눕니다. 먼저 눈에 띄는 것은 무엇인지, 계절은 언제인지, 할아버지와 아이의 표정은 어떤지 물어보며 줄거리를 상상하게 합니다. 그리고 학생들에게 자신의 할아버지와 가장 즐거웠던 추억은 무엇이었는지 물어봅니다.

책에서 할아버지 댁을 찾아가는 길은 구불구불하며 여러 표지물과 건물이 보입니다. 할아버지 마을에 대한 정보를 장면에서 찾아봅니다. 그리고 할아버지의 악몽과 연계된 사건은 무엇이었는지 생각해 봅니다. 그림책의 배경이 되는 장소는 전라남도 영암입니다. 월출산이 보이는 이곳은 남과 북의 갈등이 심해지면서 10세 미만 어린이를 포함하여 130여 명의 민간인이 학살된 곳입니다.[1]

전체 발문

1차시 발문
- 그림책 읽은 소감을 다섯 글자로 표현해 본다면?
- 감나무에 걸린 이름표는 누구의 이름표일까요?
- 장난감 총을 겨누자 할아버지가 깜짝 놀라신 까닭은 무엇일까요?
- '총' 하면 어떤 이미지가 떠오르나요?
- 할아버지에게 '총'은 어떤 기억으로 남아 있나요?
- 할아버지의 일기를 보고 알 수 있는 내용은?
- 할아버지가 겪은 전쟁은?
- 할아버지는 어떤 마음으로 감나무를 키웠을까요?

2차시 발문
- 남과 북은 분단 이후 화해와 평화를 위해 어떤 노력을 했을까요?
- 아이는 '할아버지의 감나무'를 어떻게 기억할까요?
- 할아버지의 감나무에 다른 이름을 지어본다면?

---

1. 정찬대, "[한국전쟁, 민간인 학살의 기록] 전라남도 영암", 2015.09.10., http://www.pressian.com/pages/articles/129609
정찬대, "[한국전쟁, 민간인 학살의 기록] 전라남도 영암", 2015.09.17., http://www.pressian.com/pages/articles/129830

🌱 1차시 그림책 장면별 톺아보기

주요 발문과 생각 나누기

학생들에게 그림책을 읽고 느낀 소감을 다섯 글자로 표현하게 합니다. 한정된 글자로 줄여서 표현하려면 그림책의 장면이나 내용 중에서 가장 인상 깊었던 부분을 떠올리며 정리해야 합니다. 학생마다 인상 깊었던 장면과 느낀 점이 다양하여 자연스럽게 전체 줄거리를 기억하게 됩니다. 다섯 글자로 표현한 소감 중에서 대체로 자주 나온 내용입니다.

"잊지 말아요."
"편히 쉬세요."
"전쟁은 안 돼."
"불쌍한 소년"
"평화를 기도"
"전쟁의 아픔"
"엄마, 무서워."

할아버지를 위로하는 말, 전쟁에서 희생된 소년병을 기억하는 말, 모두가 불행해지는 전쟁을 반대하는 말, 할아버지와 소년병이 엄마를 생각하며 느끼는 감정 등 다양하게 표현해 주었습니다.

발문 1. 누구의 이름표일까요?

우리는 사랑하는 사람을 잃었을 때 장례를 치르고 애도합니다. 할아버지가 이름표를 걸고 감나무를 정성껏 돌보는 행위는 누군가에게 예의를 갖추고 애도하는 것과 같습니다. 감나무마다 걸려있는 이름표

감나무에는 모르는 이름이 적힌 이름표가 여러 개 걸려 있습니다. 이 질문을 통해 할아버지가 평생을 기억하고 싶었던 사람들은 누구였는지 생각해 봅니다.

의 주인들은 할아버지가 잊지 못하는 대상이라고 생각합니다. 학생들과 이런 내용을 이야기하면서 할아버지가 기억하고 용서를 구하고 추모해야 할 대상은 누구인지 이야기해봅니다.

학생들은 그림책에 나오는 할아버지의 일기를 통해 '김의수'가 누구인지 금방 알아차립니다.

"김의수는 할아버지가 죽인 소년병이에요."
"적군인데 겨울에 죽었어요."
"할아버지가 총으로 쐈어요."

할아버지의 총에 맞은 적의 소년병 '김의수'는 바짝 말라 헐렁한 어른 군복을 입고 감을 손에 꼭 쥔 채 죽어 있었습니다. 엄마가 싸주는 도시락을 가지고 학교에 다녀야 할 소년이 왜 전쟁터로 오게 되었는지, 맞지도 않는 헐렁한 어른 군복은 왜 입고 있었는지, 학생들과 이야기를 나눠 볼 수 있습니다. 그리고 감을 손에 꼭 쥐고 바짝 마른 채 죽은 소년의 모습을 보며 어떠한 전쟁을 겪었는지 상상하게 됩니다. 소년의 이름 외에 '김성문', '서병지' 등 감나무에 걸려 있는 다른 이름을 보고 할아버지는 왜 이들을 잊지 못하는지 생각해 봅니다.

"김성문은 할아버지랑 함께 있던 군인 같아요."
"서병진은 할아버지가 쏜 사람 같아요."
"박병달은 김의수처럼 전쟁에 동원된 어린 소년병일 수도 있어요."
"김성문은 전쟁 때 행방불명된 사람일 수 있어요."

학생들에게 "전쟁이 나면 가장 많이 죽거나 다치는 사람은 누구일까요?"라는 질문을 하면 많은 학생이 총을 들고 폭탄이 터지는 전쟁터에서 싸우는 '군인'이라고 합니다. 하지만 그렇지 않습니다. 전쟁으로 사망하는 사람은 총을 들고 적과 싸우는 군인보다 여자, 아이, 노인같이 전투와는 거리가 먼 민간인이 더 많습니다. 가해자들은 적과 내통할 수 있다고, 적과 구분할 수 없다고, 전쟁 중이라 어쩔 수 없었다며 민간인들에게 총을 겨누고 '부수적 피해'라는 말로 책임을 회피합니다. '부수적 피해'란 군사적인 행동으로 민간인이 입은 물적·인적 피해를 말합니다. 하지만 '부수적 피해'가 '부수적'이지 않은 것은 가해자의 의도에 따라 제노사이드(genocide, 집단 살해)와 전시 여성 성폭력도 부수적 피해라고 주장할 수 있기 때문입니다.

발문 2. '총' 하면 어떤 이미지가 떠오르나요?

다음 페이지 가운데 사진에서 왼쪽은 한 어린이가 마트에 있는 장난감 총을 사려고 고르는 모습이고, 오른쪽은 인터넷 게임의 광고에서 총을 들고 있는 모습입니다. 반면 아래 사진은 한 아이가 놀란 듯 울 것 같은 표정으로 손을 번쩍 들고 있는 모습입니다. 내전을 피해 터키 국경의 시리아 난민촌으로 피난 온 아이에게 기다란 카메라 렌

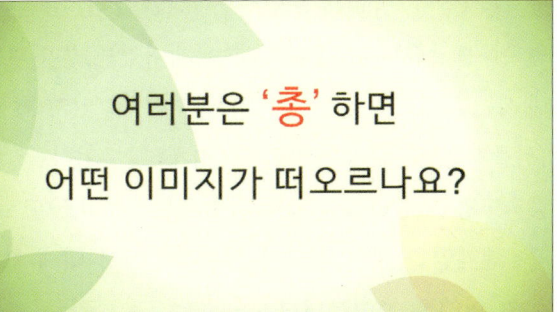

전쟁을 겪지 않은 사람들이 생각하는 '총'과 전쟁을 겪은 사람들이 생각하는 '총'은 어떻게 이해되는지 사례를 통해 생각해 봅니다.

즈는 비명과 죽음을 연상시키는 총구였습니다. 그래서 취재 기자의 카메라 렌즈를 보고 지레 겁을 먹고 살려달라며 손을 위로 올린 것입니다.

8. 서로의 상처를 치유하는 방법 『할아버지의 감나무』 195

학생들과 두 사진을 비교해 보면서 '전쟁놀이'와 '장난감 총'에 대해 의견을 나누어 보았습니다. 우리에게는 재미있는 놀이와 장난감이지만 누군가에게는 잊을 수 없는 공포와 상처일 수 있기 때문입니다.

2017년 서울시청 앞에서 시민단체 '정치하는 엄마들' 소속 활동가들은 "무기를 모방한 장난감을 선물하지 말고 크리스마스에는 평화를 선물하자!"는 캠페인을 벌인 적도 있습니다.[2] 이에 대해 학생들은 어떤 생각이 드는지 의견을 물어봅니다.

문방구에서 맘에 드는 장난감 총을 발견한 손자는 신나서 할아버지에게 장난치며 총을 겨누었습니다. 그러자 할아버지는 버럭 화를 내셨습니다. 그날 밤 할아버지는 악몽에 시달리셨습니다. 할아버지의 악몽은 어떤 것이었을까요?

발문 3. 할아버지에게 '총'은 어떤 기억으로 남아있나요?

평소와 달리 화를 내신 할아버지 모습에 손자는 서운했습니다. 할아버지는 그날 밤 악몽을 꾸며 괴로워하십니다. 할아버지의 악몽은 무엇이었을까요? 먼저 학생들에게 할아버지가 악몽을 꾸는 장면을 잘 살펴보게 합니다. 웅크린 할아버지 모습에서 어떤 일들이 생각나는지 상상해 봅니다. 검게 보이는 그림자들은 어떤 모습인지 말해 봅니다.

---

2. https://www.ibabynews.com/news/articleView.html?idxno=60852

"총을 든 군인이 보여요."
"총소리가 시끄러워서 할아버지가 귀를 막고 있어요."
"할아버지가 떠올리기 싫은 기억이 있나 봐요."
"근데 총에 맞는 건 군인이 아니라 민간인 같아요."
"군인들이 여자와 아이에게 총을 쏘는 것 같아요."
"폭탄이 사람들 사이에 떨어져요."
"사람들에게 총을 쏘는 군인이 할아버지 같아요."
"사람들이 비명을 질러요."

전쟁으로부터 보호받아야 할 사람들은 자신이 왜 죽어야 하는지도 모른 채 억울하게 죽어갔습니다. 살아남은 사람은 죄책감을 간직한 채 애도할 기회도 없이 기억을 강제로 지웠습니다. 명령에 따라 원치 않은 행동을 한 할아버지도 예외는 아니었습니다. 장난감 총을 보기만 해도 그때의 기억이 생생하게 떠올라 악몽으로 나타납니다. 자신의 총에 희생된 사람들의 마지막 모습과 비명이 가슴에 남아 평생 트라우마에 시달린 할아버지도 전쟁의 피해자입니다.

활동 1. 할아버지 일기를 보고 알 수 있는 내용을 적어봅니다.

할아버지의 일기를 보고 알 수 있는 내용은?

⟨1차시 활동지⟩
할아버지가 남긴 일기의 내용으로 알 수 있는 사실을 모두 적어 봅니다. 이름표에 적혀있는 이름은 누구인지? 왜 적혀있는지? 할아버지는 왜 감나무를 심었는지?

할아버지의 일기 내용

1950년 11월 16일 일기에는 이렇게 적혀있습니다. "산세가 깊고 안개가 가득한 새벽, 인기척이 들려 방아쇠를 당겼다. 다가가서 확인하니 헐렁한 어른 북한 군복을 입은 소년이 먹다 남은 감을 손에 쥐고 죽어 있었다. 얼마나 많이 굶었는지 몸은 바싹 말라 있고 실탄 없는 총을 들고 있었다. 어머니에게 쓴 편지도 주머니에 있었다. 그 소년의 이름은 김의수였는데 잊을 수 없다."

1950년 12월 30일 일기에는 "적군 수색이 두 달 넘게 계속되고 있다. 적군뿐 아니라 아무 죄 없는 사람들, 아이들까지 죽어간다."며 할아버지는 괴로워합니다. 또한 어머니를 생각하며 이 잔인한 전쟁이 빨리 끝났으면 좋겠다고 합니다. 할아버지는 자신도 사람을 많이 죽였는데 누구에게 어떻게 용서를 구해야 할지 모르겠다며 괴로운 마음을 적었습니다.

할아버지의 일기를 통해 할아버지가 한국전쟁 때 군인이었다는 것을 알게 됩니다. 원치 않은 명령에 따라 민간인들에게 총을 쐈다는 것도 알게 됩니다. 그리고 할아버지가 쏜 총에 적의 소년병 '김의수'가 먹다 남은 감을 한 손에 꼭 쥔 채 죽었습니다. 김의수는 감나무에 걸려있던 이름입니다. 할아버지는 이 잔인한 전쟁을 빨리 끝냈으면 좋겠다며, 누구에게 어떻게 용서를 구해야 할지 모르겠다며 괴로워합니다.

학생들에게 일기 내용이 있는 활동지를 나눠줍니다. 일기를 통해 알게 된 사실과 할아버지의 마음을 생각하며 적어봅니다.

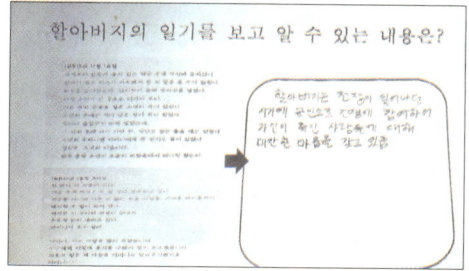

"할아버지는 전쟁이 일어나던 시기에 군인으로 참전하여 자신이 죽인 사람들에 대해 미안한 마음이 있음."
군인이었던 할아버지가 자신의 행동이 옳지 않았다는 것을 알았기 때문에 미안한 마음이 있다고 발표했습니다.

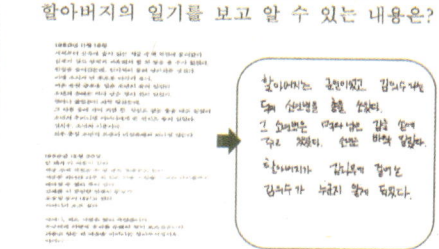

"할아버지는 군인이었고 김의수라는 적의 소년병을 총을 쏘았다. 그 소년병은 먹다 남은 감을 쥐고 있었다. 소년은 바짝 말랐다. 할아버지가 감나무에 걸어 놓은 '김의수'가 누군지 알게 되었다."
많은 학생이 일기를 통해 감나무에 걸린 '김의수'가 누군지 알았다는 내용을 적었습니다.

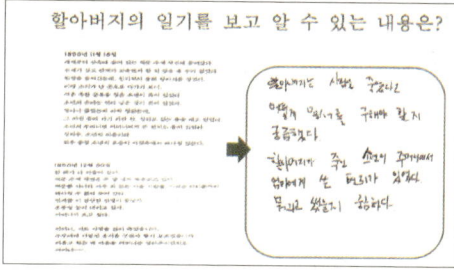

"할아버지는 사람을 죽였다며 어떻게 용서를 구해야 할지 궁금해했다. 할아버지가 죽인 소년의 주머니에서 엄마에게 쓴 편지가 있었다. 뭐라고 썼을지 궁금하다."
이 학생은 김의수라는 소년병이 왜 전쟁터에 왔는지, 엄마에게 쓴 편지를 보면 알 수 있을 것 같다며 궁금해했습니다. 그래서 학생에게 스스로 김의수가 되었다고 생각하고 전쟁터에 간 까닭과 죽기 전까지의 과정을 상상해서 써보라고 했습니다.

활동 후 나누기

할아버지는 일기에 "어머니, 저도 사람을 많이 죽였습니다. 누구에게 어떻게 용서를 구해야 할지 모르겠습니다. 괴롭고 힘든 제 마음을 어머니는 알아주시겠지요."라고 쓰셨습니다. 이 글에서는 죄 없는 사람들을 죽게 한 할아버지의 죄책감이 느껴집니다. 어떤 이들은 전쟁 중에 발생한 민간인의 죽음은 어쩔 수 없는 일이라고 합니다. 적과 민간인을 구별하기 힘들어 다수의 안전을 위한 당연한 조치라고도 생각합니다. 여기서 개인의 권리와 인권은 국가 권력에 의해 완전히 무시되고 왜곡됩니다. 전쟁에 동원되어 원치 않은 행동을 했던 할아버지 같은 군인들은 자신의 가치관이나 신념이 깨지는 상황을 맞닥뜨리게 됩니다. 이러한 분열적인 상황은 민간인과 다른 전쟁의 희생자를 양산합니다. 그들은 할아버지와 같이 학살 주체로서 잔상을 간직한 채 평생 죄책감에 시달립니다. 그러나 우리 사회는 희생된 민간인이나 이들에 대한 치유에는 관심이 없습니다.

"전쟁은 나의 의지와 상관없이 사람을 죽이게 돼요."
"할아버지가 불쌍해요."
"전쟁은 모두를 불행하게 해요."
"내가 김의수라면 도망가서 숨었어요."
"김의수는 왜 소년병이 됐을까?"
"먹다 남은 감이 할아버지가 감나무를 심게 된 계기인 것 같아요."
"소년병이 총에 맞았을 때 가장 먼저 생각난 사람은 엄마예요."

학생들은 전쟁 상황에서 사람들에게 총을 쏘았지만 한평생 괴로워했던 할아버지의 마음에 공감하였습니다. 그리고 전쟁은 승자와 패자를 구분하지 않고 모두에게 큰 상처를 남긴다는 사실도 알게 되었습니다.

🌱 2차시 한 걸음 더 들어가기

전쟁 후 남과 북이 화해와 평화를 위해 협력한 사례에 대해 알아봅니다.

발문 4. 남과 북은 분단 이후 화해와 평화를 위해 어떤 노력을 했을까요?

> 남과 북은 분단 이후 화해와 평화를 위해
> 어떤 노력을 했을까요?
> 1. 7.4 남북공동성명(1972년)
> 2. 남.북 정상회담 (2000년/2007년/2018년)
> 3. 개성공단
> 4. 문화재 환수 노력
> 5. 겨레말 큰사전
> 6. 남북합동 DMZ내 유해발굴
> 7. 민간.스포츠교류 등

할아버지는 전쟁으로 희생당한 사람들을 생각하며 감나무에 이름표를 걸고 정성껏 키우셨습니다. 그렇다면 남과 북은 분단 이후 화해와 평화를 위해 어떤 일들을 했는지 알아봅니다.

할아버지는 전쟁에서 희생당한 사람을 추모하고 속죄하기 위해 감나무에 이름표를 걸고 소중히 키웠습니다. 그렇다면 분단 이후 남과 북은 화해와 평화를 위해 노력한 적이 있을까요?

이 발문은 오랫동안 대치 상태에 있는 남과 북이 경쟁과 대결만 있었던 것이 아니라 평화를 위해 노력한 일도 있었다는 것을 알려줍니다. 그리고 그러한 협력과 교류를 위한 노력은 긍정적인 시너지 효과를 일으켜, 불가능하다고 생각했던 일들을 가능하게 했습니다.

발문 전에 먼저 학생들에게 "남과 북이 협력하고 평화를 위해 노력한 적이 있을까요?"라는 질문을 합니다. 그러면 많은 학생은 "모르겠다." 또는 "없었다."라고 합니다. 남과 북의 사람들이 만나 함께 일했던 시절이 있었다고 하면 "간첩이다.", "지금 이대로도 좋은데 왜요?", "북은 믿을 수 없고 못사는 곳이라서 우리가 손해에요."라는 부정적인 의견이 나옵니다.

남과 북은 분단, 전쟁, 휴전을 거치면서 적대적 관계를 지속해 왔지만 2000년 김대중 대통령, 김정일 국방위원장과 최초의 남북 정상회담이 이루어지고 6·15 공동선언에 의해 개성공단이 조성되면서 남북의 사람들이 같은 공간에서 일한 적이 있습니다. 그리고 2007년 노무현 대통령과 김정일 국방위원장의 두 번째 정상회담으로 발표된 10·4 공동선언은 '공리공영'과 '유무상통'으로 대표되는 경제 협력사업을 강조했습니다. 가장 최근에 열린 정상회담인 2018년 문재인 대통령과 김정은 국무위원장의 만남은 분단의 가장 큰 피해자인 이산가족 문제 해결, 군사적 긴장 완화를 위해 노력했습니다. 또한 끊어진 철도와 도로의 복원을 위한 노력으로 남과 북 사람들의 심리적인 벽을 조금씩 허물어 갔습니다. 남과 북의 협력으로 실질적인 효과를 거둔 사례로는 일본에 빼앗겼던 문화재인 '북관대첩비'를 되찾아온 것입니다. 남과 북의 정부, 민간, 그리고 일본의 양심 있는 사람들의 노력으로 이 비를 원래 자리인 함경북도 길주에 옮겨 놓았습니다. 이 밖에도 올림픽에서 남북이 동시에 입장하고 스포츠 관련 세계대회에 단일팀으로 참가하여 금메달을 따는 등, 좋은 성과를 올리기도 했습니다. 특히 남북이 통일을 염두에 두고 만드는 『겨레말큰사전』의 제작과정은 통일 과정을 미리 보는 듯합니다. 70년 넘는 세월 동안 달라진 서로의 언어를 하나의 사전에 담기 위해 2005년부터 회의가 시작되었습니다. 공식적으로만 스물다섯 번이 넘는 회의로, 의견을 맞추기 힘든 경우도 많았지만 서로의 문화를 존중하고 양보하려는 자세는 통일이 신기루 같은 꿈이 아닌 현실로 이루어질 수 있다는 희망을 심어 주었습니다.

활동 2. '할아버지의 감나무'에 다른 이름을 지어본다면?

〈2차시 활동지〉
할아버지에게 감나무는 어떤 의미였는지, 어떤 바람을 담아 키우셨는지 생각해봅니다. 그리고 할아버지가 돌아가신 후, 일기를 통해 할아버지의 아픔을 이해한 손자는 어떤 마음으로 감나무를 바라보는지 상상해 봅니다.

활동 후 생각 나누기

소년병 '김의수'를 생각하며 감나무 이름을 지었습니다. 할아버지가 감나무를 키운 이유는 김의수를 죽였다는 사실과 그에 대한 죄책감이 가장 크다고 생각했기 때문인 듯합니다.

우리는 학교에 가고, 친구들과 게임을 하고, 가족과 밥 먹는 평범한 일상이 소중하다는 것을 자주 잊고 지냅니다. 분단된 한반도는 이해관계에 따라 화해와 대결을 반복합니다. 2000년, 2007년, 2018년 3차례 남북 정상회담은 평화와 통일의 가능성을 보여줬지만, 뿌리 깊은 불신과 대결은 여전히 평화와 거리가 있는 한반도의 모습을 보여줍니다.

  이 책을 활용한 수업을 통해 한반도의 평화를 생각하기 전, 어떤 것이 가장 먼저 고려되어야 하는지 생각해볼 수 있습니다. 과거의 상처를 묻어 두고 진정한 대화를 기대할 수는 없습니다. 평화와 통일을 위한 첫 여정은 갈등과 화해를 반복한 수많은 그림자를 안고 시작됩니다.

이름: 할아버지의 미안한 마음
이유: 할아버지의 미안한 마음에 감나무의 열려 있는 감의 수와 미안한 마음이 똑같기 때문
자신에 의해 희생된 사람들에게 할아버지는 감나무에 열려 있는 감의 수만큼 아주 많이 미안해했다고 했습니다.

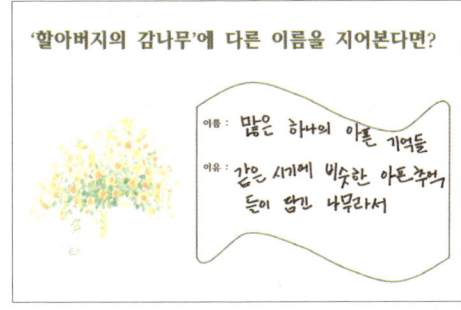

이름을 '많은 하나의 아픈 기억들'이라고 지었습니다. 이유는, 그 시기 하나씩 지닌 개인의 아픈 사연이 모여 많아진 사연을 감나무가 담고 있기 때문이라고 했습니다.

이름: 행복
이유: 할아버지가 감나무를 정성스럽게 가꾸셔서 만약 감나무가 살아 있다면 행복할 것 같아서.
평생 속죄하는 마음으로 살다 간 할아버지가 행복했으면 하는 마음을 표현한 것이라고 했습니다.

🌱 수업을 더욱 풍부하게!!

읽기 자료

1. 『겨레말큰사전』

분단 이후 남과 북은 생소한 단어의 출현과 각자의 생활상을 반영해 의미가 달라진 단어를 찾아 함께 정리할 필요를 느꼈습니다.

남측의 표준어는 서울지역 말이고 북측의 표준어라 할 수 있는 문화어는 평양지역 말입니다. 남측의 표준어를 정리한 것은 『국어대사전』, 북측의 문화어를 정리한 것은 『조선말대사전』입니다.

하지만 이 두 사전의 기원은 일제강점기 조선어 말살 정책에 맞서 조선어학회가 발간한 『조선말 큰사전』입니다. 다른 듯 같은, 같은 듯 다르게 변화된 남북의 언어를 통일을 대비하여 하나로 정리해야 한다는 주장은 1989년 남측의 문익환 목사가 북측의 김일성 주석을 만난 자리에서 건의했고 김일성 주석도 이에 동의했지만 바로 성사되지는 않았습니다.

이후 2004년 중국 연길에서 만난 남과 북은 겨레말 편찬 의향서를 만들고 2005년 2월 20일 금강산에서 처음으로 남과 북의 편찬위원들이 만나 '겨레말큰사전 공동편찬 위원회'를 결성했습니다.

2005년 제16차 '남북장관급회담'에서는 남북이 정부 차원에서 겨레말큰사전 편찬사업을 지원하기로 합의했으며, 다음 해인 2006년 1월에는 금강산에서 『겨레말큰사전』 남북공동편찬사업회를 출범시키면서 2007년부터 정부 지원으로 사업을 실행하게 되었습니다.

그리고 2015년 12월까지 스물다섯 차례 만남을 통해 '제2차 공동편찬 위원회' 회의에서 남북이 합의한 공동편찬 요강에 따라 올림말 선정, 새 어휘 조사 작업, 단일 어문 규범 정비 작업, 뜻풀이 작업 등을 진행했습니다.

하지만 2015년 12월부터 2023년 3월 현재까지 남북관계 경색으로 회의를 다시 열지 못하고 있습니다. 남측에서는 2021년 3월, 30만여 개 단어가 수록된 북측 협의용『겨레말큰사전』가제본을 제작했습니다. 법정 사업 연한인 2028년 4월까지 남북 공동회의를 통한『겨레말큰사전』종이사전 완간,『전자 겨레말큰사전』편찬과 분야별『전문용어 사전』편찬사업을 추진할 계획입니다.

'겨레말큰사전남북공동편찬사업회'의 합의 사항

1) 올림말 선정 작업

남북 양측이『표준국어대사전』과『조선말대사전』에 수록된 올림말에서 선별한 23여 개의 어휘와 남북 및 해외에서 발굴한 새 어휘 10만여 개를『겨레말큰사전』에 수록할 올림말로 선정한다.

2) 집필 작업

남과 북의 편찬위원들이 논의해 작성한 '집필 요강'에 따라 2009년부터 올림말 집필을 본격적으로 시작했다. 남북에서 각각 집필한 원고를 상대측에서 2차례 이상 검토하며, 검토된 원고는 다시 남북 공동회의에서 논의하여 합의하는 절차를 거치게 된다.

3) 새 어휘 조사 작업

남북 및 해외동포 사회에서 널리 쓰이면서도 남북의 국어대사전『표준국어대사전』과『조선말대사전』에 수록되지 않은 어휘 10만여 개를 발굴, 수록한다. 새 어휘 조사는 '지역어 조사'와 '문헌어 조사'로 나뉘어 진행된다.

4) 겨레말큰사전 형태 표기 작업

남북의 형태 표기 전문가들이 자모 배열순서, 두음법칙, 사이시옷 표기, 띄어쓰기, 외래어 표기 등 남과 북에서 다르게 사용하는 형태 표기를 통일하는 작업을 한다. 그리고 통일된 형태 표기를 『겨레말큰사전』 집필 작업에 적용한다.

_2015년 11월 26일 『겨레말큰사전』 공동편찬위원회, 개성

＊참고자료
• 겨레말큰사전남북공동편찬위원회 홈페이지 www.gyeoremal.or.kr

영상 자료

[통일부 UNITV] 〈남북 사이에 전개된 화해와 협력의 노력〉

〈북관대첩비〉
역사채널ⓔ 100년 만의 귀환

〈겨레말큰사전〉
[통일부 UNITV] 남북의 말모이 대작전, 겨레말큰사전

추천하는 책

『새로 읽는 남북관계사, 70년의 대화』
저자 김연철 인제대 교수는 1950년 6·25전쟁 이후부터 현재까지 대결과 화해의 남북관계를 설명한 『새로 읽는 남북관계사, 70년의 대화』를 출간하면서 남북관계에서 가장 중요한 것은 평화와 통일에 대한 국민적 합의라고 말합니다. 이 책은 남북관계를 북을 따라가는 것이 아닌 능동적 접근, 동북아 지역 질서와 남북관계를 함께 보는 포괄적 접근, 남북관계의 역사에서 지혜를 찾는 역사적 접근으로 바라봐야 한다고 합니다.
김연철 지음, 창비, 2018.

『롱빈의 시간』
베트남전쟁에서 벌어진 폭력의 가해자이자 전쟁에 휩쓸린 피해자이기도 한 주인공은 50년 동안 몸과 마음에 죄의식으로 새긴 고통의 기억을 생생히 기억합니다.
주인공을 통해 가해자의 트라우마를 생각해 볼 수 있습니다.
정의연 지음, 나무와 숲, 2024.

베트남전 진실 증언한 참전군인
"진실을 말할 수 있는 용기도 군인정신"
베트남전 증언한 참전군인 류진성 씨
(서울신문 2023.02.20. 김주연·곽소영 기자)

추천하는 그림책

『용맹호』
용맹호가 정비소로 출근하던 어느 날 검정 옷을 입고 아기를 안고 있는 엄마가 용맹호의 눈에 보이자 갑자기 숨이 가빠지고 땀이 많이 납니다. 그 후 잠을 제대로 잔 적이 없는 용맹호는 신체적 변화와 환영을 보게 되면서 수척해집니다. 갑자기 길가에 쓰러진 용맹호는 "야! 왜 귀찮게 모아 놨어. 확실히 처리해."라는 중대장의 환청을 들으며 일어나지 못합니다.
이 책은 베트남 전쟁에 참전했던 군인들의 죄의식과 트라우마의 고통을 용맹호를 통해 보여줍니다.
권윤덕 글·그림, 사계절, 2021.

『꽃할머니』
일본군 '위안부' 피해자 심달연 할머니의 삶을 통해 끔찍한 인권침해를 당한 피해자가 상처를 극복하는 과정을 보여줍니다. 그리고 피해자인 할머니가 진정으로 원하는 것과 피해자를 대하는 가해자의 태도에 대해 생각하게 합니다.
권윤덕 글·그림, 사계절, 2020.

한반도의 남과 북에는
모두 사람이 삽니다

『평양에서 태양을 보다』

🌱 수업에 앞서

　남과 북으로 분단되기 전 한반도에는 자유롭게 왕래하는 사람들이 있었습니다. 일제강점기 때에도 평안도 사람과 경상도 사람이 만나 교류했습니다. 물론 사는 곳의 관습이나 방언이 달랐기에 다른 지역 사람들이 만나 친해지기까지 시간은 좀 걸렸을 것입니다. 그러나 중요한 것은 대화하며 서로 알아갔다는 것이지요.

　한반도 분위기는 당장 '전쟁이 일어날 것 같은' 때도 있었고, 2018년 9월 19일 남과 북이 〈군사 분야 합의서〉를 체결하는 것을 보며 '통일이 멀지 않다'고 생각한 때도 있었습니다. 남측 사람들뿐만 아니라 북측 사람들 역시 체감하며 불안한 평화를 오랫동안 견뎌왔습니다.

　평화통일교육에서 학습자가 궁금해하는 것 중 하나가 '북측 사람들은 어떻게 살까?'입니다. 특히 또래 북측 학생들이 학교와 가정에서 어떻게 생활하는지 아는 바가 없습니다. 텔레비전 방송이나 인터넷 매체로 가끔 볼 수 있지만, 언제 이야기인지 알 수 없을 정도로 옛날 것이거나 자극적인 제목으로 흥미를 끄는 정도로 소비되는 영상물이 대다수입니다. 사실관계를 확인하기 어려운 현실 때문에 왜곡된 정보로 인해 북측에 대해 잘못된 인식을 하게 될 가능성이 높습니다.

　서로 오해 없이 만나려면 북측 사람들에 대해 어떤 태도로 임하면 좋을까요? 서로 다르게 살아가는 모습을 이해하려고 노력하는 것이 중요합니다. 이런 생각을 확인하고 평화를 지향하는 평화통일교육을 실천하고자 그림책 『평양에서 태양을 보다』로 학생들과 만났습니다.

　남과 북이 사이가 좋아졌을 때 서로 어울려 사는 모습을 상상하며 남북 사람들이 서로 만나 이야기꽃을 피우는 상상을 해봅니다.

#비무장지대　　#분단　　#공존하는 평화　　#이산가족　　#만남의 자유

한 장에 담은 그림책 수업

주제	남북의 같은 점과 다른 점 알아보기	
1차시	• 그림책 읽기 • 발문으로 생각 나누기 • 활동 1: 통일 시에 들어갈 단어와 이유 적어보기	① 그림책 장면별 톺아보기를 합니다. 북측 학생의 학교와 가정생활을 통해 남과 북의 같은 점과 다른 점을 알아갑니다. ② 1차시 활동은 활동지를 나눠주고 '통일 시에 들어갈' 단어와 이유를 적어봅니다. 각자 적은 단어의 이유를 공유하고 남북 어린이들이 쓴 통일 시를 살펴봅니다.
2차시	• 남과 북의 학교생활 알아보기 • 활동 2: 얼어있는 남북 사이를 따뜻한 태양이 비추어 준다면?	① 남북 학생들의 학교생활을 사진과 함께 알아봅니다. ② 활동지를 나눠주고 "얼어있는 남북 사이를 따뜻한 태양이 비추어 준다면?" 어떤 일이 벌어질지 적어봅니다.

★ 초등 교과 연계 ★

- [4도01-04] 다른 사람의 관점을 수용할 수 있는지 도덕적으로 검토하고 도덕규범을 내면화하여 도덕적으로 행동할 수 있는 자세를 기른다.
- [4도02-03] 공감의 태도가 필요한 이유를 이해하고, 도덕적 상상력을 바탕으로 대상과 상황에 따라 감정을 나누는 방법을 탐구하여 실천한다.
- [4도03-03] 통일의 필요성을 이해하고, 통일 감수성을 길러 바람직한 통일의 방향을 모색한다.
- [6도02-02] 편견이 생겨나는 이유를 탐색하여 해결 방안을 살펴보고, 다양성 존중을 바탕으로 다른 사람과 올바른 관계를 맺기 위한 실천 방안을 탐구한다.

그림책 소개

그림책 『평양에서 태양을 보다』는 "○○○에서 태양을 보다"라는 제목의 연작물 중 하나입니다. 독자가 가보지 않고도 다른 나라 다른 도시에 떠오르는 태양을 중심으로 그곳 사람들의 삶을 들여다보는 계기를 마련합니다. 사는 모습은 서로 다르지만 따뜻하게 전해져오는 인간적인 기쁨이나 안전, 희망, 평화 등에 공감하며 세계시민으로서 지향하는 평화의 모습은 무엇일지 생각하게 합니다. 『평양에서 태양을 보다』 역시 또래 여학생의 학교와 가정생활을 들여다보며, 통일을 지향하는 특수한 관계인 남과 북의 사람들의 마음에 공감하고자 합니다.

윤문영 글·그림, 정창현 감수, 내인생의책, 2018.

『평양에서 태양을 보다』를 읽어주기 전에

그림책은 다양한 사람들의 모습을 담을 수 있는 좋은 매체입니다. 그러나 안타깝게도 북측 사람들의 생활 모습이나 생각 등을 담은 책은 많이 부족합니다. 그래서 실제 사진을 토대로 그린 이 책은 정보 그림책과 창작 그림책의 성격이 함께 있는 귀한 그림책입니다.

다음 페이지에 나오는 '전체 발문' 중 발문보다는 정보제공에 가까운 문장이 있습니다. 그림책에 나오는 '남남북녀南男北女'와 '초콜레트 단설기'가 그것인데, 북을 소개하기 위해 발문의 범주에 넣었습니다. '남남북녀'는 오래전부터 알려진 속설로, 남쪽은 남자가 잘생겼고 북쪽은 여자가 더 예쁘다는 뜻입니다. 성인이라면 한 번쯤 들어봤을 법하지만 나이 어린 학습자들에겐 생소한 경우가 많아 분위기 환기를 위해 단어의 뜻을 풀어주면서 남북 관계를 이야기합니다. '초콜레트 단설기'는 남측의 초코파이를 먹어본 북측 사람들이 비슷하게 만들었다고 알려진 과자입니다. 개성공단에서 간식으로 제공되었던 초코파이를 매개로 남북 사람들이 입맛도 통한다는 이야기를 나눌 수 있습니다.

전체 발문

1차시 발문
- 가장 기억에 남는 장면은 무엇인가요?
- 평양은 한반도의 어디에 위치할까요?
- 태양이 떠오르는 것을 본 적이 있나요?
- 대동강의 태양과 한강의 태양은 다른가요?
- 마을 청소를 해본 적이 있나요?
- 생일 아침 미역국을 먹고 있나요?
- 헤어진 가족과 다시 만난다는 건?(한 문장으로 말해봅시다.)
- 남남북녀(南男北女)란?
- 초콜레트 단설기란?
- 평양의 창전거리?
- 북한 택시의 별명은 무엇일까요?
  (퀴즈! 북한에서 택시를 탈 수 없는 사람은 어떤 사람일까요?)
- 평화를 위해 내 것을 양보한 적이 있나요?

2차시 발문
- 북한 4학년 친구들이 푸는 문제를 한번 풀어볼까요?
- '얼었던 땅을 녹여내자'라고 합니다. 무슨 뜻일까요?

🌱 1차시 그림책 장면별 톺아보기

주요 발문과 생각 나누기

책을 읽고 나서 가장 기억에 남는 것이 무엇인지 물었을 때 많이 나오는 답은 주인공의 언니가 '김연아 선수'를 안다는 것이었습니다. 피겨스케이팅(북측 용어: 휘거)에 관심 있는 북측 선수가 세계적인 선수인 김연아를 안다는 것은 어쩌면 자연스러운 일입니다. 그러나 북측 사람들은 조선민주주의인민공화국 밖에서 발생하는 일에 대해서는 문외한이라고 생각하는 편견이 만들어낸 해프닝이었다는 생각이 듭니다.

발문 1-1. 태양이 떠오르는 것을 본 적이 있나요?

이 그림책 장면으로 두 개의 발문을 순차적으로 제시합니다.
떠오르는 태양을 본 적이 있는지 묻고 서로 나눕니다.

이 그림책의 가장 큰 매력은 지구 어디서나 볼 수 있는 '태양'을 소재로 삼았다는 점입니다. 집단과 집단, 개인과 개인 간 오해와 편견, 욕심으로 다툼이 있지만 아침에 해가 뜨고 저녁엔 해가 진다는 공통점으로 이야기를 이어 갈 수 있다는 장점이 있습니다. "태양이 떠오르는 것을 본 적이 있나요?"라는 발문에 학습자들은 자신의 경험을 솔직하게 풀어놓습니다.

"엄마, 아빠랑 산에 올라가서 해가 뜨는 걸 본 적이 있어요."
"자다가 눈이 떠져서 바깥을 봤더니 창문 밖으로 해가 뜨고 있었어요."
"시골에 갔다가 친척 형이랑 햇님을 본 적이 있어요."
"가족과 놀러 갔다가 태양을 본 적은 있지만 하늘 높이 떠 있는 해였어요."

떠오르는 태양, 즉 햇님을 본 적이 있다는 학습자의 적극적인 반응을 마주할 수 있었습니다. 자기 경험을 친구들에게 자랑하고 싶은 사람, 추억을 떠올리는 아이들의 표정이 진지합니다. 태양은 늘 우리 곁에 있는 자연이기에 친근한 존재로 이야깃거리도 많습니다.

그림 속 태양은 대동강 철교 위로 떠오르는 태양입니다. 이 태양을 바라보며 학생들과 이야기 나눈 후 한강 철교 위로 떠오르는 태양의 사진을 보여주며 두 번째 발문을 제시합니다.

발문 1-2. 대동강의 태양과 한강의 태양은 다른가요?

첫 번째 질문을 나눈 뒤 그림에 보이는 대동강의 태양과 사진에 보이는 한강의 태양이 다른지 묻습니다. 이 질문을 통해 남과 북의 자연이 연결되어 크게 다르지 않고, 그곳에 사는 사람들도 연결되어 있다는 의미를 전달하고자 합니다.

당연한 질문이지만, 이 질문에 대한 학습자의 반응은 다소 느립니다. 어쩌면 남과 북은 많은 것이 달라졌기 때문에 태양조차 다르지 않나 하고 생각하고 있었는지 모릅니다. 잠깐 생각한 학습자들은 "태양은 하나에요. 똑같은 태양이에요."라고 답합니다.

발문 2. 생일 아침 미역국을 먹고 있나요?

그림책의 이 그림은 주인공 언니의 생일에 어머니께서 미역국을 끓여 그릇에 떠주시는 장면입니다. 남과 북이 똑같이 생일 아침엔 미역국을 먹는다는 반가운 장면입니다.
남과 북의 사람들이 같은 언어를 쓰고 비슷한 생김새를 하고 있다는 것 말고도 오랜 세월 함께해 온 관습이나 풍습이 있다는 것을 나누고자 한 발문입니다.

학습자에게 발문 2를 제시했을 때 다소 당황스런 광경이 펼쳐집니다. 발문을 제시하는 사람 입장에서는 많은 학습자가 생일날 아침에 미역국을 먹고 있으리라 예상했는데 그렇지 않았기 때문입니다. 초등학교 학급마다 다 다르겠지만 제가 수업했던 어느 학급의 절반 정도는 미역국을 먹지 않는다고 답하기도 했습니다.

"저희 집은 생일 아침에 케이크를 먹어요. 저녁엔 모이는 시간이
다 달라서요. 케이크를 먹을 때 엄마가 미역국을 주시기도 해요."
"제 생일날 아침에는 제가 먹고 싶은 걸 엄마가 해 주세요. 돈

가스나 치킨 같은 거요."

물론, 많은 학습자가 생일 아침에 미역국을 먹는다는 것을 알고, 미역국을 먹는다는 것의 의미가 어머니께 감사하는 마음이라는 것을 초등 고학년 이상이면 알 수 있을 것입니다. 각기 경험은 다르겠지만 북측의 생일 아침 풍경이 우리와 크게 다르지 않다는 것을 전달할 수 있는 그림책 장면입니다.

발문 3-1. 평양의 창전거리?

이 그림책 장면으로 세 가지 질문을 합니다. 먼저 평양의 창전거리를 아는지 묻고, 그림에 보이는 평양에 다니는 택시의 별명이 무엇일지 묻습니다. 정말 묻고 싶은 발문은 세 번째 '퀴즈!'에서 나옵니다.

남북 관계가 좋을 때는 금강산, 개성, 그리고 제한적이지만 평양에도 갈 수 있었습니다. 그러나 지금의 어린 학습자들에게 평양에 대해 얼마나 아는지 묻는 건 올바른 발문이 아닐지도 모릅니다. 그래서 이 발문은 정답을 바란다기보다 설명을 하기 위한 발문입니다.

혹시 '평양의 창전거리'를 아는지 묻고 곧 '평양의 중심이 되는 번화가'라는 설명을 덧붙입니다. 북측의 모든 도시가 평양의 상황과 같지 않습니다. 그러나 한국전쟁 이후 폐허가 된 한반도의 남측 역시 큰 도시부터 복구, 개발되었고 북측 역시 평양과 같이 큰 도시를 중심으로 복구, 개발되고 있다는 점을 설명할 수 있습니다. 평양은 현재 북측의 수도이기 때문에 남측의 서울과 같은 대도시에서 볼 수 있는 출퇴근 시간의 교통 정체 현상이 있음을 들려줍니다. 그리고 남측이 70여 년 간 발전해 왔듯이 북측 역시 그곳의 속도로 발전하고 있다는 이야기를 나눕니다.

발문 3-2. 북측 택시의 별명은 무엇일까요?

발문 3-1의 그림에서 보이는 짙은 노란색과 초록색으로 칠해진 자동차가 평양의 택시 중 하나입니다. 학습자는 택시의 별명, 즉 북측 사람들이 부르는 별명을 유추하기 위해 여러 가지 의견을 냅니다. "청개구리요!", "노랑이?", "메뚜기요", "사마귀라고 부를 것 같아요."

차량 색깔이 힌트임을 알려주면서 학습자가 평양에서 운행하고 있는 택시의 별명이 무엇일지 상상해 봄으로써 북에 대한 관심을 높일 수 있습니다. 그림에 있는 택시의 별명은 '메뚜기' 또는 '알락이'입니다. 초록색이 메뚜기의 색깔과 비슷하고 빠르게 이동할 수 있다는 점과 우리 말 '알록달록'에 해당하는 북측 단어 '알락달락'에서 따온 말입니다.[1]

발문 3-3. 퀴즈! 북한에서 택시를 탈 수 없는 사람은 어떤 사람일까요?

발문 3에 해당하는 질문 중 학습자와 깊게 나누고 싶은 발문이 3-3입니다. 북에 대한 정보가 적고 오해와 편견이 생기기 쉬운 상황에서 온라인 플랫폼에서 넘쳐나는 왜곡된 정보에 학습자는 쉽게 노출됩

---

1. 디지털뉴스팀, "평양 콜택시 애칭 '알락이' 무슨 뜻?", 경향신문, 2014.7.7. https://m.khan.co.kr/politics/north-korea/article/201407071507551#c2b

니다. 특히 북에 대한 정보는 검증이 어려운 구조이다 보니 가짜 정보로 밝혀진 경우에도 바로잡히는 경우가 적습니다. 이런 배경에서 북에서 택시를 탈 수 없는 사람은 어떤 사람인지 다소 난센스 같은 퀴즈를 학습자에게 제시하면 다음과 같이 반응합니다.

"계급이 낮은 사람은 못 탈 것 같아요."
"보통 사람들은 못 타요. 높은 사람들만 택시를 타요."
"돈 많은 외국인이 주로 탈 것 같아요. 일반 사람은 못 탈 것 같아요."
"나라에서 탈 수 있는 사람을 정해줘요."

학습자의 여러 의견을 학급 친구들과 나누고 나서 질문에 대한 정보를 알려줍니다. 그림책을 활용한 평화통일교육에서 지향하는 바는 정답을 정해놓고 질문하는 방식이 아니지만 위 퀴즈는 상황이 좀 다릅니다. 교수자가 익살스럽게 "택시비가 없는 사람"이라고 말합니다. 북측 사람들에게도 택시는 대중교통입니다. 택시를 타는 이유는 남측 사람들과 크게 다르지 않습니다. 짐이 많아서 버스를 타기 어려울 때, 평양 택시의 경우 다른 지역에서 온 사람이 길을 잘 모를 때, 약속 장소까지 시간이 빠듯할 때 등입니다.[2] 북 역시 사람들이 사는 곳이고 우리와 크게 다르지 않다는 메시지를 나눌 수 있습니다.

활동 1. 통일 시에 들어갈 단어는?

다음 활동지 그림은 그림책에 나오는 작문 시간의 한 장면입니다. 북측도 통일을 원해 왔습니다. 그래서 학교 수업 시간에 통일을 주제

---

2. 진천규, "종횡무진 달리는 평양택시-진천규의 북녘 이야기", 2021.11.28. https://www.ikpnews.net/news/articleView.html?idxno=45968

〈1차시 활동지〉
그림책 톺아보기로 이야기를 나눈 뒤 "내가 짓는 통일 시"에 들어가면 좋을 단어와 이유를 써봅니다. 그리고 비무장지대에 살고 있는 동물들은 분단과 통일에 대해 어떻게 생각할지 또는 휴전선이 없어지면 어떤 기분일지 상상해서 써봅니다.

로 시 짓기를 하는 모습이 그림책에 자연스럽게 녹아있습니다.

처음 이 활동을 고민할 때는 학습자마다 통일 시를 한 편씩 완성하는 것으로 생각했습니다. 하지만 학습자마다 글쓰기 능력의 편차가 있기에 부담을 주는 활동보다는 쉽게 참여할 수 있게 만드는 것이 좋겠다고 생각했습니다.

활동 후 생각 나누기

그림책 내용처럼 내가 작문 시간에 '통일 시'를 짓는다면 꼭 들어갔으면 하는 단어와 그 이유를 적어보았습니다. 곰곰이 생각하던 학생들은 다음과 같이 적고 발표했습니다.

우리 동무: 북녘이나 남녘의 친구들도 중요하기 때문에
오해: 통일된다면 남과 북은 살짝 문화가 다르니 오해할 수 있다.
협력: 힘을 합치면 부족한 게 없어서
북녘: 통일 시인데 당연히 북한을 칭하는 말이 필요하겠죠.
담: 우리를 막고 있는 담을 넘고 싶어서

재미: 통일해서 재미있게 살고 싶어서
손절: 두 나라가 손절했으니까
짝꿍: 북한과 남한이 짝꿍 같아서
형제: 원래는 붙어있었으니까

짝꿍이나 협력, 형제 같은 단어도 보이지만 '손절'이라는 단어도 보입니다. 그림책으로 평화통일교육을 하지만 학습자의 마음속엔 아직 북과 사이좋게 지내거나 통일로 나아가는 길은 멀어 보이는 듯합니다. 그러나 이런 솔직한 반응도 함께 이야기 나누고 남과 북이 평화롭게 살 가능성에 대해 이야기 나누는 것이야말로 이 수업의 장점 중 하나

통일 시에 어떤 단어가 들어가면 좋을까요?

단어: 평화
이유: 통일에는 평화가 걸맞기 때문에
-통일 시 짓기에서 제일 빈도수가 많은 단어는 평화, 행복, 통일입니다. 수업 시간에 들어서 아는 것이기도 하지만 남북이 대립하지 않고 사이좋게 지내기 위해서는 무엇보다 평화를 먼저 만들어야 한다는 생각이 들게 합니다.

통일 시에 어떤 단어가 들어가면 좋을까요?

단어: 젓가락
이유: 언제나 함께 있기 때문이다.
-'젓가락'이라 하면 먼저 평행선이 떠올랐습니다. 그러나 이유에서 납득이 갑니다. 남과 북은 늘 함께 있기 때문에 만나기도 하고 평행선을 그리기도 한다는 것을 말입니다.

라고 할 수 있습니다.

이 밖에도 동물의 마음이 되어 써보는 칸에는 "같이 통일해서 나 같은 동물이 죽지 않게 도와줘"라는 의견이 많았습니다.

2차시 한 걸음 더 들어가기

남과 북 학생들의 학교생활을 알아봅니다

남북 학생들의 학교생활을 비교해보고 다른 점과 같은 점을 알아보는 시간입니다. 북측 소학교 학생들은 학교에서 수영을 배우는데, 바다가 가까운 학교 학생들은 여름에 바다 수영을 배우기도 합니다. 남측처럼 국어, 수학뿐만 아니라 과학 교육에도 힘을 쏟고 있습니다. 북측 학생들은 인터넷 사용은 안 되지만 '광명망'이라고 불리는 북측 내부 정보망을 사용하고 있음을 알려줍니다. 그리고 학교 다니면서 가장 신나는 날 중 하나인 북측 학생들의 '소풍' 사진을 매개로 남과 북의 학교생활 이야기를 나눕니다.

발문 4. 북한 4학년 친구들이 푸는 문제를 한번 풀어볼까요?

먼저 학습자에게 수학을 좋아하는지 묻습니다. 좋아한다는 학생이 많지 않아 풀고 싶어하지 않는 분위기지만 '쉽다'고 하며 TV 화면에 문제를 띄웁니다. 문제는 "뾰족각, 무딘각, 직각"을 찾는 것입니다. 문제를 보는 순간 학습자는 적극적인 태도로 바뀝니다. "쉽다!", "직각은 1번이예요"라고 답합니다. 그리고 뾰족각은 두 번째와 다섯 번째 그림이며 남측의 예각에 해당한다는 것을 금방 알아차립니다. 남측의 둔각에 해당하는 북측 수학 용어는 '무딘각'이라는 것을 알아갑니다.

남과 북의 학습자는 훈민정음을 만드신 세종대왕을 알고 있습니다.

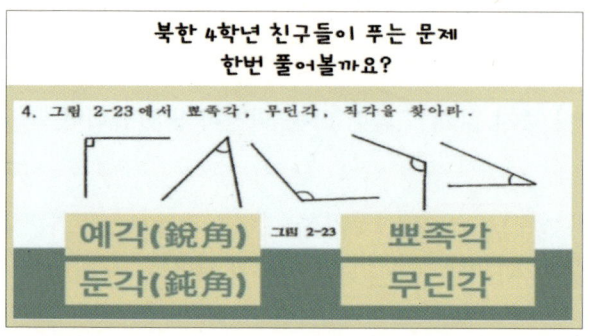

남과 북의 수학 용어가 다르지만 뜻이 서로 통한다는 메시지를 전하고자 만든 발문입니다. 초등 4학년 이상 학생들이 배우는 내용이지만 수학이 아니라 국어 문제로 접근하면 저학년도 충분히 예측하고 답할 수 있는 발문입니다.

분단되어 오가지 못한다고 해서 뿌리가 같은 한글(북측은 조선글)을 완전히 다르게 쓰고 있지 않습니다. 표현하는 말은 다르지만 뜻은 통한다는 것을 이 간단한 수학 문제를 통해 학습자는 알 수 있습니다.

발문 5. '얼었던 땅을 녹여내자'라고 합니다. 무슨 뜻일까요?

그림책 속 주인공이 쓴 통일 시에 나온 내용으로, 학습자는 어떻게 받아들였는지 되묻습니다. 평화로운 남북관계를 지향하는 마음이 어떤 것인지 묻는 발문이기도 합니다.

그림책을 함께 읽고 한 장면씩 톺아보기를 한 학습자들은 위 발문 내용이 무엇인지 대부분 알고 있습니다. 남과 북이 분단 이후 대화할 때보다는 대립할 때가 많았기 때문에 그 둘 사이가 얼어붙어 있다는 것을 말입니다.

"남과 북이 사이가 안 좋으니까 사이좋게 지내려고 노력하는 걸 말해요."
"오해가 생기지 않게 자주 만나야 한다는 걸 이야기하는 것 같아요."

발문 5를 통해 얼어붙어 있는 남북 관계를 남이나 어른들에게만 맡길 것이 아니라 '나' 중심의 실천 방안을 생각해 볼 수 있습니다. 얼어붙은 상태로는 평화가 올 수 없기에 어떻게 하면 녹여낼 수 있는지 다음 활동으로 이어 갑니다.

활동 2. "얼어 있는 남북 사이를 따뜻한 태양이 비추어 준다면?"

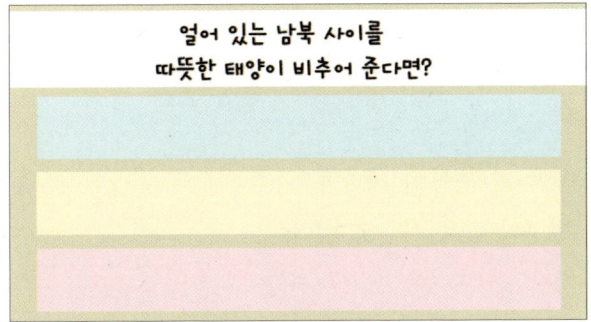

〈2차시 활동지〉
색도화지를 4~5등분으로 잘라서 한 줄씩 나눠줍니다. 얼어 있는 남북 사이를 따뜻한 태양이 비추어 준다면? 한반도가 어떻게 변화할지 써봅니다. 직관적으로는 남과 북 사이가 좋아졌을 때 하고 싶은 일이 무엇인지 상상해서 적어봅니다.

활동 제목의 은유적인 표현이 학습자의 평화감수성 향상에 도움이 될 것 같아 활동을 진행했지만 학습자의 마음에 직접 와닿는 발문은 아니었던 것 같습니다. 이 그림책을 활용한 평화통일 수업은 주로 초등 3~5학년에서 이루어지는데, 이 발문의 의미를 이해하는 데 다소 어려워했습니다. 그래서 부차적인 질문으로 "남북의 사이가 좋아졌을 때 하고 싶은 일"이 무엇인지 생각해보고 색띠에 적어보는 활동으로 진행했습니다.

활동 후 생각 나누기

위 활동에서 긍정적인 반응도 있었지만, "태양은 태양이다. 그러므로 아무 일도 일어나지 않는다"라고 의견을 낸 학습자도 있었습니다. 각자 생각하는 평화가 다르듯 남북 관계에 대해 생각하는 바도 다릅니다. 그러나 무엇보다 전쟁 없는 한반도를 소망한다면 분단을 끝내고 따뜻한 남북 관계를 바라는 마음이 더 많아졌으면 합니다. 다음은 다른 학습자들이 평화로운 한반도에서 하고 싶어 하는 일입니다.

"기차 타고 편하게 백두산에 갈 수 있어요."
"얼어 있는 남북한을 따뜻한 해로 비추면 우리는 모두 가족이다."
"마음속에 빈 부분이 채워져요."
"북한 친구와 말을 나누고 싶다."
"남한에서 못 본 풍경을 볼 수 있어요."

학습자들의 바람처럼 남과 북의 관계가 좋아지고, 남북의 아름다운 곳을 자유롭게 왕래하는 날을 기대합니다.

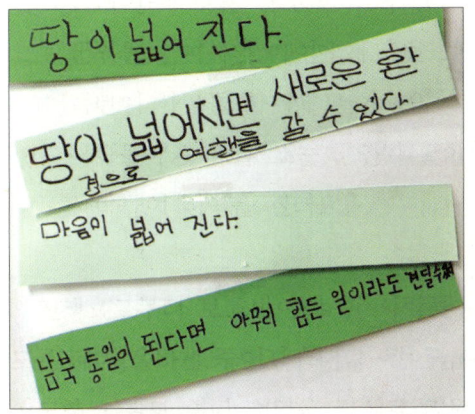

남북이 평화통일이 되었을 때의 장점에 대해 학습자는 이미 많이 알고 있습니다. 그래서 '땅이 넓어져요', '기차 타고 대륙까지 여행 갈 수 있어요', '자원이 많아져요' 같은 천편일률적인 반응이 나옵니다. 그런데 사진 세 번째 줄의 글을 보고 신선한 충격을 받았습니다. "마음이 넓어진다"는 것은 평화통일의 장점 중에 우리가 가장 원하는 바가 아닐지 생각하게 됩니다.

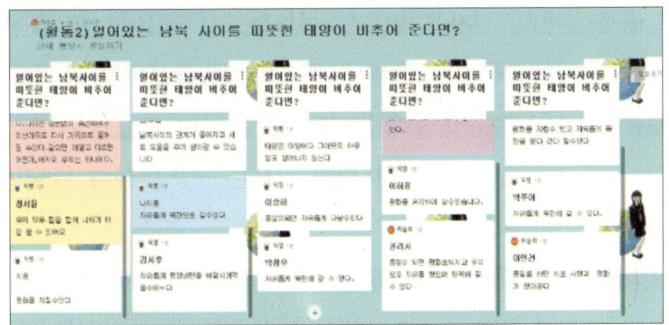

패들렛을 이용한 수업 때 나온 의견입니다.
- 자유롭게 평양냉면을 배달시켜 먹을 수 있다.
- 평화를 유지하며 살 수 있습니다.
- 남북 사이가 좋아지고 서로 도움을 주며 살아갈 수 있습니다.

🌱 수업을 더욱 풍부하게!!

읽기 자료

1. 북한 여행 카드 뉴스

북한(북측) 여행을 계획할 때 '평양냉면'이나 '백두산' 정도를 떠올렸다면 경기도 청년들이 경기도평화통일교육단체협의회 회원들과 함께 만든 카드 뉴스 "북한 여행 어디까지 가 봤어? 2탄"을 권합니다. 2023 경기도평화통일교육협의회 평화통일교육 지원사업의 일환으로 한반도의 서핑 스폿을 비롯해서 북측 여러 곳을 여행지로 추천하고 있습니다. 원산과 함흥에서 파도타기(써핑)하는 상상만으로도 한반도 평화가 손에 잡히는 듯합니다. 경기평화교육센터 홈페이지에 들어가시면 다른 카드 뉴스도 확인할 수 있습니다.

출처: 경기평화교육센터 홈페이지

2. 학생소년궁전

남측 학생들이 학교 수업이 끝나면 교내 방과 후 교실이나 학원에 가듯이 북측 학생들은 '소조 활동'을 합니다. 일종의 동아리 활동이라고 할 수 있는데, 교원의 도움을 받으며 예습과 복습, 실험실습, 예체능 연습 등을 합니다. 소조 활동에서 두각을 나타내는 학생들은 학생소년궁전이나 학생소년회관에 가서 더 전문적인 교육을 받습니다.

학생소년궁전은 소학교와 중학교 학생들의 과외활동, 소조 활동을 위한 대표적인 시설입니다. 규모가 크고 대도시에 있는 곳을 '학생소년궁전'이라고 부르고, 규모가 작고 소도시에 있는 곳은 '학생소년회관'이라고 합니다. 1961년 개성시에 설립된 개성 학생소년궁전을 시작으로 자강도에 배움의 천리길 학생소년궁전, 함북 청진의 청진 학생소년궁전 등 시·도별로 학생소년궁전이 1~2개씩 있으며, 시·도 구역별 학생회관까지 합하면 전국적으로 210여 곳의 학생 소조 활동 지원 공간이 있다고 합니다.

학생소년궁전에는 보통 100여 개, 학생소년회관에는 20여 개 정도의 공간이 공작기계, 물리, 의학, 컴퓨터, 과학기술, 체육, 문화예술 등을 위한 소조실과 활동실로 쓰인다고 합니다. 대표적인 학생소년궁전으로는 만경대학생소년궁전과 평양학생소년궁전이 있습니다.

만경대학생소년궁전은 북측 최고·최대의 학생소년궁전으로, 하루 평균 5천 명의 평양시내 소학교와 중학교 학생들이 방문합니다. 건물 내부에는 2천 석 규모의 극장과 도서관을 비롯해 과학기술, 체육, 문화예술 등 각 부문의 소조실과 활동실이 200개 정도 있습니다. 특히 컴퓨터 수재 교육체계를 운영하여 북측의 영재교육기관 중 하나인 금성제1중학교, 금성학원과 함께 수재를 육성하는 기관이기도 합니다.[3]

---

3. 통일부 북한정보포털, https://nkinfo.unikorea.go.kr

북측은 사교육 없이 모두 공교육(학교와 학생소년궁전, 학생소년회관)으로 학생 교육이 이루어지는 것을 추구합니다. 하지만 최근 연구 결과에 따르면 남측과 마찬가지로 자녀의 진로와 관련하여 사교육을 시키는 경우도 늘어나는 것으로 보입니다.[4] 평양에 다녀온 사람들의 여행기를 보더라도 자녀에 대한 교육열은 북측 부모님들도 남측과 다르지 않음을 알 수 있습니다.

남과 북의 청소년들이 서로의 발전과 행복을 빌어주는 교류가 활발하게 일어나는 날이 하루빨리 오면 좋겠습니다.

영상 자료

[KBS] 남북 경계를 허물다…로저 셰퍼드가 본 백두대간

[KBS] 강원도인 줄 알았… #서핑하기 좋다는 북한 바다

[KBS] 걸어서 평양 속으로

[KBS KONG] 통일사용설명서_51화 평양택시

---

4. 조현정, "북한 교육에서 사교육 활용의 양상과 그 의미", 『교육과학연구』 제53집 제4호(2022): 101-130.

추천하는 책

『평양에 간 둘리』
TV에서 평양에 대한 영상을 보고 가보고 싶다고 한 둘리는 딱친구(=단짝) 도우너의 초능력 덕분에 평양에 가게 됩니다. 평양 소녀 '련희'를 만나지만 정작 도우너가 보이지 않습니다. 둘리는 련희와 평양 이곳저곳을 돌아보며 도우너를 찾다가 '장마당'에서 만난다는 줄거리입니다.
저학년용으로 만든 책이지만 고학년이 읽어도 손색없는, 평양에 관한 정보 그림책입니다.
김미조 글, 조혜승 그림, 다림, 2020.

『평화로 가는 사진 여행:
아빠가 딸에게 들려주는 평화 이야기』
사진기자로서 북측을 여섯 번이나 다녀온 작가가 딸 리솔이에게 이야기 들려주듯이 만든 책입니다. 작가는 '좁은 마음'을 경계하며 또 다른 '우리'인 북측 사람들을 바라보면 좋겠다는 이야기를 딸과 나눕니다.
200장이 넘는 사진에는 가방 메고 학교 가는 아이들, 결혼식을 막 올린 어여쁜 신랑 신부, 일하다 잠깐 쉬는 아버지들의 모습이 보입니다. 북에 살고 있는 사람들의 모습으로 북측의 다름을 이해하는 데 도움이 되는 책입니다.
임종진, 오마이북, 2021.

⑩

저항하는 평화[1]
『제무시』

---

[1] '전쟁없는세상'에서 엮은 『저항하는 평화: 전쟁, 국가, 권력에 저항하는 평화주의자들의 대담』(오월의 봄, 2015)의 제목을 인용하였습니다.

수업에 앞서

평화통일교육에서 '한국전쟁'에 대한 내용을 다루는 것은 꼭 필요하지만 부담되는 일이기도 합니다. 여전히 이분법적 논리가 첨예하게 작동하는 현실로 인해 자칫하면 평화와 더 멀어지는 수업이 될 수 있기 때문입니다. 하지만 부담된다고 외면할 수는 없습니다. 한국전쟁에 대한 수업을 통해 평화에 다가가려면 어떤 것이 필요할까요?

『제무시』와 함께 '한국전쟁 중 민간인학살'을 청소년들과 돌아보았습니다. 한국 사회가 직면하기 어려워하는 사건 중 하나지만 과거의 '사건'으로만 보지 않으려고 합니다. 그것은 여전히 한국 사회의 아픈 곳으로 남아 있으며, 유족들의 아픔이 치유되지 않은 채 지역 내 갈등으로 남아 있는 곳들도 많기 때문입니다.

또 '사건'으로만 보지 않는 이유는 그 안에서 일어난 하나로 설명할 수 없는 고통과 평화를 위한 저항들이 있기 때문입니다. 한국전쟁 중 민간인학살을 규명하고 치유하기 위해 애써온 김동춘은 그것을 "기억과의 전쟁"으로 명명하기도 했습니다.[2] 민간인학살 사건에 대해 국가가 만들어 놓은 집단 기억 혹은 망각과 국가 폭력의 희생자들이 밝혀내려는 기억들이 충돌하며 진상을 밝히고자 싸워왔기 때문입니다.

민간인학살을 강요하는 국가 폭력의 엄청난 힘에 약자들은 굴복할 수밖에 없었을까요? 자기 자리에서 침묵하지 않고 저항함으로 평화를 실천하려 했던 이들의 이야기가 있습니다. 이 이야기들과 함께 학생들과 일상을 돌아보는 시간까지 만든 『제무시』 수업 사례를 소개합니다.

#한국전쟁 #국가폭력 #민간인학살 #악의평범성 #저항하는평화

---

2. 김동춘, 『이것은 기억과의 전쟁이다』, 사계절, 2013.

한 장에 담은 그림책 수업

주제	한국전쟁 중 일어난 민간인학살 사건을 통해 전쟁에 대한 기억과 타인의 고통을 대하는 자세에 대해 생각한다.	
1차시	• 읽기 전 주의사항 나누기 • 그림책 읽어주기 • 질문과 생각 나누기 • 활동 1: 그림책 장면 중 바꾸고 싶은 장면을 선택하여 바꿔보기	① 그림책을 읽기 전에, 『제무시』 그림책의 특징을 설명하며 잘 읽기 위해 필요한 것들을 당부합니다. ② 바꾸고 싶은 장면 바꾸기를 개인 활동지에 표현한 후 이야기를 나눕니다.
2차시	• 끝나지 않은 한국전쟁의 아픔을 생각하기 • 활동 2: 일상 언어에서 타인에게 상처를 주는 언어가 없는지 점검하고 바꿔보기	① 우리가 모른 채 사용하는 언어들에 전쟁의 상처가 남아 있는 것들을 알아봅니다. ② 우리의 일상에서 이와 같이 타인에게 상처가 되는 말은 없는지 발견하고 바꾸어 봅니다.

★ 중고등 교과 연계 ★

중학교 도덕과
- [9도03-01] 인권을 존중해야 하는 도덕적 이유를 정당화하고, 인권 침해 사례 탐구를 통해 그 원인과 해결 방안을 도출함으로써 인권 감수성을 기른다.
- [9도03-05] 국가와 시민 사이에서 발생하는 윤리적 쟁점들을 탐구하고, 국가와 시민 사이의 바람직한 관계에 기초하여 국가와 시민의 역할을 재구성할 수 있다.

고등학교 윤리과
- [12현윤04-02] 개인선과 공동선의 조화가 필요한 이유를 설명할 수 있으며, 시민의 정치 참여 필요성과 시민 불복종의 조건 및 정당성을 제시할 수 있다.

그림책 소개

표지에서 볼 수 있듯, 그림책에 사람은 등장하지 않습니다. 세 대의 군용 트럭이 깊은 산골 마을을 드나드는 장면이 반복됩니다. 2차 대전 중 GMC 트럭이 일본을 거쳐 한반도에 들어오면서 '제무시'라는 이름을 갖게 되었다는 것은 본격적인 이야기가 시작되기 전에 소개됩니다.

임경섭 글·그림, 평화를 품은 책, 2017.

1950년 7월 어느 날, 제무시들은 창고에 결박된 사람들을 숯골로 실어 나르는 임무를 맡게 됩니다. 그리고 골짜기 끝에 다다른 사람들이 결국 맞이하는 것이 죽임이라는 걸 목도합니다. 그중 625호는 사람들의 죽음에 괴로워합니다.

죽임을 당하러 가는 길이라 직감한 사람들이 길에 내던진 고무신들이 산을 이루는 꿈을 꾼 후, 625호는 골짜기로 오르는 길에서 멈추어 버리고 맙니다. 다른 제무시들은 주어진 명령을 따르지 않는 625호 때문에 모두가 위험해질 거라며 그의 행동에 불만을 품습니다.

다른 제무시들의 반대에 625호는 어떤 선택을 할까요?

『제무시』를 읽어주기 전에

『제무시』는 글밥이 많지 않고 그림도 단순하게 반복되는 듯한 무채색의 그림책입니다. 그림책을 읽기 전에 그 특징을 먼저 전달하여 이야기에 집중할 수 있도록 돕습니다.

한국전쟁이 배경이지만 군인이나 무기가 등장하지 않으며, 전투 장면도 없으나 한국전쟁의 모습이 어떠했을지 상상해 볼 것을 권합니다. 짧지만 강렬한 이야기 전개로 학생들은 그림책 읽어주는 시간에 집중하지만, 전쟁 중 어떤 일이 일어난 것인지 쉽게 파악하지 못합니다. 그림책을 읽어준 후, 마지막 장에 있는 '한국전쟁 중 보도연맹학살사건'에 대한 설명글을 읽어주어도 좋습니다.

전체 발문

1차시 발문
- 그림책을 읽고 드는 생각과 느낌은 무엇인가요?
- 제무시는 왜 이 마을에 왔을까요?
- 골짜기 끝까지 이어진 발자국은 어디로 갔을까요?
- 총소리와 함께 사람들의 비명도 사라집니다. 그들은 무슨 이유로 끌려가 죽임을 당했을까요?
- 전쟁에는 어떤 죽음들이 있을까요?
- 사람들이 고무신을 던진 까닭은 무엇일까요? 제무시의 마음은 어떠했을까요?
- 고무신들이 산을 이루는 꿈을 꾼 후, 제무시 625호는 사람들을 싣고 산길을 올라가다 바위처럼 굳어버립니다. 무엇 때문이었을까요?
- 제무시 389호와 436호는 명령을 따르지 않는 625에 대해 어떻게 말하나요?
- 제무시들이 각자 맡은 일을 묵묵히 하면 문제가 없는 걸까요?
- 내가 제무시 389호와 436호라면 무슨 생각을 할까요?
- 전쟁이 아닌 일상에서 이와 비슷한 경험, 사건은 어떤 것이 있을까요?
- 다른 제무시들과 '예루살렘의 아이히만'의 공통점은 무엇일까요?
- 작가는 '625'라는 이름을 가진 제무시의 마지막을 그리며 무엇을

이야기하고 싶었을까요?

2차시 발문
- 『제무시』의 배경이 된 한국전쟁은 끝난 걸까요?
- 끝나지 않은 전쟁으로 계속되는 아픔에는 어떤 것들이 있을까요?
- '양학', '골로 간다'같이 전쟁과 폭력이 남긴 언어들이 지금도 쓰이고 있습니다. 게임의 고수, 외모가 출중한 연예인을 가리켜 양학('양민학살'의 줄인 말) 플레이어, 연예인이라고 합니다. 그럼 '양민'은 누구일까요?
- 외모, 게임 실력이 보통인 우리는 왜 이런 표현을 아무렇지 않게 사용할까요?
- 전쟁에서 '양민'은 누구일까요?
- 민간인학살의 생존자가 일상에서 '양학', '골로 간다' 같은 표현을 듣는다면 어떨까요?
- '양민'의 반대말은 무엇일까요?
- 사진 속 사람들은 전쟁에서 어떤 일을 한 사람들일까요?
- '양학', '골로 간다'처럼 의미를 모른 채 혹은 의도하지 않았지만 상처를 주는 말들이 있습니다. 어떤 게 있을까요?
- 일상의 변화부터!!! 상처가 되는 말들이 있다면 상처 주지 않는 말로 바꿔봐요.

🌱 1차시 그림책 장면별 톺아보기

주요 발문과 생각 나누기

이야기가 복잡하지 않지만, 책을 다 읽은 후 장면 하나하나를 다시 살피며 산골 마을에서 어떤 일이 벌어졌는지 돌아봅니다. 배경이 되는 민간인학살의 경위를 자세히 설명하기보다 전쟁에서 발생하는 죽음에는 전투에 의한 군인들의 죽음만 있는 것은 아니라는 것을 알게 합니다. 전투 중이 아님에도 민간인들이 먼저 죽임을 당하는 까닭도 생각해 봅니다. 전쟁의 피해를 최소화하기 위해 적의 편이 될 수 있는 사람들을 먼저 죽이는 것이 정당한 일인지, 적의 편이 될 것이라는 추측은 가능한 일인지 발문과 생각 나누기를 진행하며 함께 고민합니다.

발문 1. 제무시 625호가 멈춘 이유는 무엇일까요?

어떤 일이 일어나는지 모른 채 학살에 동참하게 된 제무시 625호가 느꼈을 괴로움을 추측, 상상해 보도록 질문합니다.

"끌려가 죽임을 당하는 사람들이 불쌍해서 굳어버린 것 같아요."

"더 이상 학살에 동참하고 싶지 않지만 다른 방법이 없기 때문에요."

학생들은 제무시 625호가 멈춘 이유를 명확하게 이해하고 이야기합니다. "나라면 어땠을까요?"라는 질문을 이어서 하면 선뜻 제무시 625호와 같이 멈추기로 하겠다는 학생은 많지 않습니다. 전쟁 중이며 상부 명령이라는 상황을 개인의 힘으로 극복하기가 매우 어려움을 잘 알기 때문입니다. 그러나 한 사람의 힘으로 이겨내기 어려운 전쟁의 현실을 인식하는 것으로 끝내기보다 좀 더 깊이 들어가 봅니다.

발문 2. 다른 제무시들과 아이히만의 공통점은 무엇일까요?

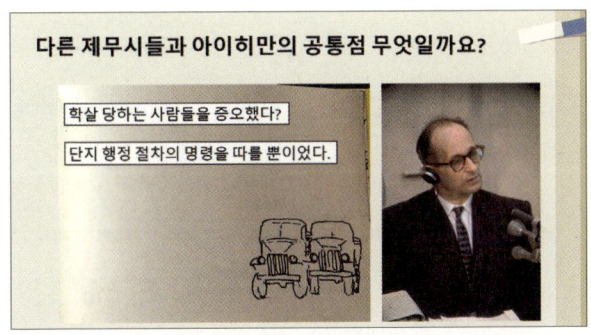

제무시 389호와 436호는 주어진 명령을 묵묵히 따르기만 하면 된다고 생각합니다.
타인의 고통에 침묵하고 폭력에 동참하는 사람들의 공통점은 무엇인지 생각해보기 위해 질문합니다.

"시키는 대로 아무 생각 없이 했어요."
"자신이 하는 일이 끔찍한 일이라는 걸 아는지 모르는지 명령에만 복종했어요."

독일 나치에 부역하여 유태인 학살에 동참한 아돌프 아이히만이 자신을 변호하는 영상을 통해, 타인의 고통에 대한 무관심과 무사유가

낳은 결과를 먼저 알아봅니다. 그러나 독일 나치의 사례만 있는 것은 아닙니다. 인류 역사에서 계속되어 온 전쟁을 비롯한 무수한 폭력들이 가능했던 것은 평범한 사람들의 묵인 혹은 무관심이 있기 때문입니다. 제무시 625호의 행동을 불편해하는 436호, 389호도 그런 존재의 하나임을 확인합니다.

혹여나 수업 중인 교실에서도 부당한 학교 폭력이 발생하고 있을지 모르기에 학생들에게 각자 자신의 현실에서 이러한 사례를 경험하는지 묻는 것은 조심스러운 일입니다. 그러나 우리가 직접적인 피해자가 아니라는 이유로 타인의 고통에 무관심하지는 않은지 묻는 것을 놓치지 않습니다. 구체적인 답을 듣기는 어렵지만 함께 생각해 보기 위해서 말이죠.

활동 1. 이야기에서 바꾸고 싶은 장면을 찾아 새로운 이야기 만들기

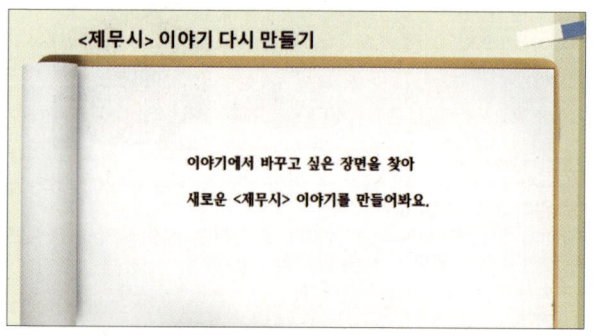

〈1차시 활동지〉
그림책 장면 중 하나를 선택해 『제무시』 이야기가 좀 더 평화적인 이야기가 될 수 있도록 그림이나 글로 바꿔봅니다.

제무시 625호가 달려오는 436호와 389호를 피하다 땅에 처박힙니다. 무채색에 단순한 선으로 된 그림이 반복되다가 제무시 625호가 심각한 손상을 입은 장면에서는 묘사가 생생합니다. 제무시 625호는 자신이 숯골이 아닌 시내로 달리는 모습을 상상하며 이야기의 끝을 맺습니다. 꽤 무거운 결말이지만 현실적인 결말이기도 합니다. 제무시 625호 혼자 학살을 멈출 수 없었을 테니까요. 그림책의 장면 중 하나를 골라 새로운 이야기를 만들어 보자고 제안합니다. 역사를 바꿀 수는 없지만 새로운 이야기를 통해 더 나은 평화를 상상하게 하고자 구성한 활동입니다.

활동 후 나누기

학생들은 제무시 625호의 튀는 행동을 불편해하던 다른 제무시들이 마음을 바꿔 숯골로 사람들을 실어나르는 일을 그만두는 이야기를 상상합니다. 다른 제무시들도 행동으로 나서는 이야기에는 역사의 비극을 평화적 결말로 상상하고픈 마음이 담겨 있습니다.

그러나 학생들 중 몇몇은 꼭 긍정적이고 평화적인 이야기로만 만들어야 하냐고 묻습니다. 그렇게 하는 것이 정말 어렵다면 학생이 생각하는 걸 표현해 보라고 합니다. 그러면 더욱 끔찍한 결과와 장면을 상상하기도 합니다. 마을 하나가 사라지는 몰살 장면을 그리기도 합니다. 장난스러운 마음에서 그럴 때도 있지만, 이 이야기를 평화적으로 바꾼다는 것이 현실에서 얼마나 어려운 일인지 학생들도 알기 때문입니다.

그러나 평화는 다른 결과, 더 나은 상태를 상상하는 힘에서 만들어집니다. 처참한 역사를 알고 현실의 한계를 직시하면서도 다른 이야기를 만들어내는 이유입니다. 이 활동은 학생들의 수업 평가에서 재미있고 의미 있었다는 평가를 받습니다.

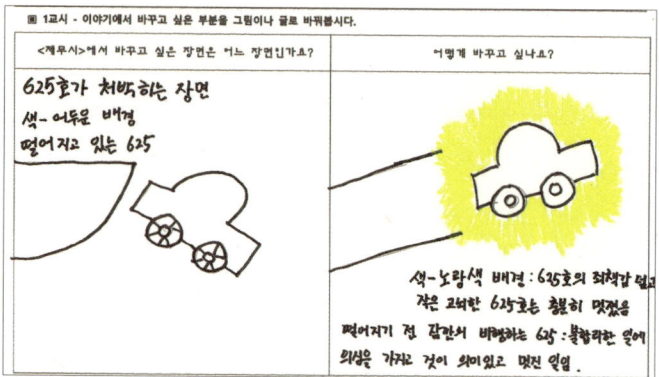

제무시가 땅에 처박히는 장면을 바꾸었습니다. 결말이 바뀌지 않지만 아래로 떨어지는 장면보다 위로 비상하는 장면으로 바꾼 것은 제무시의 죄책감과 고뇌가 충분히 멋졌기 때문입니다.
이미 일어난 역사를 바꿀 수는 없지만 자기만의 해석과 의미부여는 꼭 필요합니다.

그림책에 등장하지 않는 '사람'을 등장시킨 작품입니다. 수업 내내 다른 학생들의 의견을 들을 뿐, 자기 의견을 내세우지 않았지만 진지한 눈빛을 보여준 남학생으로 기억합니다.
떨어진 고무신을 주우며 눈물 흘리는 사람을 통해, 전쟁 중이었던 민간인학살의 유족 혹은 생존자의 아픔을 상상하게 됩니다.

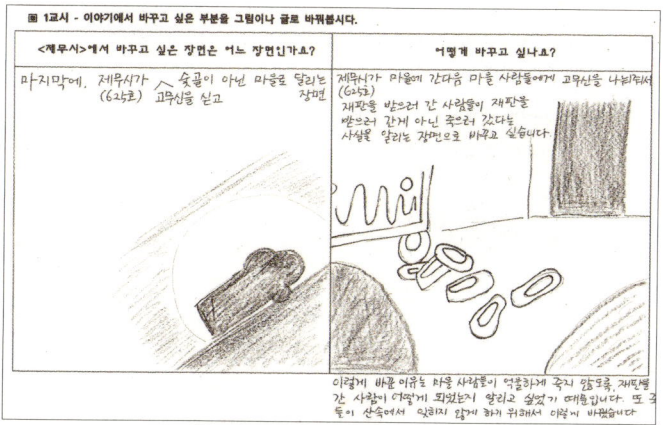

땅에 처박힌 제무시가 숯골이 아닌 마을로 달려가는 자신을 상상하는 장면에서 고무신 싣고 마을로 가 사람들의 억울한 죽음을 알리는 것으로 이야기를 바꾸었습니다. 억울한 죽음을 잊지 않고 기억하기 위해서라는 청소년의 마음이 큰 울림을 줍니다.

🌱 2차시 한 걸음 더 들어가기

전쟁과 폭력이 남긴 언어들을 알아봅니다

민간인학살이 배경인 이야기지만 하나하나 설명하기보다 그것이 남긴 상처에 주목합니다. 일상에서 사용하는 언어 중 아픈 역사를 배경으로 하는 것들을 알아봅니다.

발문 3. '양학', '골로 간다' 같이 전쟁과 폭력이 남긴 언어를 계속 사용하는 까닭은 무엇일까요?

"몰라서", "관심이 없어서"라는 답을 가장 많이 듣게 됩니다. 1교시에 본 영상자료의 한나 아렌트가 『예루살렘의 아이히만』에서 언급한 "악의 평범성", 즉 사고의 무능, 말의 무능, 행동의 무능을 우리도 범하고 있는 것은 아닌지 돌아보는 질문이자 답입니다.

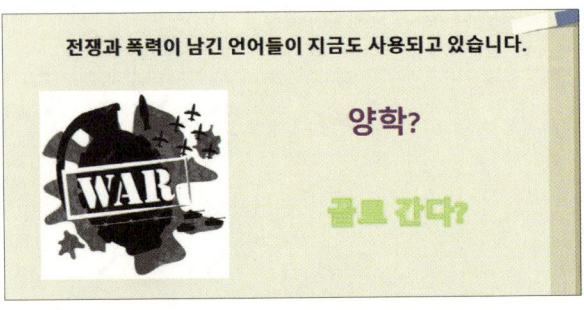

양민학살의 줄임말인 '양학', 골짜기에서 많은 민간인이 죽임을 당한 것을 빗대어 좋지 않은 결말을 맞이할 것이라는 의미로 사용하는 '골로 간다'를 예로 듭니다.
전쟁과 폭력에서 시작된 언어를 정확한 뜻과 맥락을 모른 채 사용할 때 상처받는 사람들이 있다는 것을 이야기합니다.

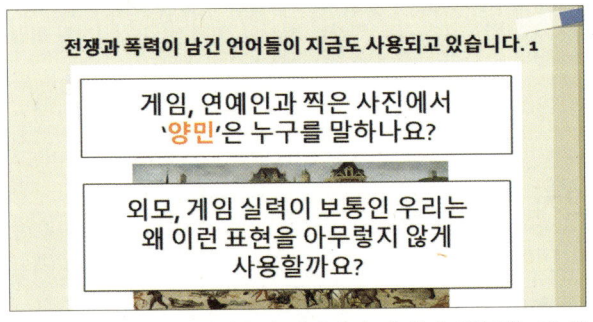

전쟁과 폭력이 남긴 언어들이 일상에서 왜 쉽게 사용되는지 생각해 봅니다. 직접적인 폭력 행위는 아니지만 우리가 묵인하거나 동참하는 것은 아닌지 돌아보기 위해서입니다.

발문 4. 사진 속 인물들은 전쟁에서 어떤 일을 한 사람들일까요?

사람들의 이름과 이미지만 먼저 보여줍니다. 이들에 대한 정보를 먼저 제공하지 않습니다. 사진자료가 없어 이름만 확인된 허임상부터 푸른색 양복을 입은 김일호, 경찰 제복을 입은 문형순, 군인으로 보이는 김익렬까지 이름과 사진을 하나씩 보여주고 질문합니다.

"민간인을 학살한 사람들이요."
"사람들을 죽이라는 명령을 그냥 따른 사람들일 것 같아요."

이름을 하나하나 띄워주며 어떤 일을 한 사람일지 추측합니다.
제무시 625호같이 타인의 고통에 공감하고 행동하려 했던 이
들을 기억하기 위한 질문입니다.

대부분의 학생들은 사진에 경찰과 군인도 있으니 아이히만 같은 인물이거나 학살에 동참한 사람들로 추측합니다. 예상과 다른 이야기에 놀라는 눈빛을 보이는 학생들이 눈에 띕니다. 국가 폭력에 동참하지 않고 자신의 양심대로 행동하려 했던 이분들의 이야기가 학생들에게 더욱 강렬하게 다가가는 듯합니다.

한 명씩 어떤 이야기를 품고 있는지 역사에 기록된 사실을 공유합니다.(250쪽 위 도표 참고)

이들의 구체적인 이야기는 『제무시』 이야기를 역사 속에서 생생하게 느끼고 생각하게 해줍니다. 무고한 사람들의 죽음과 고통을 자기 자리에서 막기 위해 애쓴 분들의 이야기를 더 많이 발굴하고 기억해야 할 것입니다.

"물론 군인은 지휘관의 명령을 무조건 따라야 하지만 그래도 한구석에 착한 마음, 인간 본래의 마음이 도사리고 있는 것 아니겠습니까?"라고 증언한 김일호. 그와 같은 중대원으로 "적과 싸워야 하는 군인으로서 지휘관의 명령을 따랐을 뿐입니다. 군인이란 명령을 거역할 수 없는 것 아니겠습니까?"[3]라고 말한 양영언의 이야기를 통해 『제무시』 이야기를 다시 생각해볼 수 있습니다.

이름	당시 직책	민간인학살을 막은 경위
허임상	경남 합천군 가회면장	마을 학교 운동장에 집합시킨 무고한 사람들이 학살될 것을 예감하고 저녁밥을 먹이겠다는 핑계로 맹원들이 달아나도록 도왔습니다.
이오섭	경남 함평군 나산면장	마을에 찾아온 중대장에게 구타당하면서도 그를 설득해 학살을 막았습니다.
김일호	일등병 병사	학살 대상에 민간인도 포함된다는 것을 직감하고 앳되어 보이는 중학생 정일웅을 아는 동생이라며 신원을 보증한다고 소대장을 설득하여 살렸습니다.
문형순	제주도 성산포 경찰서장	예비검속으로 경찰서에 끌려온 보도연맹원을 총살하라는 명령에 "부당함으로 미이행"이라는 결정을 내려 무고한 사람들에 대한 학살을 막았습니다.
김익렬	제주 4·3사건 당시 경비대 제9연대장	전쟁 당시는 아니지만, 제주 빨치산 지도부와 평화협상을 통해 무고한 민간인 학살을 막고자 노력했습니다.

활동 2. 일상에서 타인에게 상처를 주는 언어가 있다면 바꿔봐요

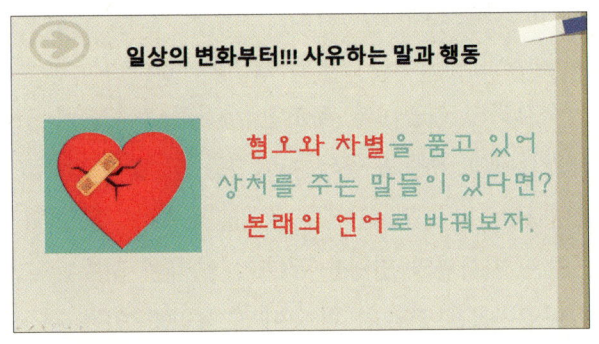

〈2차시 활동지〉
차별과 혐오의 언어들이 넘쳐나 말이 칼이 되는 시대, 일상 속 나의 언어부터 성찰하고 바꿔 가는 방법을 모색합니다.

---

3. 안현주, 「역사학습을 통한 한국전쟁 전후 민간인학살 사건의 재개념화」, 한국교원대학교 역사교육전공 석사학위논문, 2006, 53~54쪽.

처음부터 학생들이 일상에서 사용하는 혐오의 언어를 꺼내지는 않습니다. '맘충' 같은 표현을 강사의 경험과 함께 이야기하면 조금씩 이야기합니다. 무언가를 시작하는 초보자에게 붙이는 'ㅇ린이'가 어린이는 무엇에서든 어설프고 잘하지 못한다는 편견에서 시작된 말이라는 것도 이야기합니다. 어른보다 능숙하게 운동을 하고 스마트폰을 다루는 어린이들도 있는데 말이지요. "중2병은 어떤가요?" 성장 과정에서 누구나 거쳐 가는 단계의 행동과 생각을 '병'으로 치부해 버리는 것은 청소년기를 존중하지 못하는 표현이 아닐지 질문도 해봅니다.

장애인을 비하하는 표현들도 다시 생각해 봅니다. 가령 '벙어리장갑'이 청각장애인을 비하하는 표현이기에 '손모아 장갑'으로 바꾼 캠페인 이야기를 전해주기도 합니다. 북에서는 '엄지 장갑'이라 표현하는 것도 알려주며 북의 언어생활에서 우리가 배울 수 있는 면도 있음을 잠시 확인합니다.

학생들이 찾은 혐오의 표현	일상 언어로 되돌려 주기
틀딱 ('틀니 딱딱'의 의미로 노인 혐오 표현)	어르신, 노인
암 걸리겠다	답답하다, 고구마 백 개는 먹은 것 같다
프로불편러	잘못된 문제를 지적하는 사람
급식충	학교 다니는 학생들

별 뜻 없이 가볍게 사용하는 언어가 누군가를 멸시하거나 존재 자체를 부정하는 의미를 포함하지는 않는지 돌아봅니다.

"'ㅇ린이'라는 말을 아무 생각 없이 썼는데, 어린이를 비하하는 말이라고 생각 못 했어요."
"그냥 좀 오버하는 친구들한테 '중2병'이라고 했는데, 자기 자신도 존중하지 않는 말인 것 같아요."

　자신의 언어생활을 반성하는 학생들이 적극적으로 느낀 것들을 이야기합니다. 하지만 많은 학생이 단 몇 시간의 수업으로 타인의 입장에서 생각하는 태도를 갖추고 무해한 언어생활만을 다짐하기는 어렵습니다. 그러나 타인의 고통에 관심을 기울이고 그 고통의 의미를 사유하는 시간이 쌓여가면서 평화를 만들고 세우는 시민으로 성장할 수 있을 것입니다.

　수업 전에는 학생들이 무거운 내용을 소화할 수 있을까 걱정도 했습니다. 그러나 그림책으로 생각과 마음을 연 후, 이야기를 충분히 나누며 활동으로 자기 생각을 표현하는 학생들을 보며 우려를 접었습니다. 『제무시』 수업은 한국전쟁 중 민간인학살이라는 무거운 이야기에서 시작하지만 타인의 고통에 침묵하지 않는 것에 대해 생각하게 합니다. 그리고 그것이 우리 일상에서도 실천 가능한 영역임을 언어생활을 통해 알아갑니다.

　"하고 싶은 말을 다 할 수 있어서, 친구들은 어떻게 생각하는지 들을 수 있어서 좋았어요."
　"분단의 아픔에 이산가족 문제 같은 것만 생각했는데 민간인학살 사건 진상이 아직 규명되지 않는 문제도 있는 것 같아요."

　수업 마무리 소감을 나누는 시간에 생각지 못한 학생들의 의견을 들으며 민주주의와 평화를 만들어가는 시민의 한 사람으로서 청소년들의 모습을 확인할 수 있었습니다.

🌱 수업을 더욱 풍부하게!!

읽기 자료

1. 국민보도연맹 학살 사건

　분단으로 남과 북이 사상과 이념으로 첨예하게 대립하면서 남한에서는 공산주의, 사회주의 성향뿐만 아니라 진보적 인사들을 고립하고 배척하는 역사가 시작됩니다. 제주도 4·3사건, 여순사건은 그것이 무고한 민간인학살로 이어진 비극 중 하나입니다. 『제무시』는 그러한 사건 중 국민보도연맹사건을 배경으로 합니다. 국민보도연맹사건은 한국전쟁 기간에 대한민국 정부와 군이 과거 공산주의 활동과 연계된 것으로 간주된 국민보도연맹원 등의 요시찰인들을 소집·연행·구금 후 집단학살한 사건입니다. 피해자 수는 10만~30만 명까지 추정됩니다. 이 과정에서 민간인이 무차별 학살되었습니다.

　민간인학살 희생자 유가족 등이 공식적으로 진상규명을 요구하며 목소리를 낸 것은 1960년 4·19민주화운동이 열어준 공간 덕분입니다. 그러나 1961년 5·16군사쿠데타로 진상규명을 요구하던 유족들은 희생된 가족들과 다시 '빨갱이'로 내몰리며 사회적으로 고립되고 탄압받게 됩니다. 한국전쟁 중 민간인학살, 국가폭력에 대한 치유와 화해는 우리 사회의 민주화와 직결되어 있음을 확인할 수 있습니다.

　국민보도연맹사건 진상규명은 여전히 진행 중이며, 1950년 경상북도 예천에서 일어난 사건은 2023년에 와서야 그 피해를 인정받을 수 있었습니다. 70여 년이 지나도록 진상규명조차 제대로 이루어지지 못한 현실이 끝나지 않은 전쟁과 분단의 실상을 보여줍니다.

*참고 자료
- 김태우, 「제노사이드의 단계적 메커니즘과 국민보도연맹사건: 대한민국 공산주의자들의 절멸 과정에 관한 일고찰」, 『동북아연구』, 2015.
- 김서현, "예천 국민보도연맹사건, 73년 만에 진실규명", MBC 뉴스, 2023.6.13., https://dgmbc.com/article/LLtOz6TC0ca9zgDQU9

2. 한나 아렌트의 '악의 평범성'

'악의 평범성'은 독일 나치 친위대 중령이자 유대인학살 실무 총책임자 아돌프 아이히만의 재판 과정을 지켜본 정치철학자 한나 아렌트가 명명한 개념입니다. 아렌트는 아이히만 재판 보고서인 『악의 평범성』으로 이 문제에 대해 심도 있는 논거를 진행했습니다. 재판 과정에서 아이히만은 자신을 변호하기 위해, 자신은 유대인을 혐오하지 않았으며 대량학살 의도가 없었다고 주장합니다. 상부의 명령을 따랐을 뿐이라고 호소하며 히틀러의 명령이 합법적임을 증명하려고 애씁니다. 그의 언어와 행위를 관찰한 아렌트는 아이히만이 비판능력을 상실하고 사고의 무능으로 대량학살에 동참했으며, 그러한 그의 태도가 '악의 평범성'이라 주장합니다.

이후 '악의 평범성'에 대한 해석은 논쟁을 불러왔습니다. 아이히만이 반유대주의와 자신의 의도를 숨겼을 뿐, 명백한 학살 의지가 있다고 본 이들은 한나 아렌트의 '악의 평범성' 개념을 비판합니다. 그러나 아렌트는 "이 악행은 악행자의 특정한 약점이나 병리학적 측면 또는 이데올로기적 확신으로는 근원을 따질 수 없는 것"이라 지적합니다. 또한 그는 "그 행위가 아무리 괴물 같다 해도 그 행위자는 괴물 같지도 악마적이지도 않았다."라며 아이히만이 사용한 언어의 한계를 통해 그의 사고의 제한성, 무능함을 증명합니다.

많은 논란이 있었으나 한나 아렌트의 '악의 평범성' 개념은 민간인에게 무차별적으로 자행된 국가 폭력의 현장에 가담했던 사람들의 행위를 설명하는 데 큰 힘을 발휘합니다. 우리는 국가 폭력 현장의 행위자로 특별한 악마들을 상상하지만 자기 행동에 대한 비판적 성찰이 없다면 누구나 타인의 고통에 무감각해지는 악의 행위자가 될 수 있다는 것입니다. 그렇기에 자기 언어와 행동에 대해 비판적으로 성찰하고 타인의 고통을 사유하는 힘을 길러야 합니다.

* 참고 자료
- 한나 아렌트, 김선욱 역, 정화열 해제, 『예루살렘의 아이히만: 악의 평범성에 대한 보고서』, 한길사, 2006.

3. 저항하는 평화: 폭력에 동참하지 않는 사람들

『제무시』는 민간인학살 사건만을 다루지 않습니다. 그 사건 속에 있었던 고통, 침묵, 저항 등의 모습을 보여줍니다. 평화교육도 전쟁과 학살의 규모와 비인간성을 드러내는 것으로만 만족해서는 안 될 것입니다. 부당한 권력에 굴하지 않은 이야기가 더 많이 발굴되어 평화의 힘을 보여줘야 합니다. 저항하는 평화를 기억하기 위해 노력하다 보면 우리가 영웅이 될 수는 없어도 비극적인 폭력을 허용하는 세상에 침묵하지 않는 시민의 한 사람이 될 수 있을 것입니다.

문형순: 한국의 쉰들러, 국가 폭력에 '부당함으로 미이행'으로 응답하다

문형순의 생애
1897년 평안남도 안주 출생
1919년 만주 신흥무관학교 졸업
1920년 한국의용군에 편입
1921년 4월 고려혁명군에 재편돼 군사교관으로 복무
1929년 국민부 중앙호위대장, 조선혁명당 초기 중앙위원에 선임
1935년 지하공작대로 하북(허베이) 지역에서 암약 활동
1945년 임시정부 공식 군조직인 광복군 소속으로 화북지역에서 활동
1947년 5월 제주청 기동경비대장(경위)으로 입직

1949년 10월~1950년 12월 성산포경찰서장 역임
1953년 9월 제주청 보안과 방호계장을 끝으로 퇴직
1966년 6월 20일 제주도립병원에서 유족 없이 별세(향년 70)

문형순 서장 입직 당시 제주에선 남한만의 단독정부 수립을 반대하는 시위 이후, 제주도민에 대한 무참한 학살이 자행되기 시작했습니다. 1948년 4·3 사건이 일어나고 있었던 것입니다. 좌익 색출을 위한 명단을 확보한 군경은 이들에 대해 총살 명령을 내립니다. 1949년 모슬포경찰서장 문형순 서장은 명단에 오른 주민들에게 자수를 권유하고 주민 100여 명이 자수하자 이들을 전원 훈방했습니다. 경찰서장이라는 직함으로 가능한 일이지만 그에게도 목숨을 건 위험한 행동이었습니다.

한국전쟁 시기에도 성산포경찰서장으로서 계엄군에 맞서 도민들의 목숨을 지켜냅니다. 한국전쟁 발발 후 정부는 보도연맹 가입자를 비롯해 4·3 사건으로 입산한 사람들의 가족 등을 예비검속이라는 명분으로 구금하라는 명령을 내렸습니다. 당시 제주·서귀포·모슬포·성산포 경찰서 등 제주도 내 4개 경찰서에는 예비검속으로 수백 명씩 구금돼 총살 명령이 내려지지만 성산포에서만 총살이 일어나지 않았습니다. 1950년 8월 30일 성산포경찰서에 예비검속자를 총살하고 결과를 보고하라는 해군의 공문이 송달되지만 문형순 서장은 해당 공문에 '부당함으로 미이행'이라고 쓴 후 명령을 거부했기 때문입니다. 그의 용기 있는 결단으로 주민 200여 명이 목숨을 건질 수 있었습니다.

＊참고 자료
- 이유진, "'한국의 쉰들러' 문형순 전 경찰서장, 독립유공자 아닌 참전유공자 서훈받는다.", 경향신문, 2024년 1월 3일, https://m.khan.co.kr/national/national-general/article/202401031200001#c2b

영상 자료

한국전쟁 민간인 학살의 실체
죽음을 죽음으로 덮은 비극의 현장에서 마주한 진실
(제작: 심용환)

알쓸신잡.
예루살렘의 아이히만을 통해 생각해보는 악의 평범성

2018 들엄시민 제주어 애니메이션 문형순 경찰서장(청소년용 표준어 버전): 제주시교육청

추천하는 책

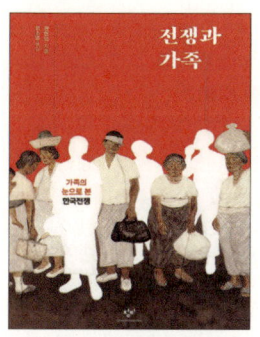

『전쟁과 가족: 가족의 눈으로 본 한국전쟁』
한국전쟁이 마을 공동체와 친족관계를 어떻게 파괴하며 영향을 미쳤는지 구체적인 사례와 함께 이해를 돕습니다.
권헌익 지음, 정소영 옮김, 창비, 2020.

『작별하지 않는다』
제주 4·3 사건을 다룬 소설로, 프랑스 메디치상을 수상했습니다. 광주 항쟁을 글로 써낸 후, 그 고통에서 괴로워하는 경하와 부모가 겪은 4·3의 고통을 영상물로 기록하려는 인선의 이야기로, 사회적 트라우마와 고통, 그리고 그것과 '작별하지 않는' 용기에 대해 말합니다.
한강 지음, 문학동네, 2021.

『비바레리농 고원: 선함의 뿌리를 찾아서』

나치가 점령하는 유럽 지역마다 유태인을 고립하고 수용소로 강제 이송할 때, 유태인 난민과 어린이를 보호했던 프랑스 고원지대의 과거와 현재를 담아낸 인류학자의 섬세한 기록입니다.

전쟁과 악에 대한 연구는 많지만 평화와 선에 대한 연구는 부족한 현실을 안타까워한 저자는 조용하고 묵묵하게 평화를 실천하는 마을 사람들을 세밀하게 그려냅니다. 과거에는 유대인들을, 지금은 난민들을 포용하는 마을 사람들의 삶이 인상적입니다.

매기 팩슨 지음, 김하현 옮김, 생각의 힘, 2023.

추천하는 그림책

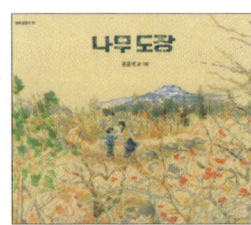

『나무도장』

4·3 사건을 배경으로 합니다. 엄마는 생일을 맞은 '시리'를 데리고 산속 동굴로 갑니다. 그곳에서 '시리'는 학살당한 친모 이야기, 지금의 엄마가 '시리'를 데려다 키우게 된 그날의 이야기를 듣게 됩니다. 한 소녀의 이야기를 통해 제주의 4·3을 구체적으로 그려냈습니다.

권윤덕 지음, 평화를 품은 책, 2016.

『갈색 아침』

갈색인 고양이와 개만 키울 수 있다는 법에서 시작하여 오직 갈색만 허용하는 독재 국가의 풍경을 보여주는 그림책입니다. 권력의 잘못된 행위에 침묵하고 묵묵히 따르기만 할 때 어떤 결과가 따라오는지, 주인공과 그 친구를 통해 알 수 있습니다.

프랑크 파블로프 글, 레오니트 시멜코프 그림, 휴먼어린이, 2013.

『우산을 쓰지 않는 시란 씨』

평범한 시란 씨가 어느 날 군인들에게 끌려가 감옥에 갇힙니다. 비 오는 날 우산을 쓰지 않기 때문입니다. 다름을 인정하지 않는 사회의 폭력성을 비판적으로 보여주는 이 그림책은 권력에 순응하여 시란 씨를 외면하는 사람들과 시란 씨의 고통을 위로하고 연대하고자 하는 이들의 노력을 함께 담아냈습니다.

다나카와 슌타로·국제앰네스티 글, 이세 히데코 그림, 김환 옮김, 천개의 바람, 2017.

『노란 별:
평화와 평등을 실천한 덴마크의 왕 이야기』

나치가 유럽의 각 국가에 살고 있는 유태인들에게 노란 별을 달라고 명령합니다. 외모, 성별과 관계없이 덴마크에 사는 이라면 모두가 덴마크인이라고 생각하는 크리스티안 왕은 유태인도 국민이기에 나치로부터 보호하고 싶어 합니다. 왕과 덴마크 국민은 어떻게 유태인들을 지켜냈을까요? 역사적 사실에 상상력을 더한 그림책으로, 저항하는 평화의 이야기를 직관적으로 보여줍니다.

카르멘 에그라 디디 글, 헨리 쇠렌센 그림, 이수영 역, 해와나무, 2017.

11

진실을
찾아내는 힘
『적』

🌱 수업에 앞서

　인간은 성별, 인종, 종교, 이데올로기 등 여러 이유를 들어 자신과 타인을 구분하고 차별합니다. 타자를 향한 차별은 그들에 대한 두려움과 혐오의 감정을 가지고 적으로 규정합니다. 그리고 '적'으로 규정된 상대는 부도덕하고 반인륜적이며 폭력적이어야 합니다. 이런 이유로, 적을 제거하려면 그들에 대한 사실을 과장하고 왜곡하여 거짓 정보를 만들어 퍼뜨리고 그들을 마땅히 없애도 되는 존재로 만들어야 합니다.

　과거에는 나와 '적'을 구분하는 기준이 비교적 단순하고 명확했지만 복잡한 이해관계가 얽혀 있는 현대사회에서는 그 기준이 모호합니다. 한 예로 2차 세계대전의 연합국이었던 미국과 소련은 전쟁 직후 자본주의와 사회주의 체제의 선봉이 되어 오랫동안 서로 적대시했습니다. 또한, 당시 적이었던 일본은 현재 미국의 가장 가까운 우방국이 되어 긴밀한 관계를 맺고 있습니다.

　한국전쟁은 오랜 세월 동안 함께 살아왔던 가족과 이웃을 적으로 바라보게 했습니다. 누가 적인지 친구인지 구별할 수 없었던 전쟁 상황은 서로에 대한 불신과 적개심을 키웠습니다. 필요에 의해 '적'으로 낙인찍힌 이들은 더욱 잔인하고 폭력적인 존재로 인식되어야 했습니다. 하지만, 그런 사실이 권력자들의 이익을 위한 거짓말이라는 걸 알게 되었을 때 우리는 무엇이 진실인지 헷갈리게 됩니다. 그리고 그들의 말만 믿고 행동한 것과 의심하지 않았던 자신을 바라보게 됩니다.

　『적』을 통해 우리가 겪은 수많은 갈등과 전쟁이 얼마나 빈약한 정보를 기반으로 벌어졌는지 생각해 볼 수 있습니다.

#적　　#전투지침서　　#가족사진　　#진실　　#거짓정보　　#참호속병사

🌱 한 장에 담은 그림책 수업

주제	분단으로 만들어진 편견	
1차시	• 표지를 보고 책 내용 생각해보기 • 질문과 생각 나누기 • 활동 1: 두 권력자의 대화를 말풍선에 적기 • 활동 2: 마지막 장면 이후의 스토리를 4컷 만화로 표현해 보기	① 그림책을 읽기 전에 표지를 보며 특징을 이야기해 봅니다.
		② 그림책을 읽고 나서 장면별 발문을 합니다.
		③ 활동: 열린 결말로 마무리된 『적』의 뒷이야기를 4컷 만화로 만들고 발표해 봅니다.
2차시	• 내가 알고 있는 북은 진짜일까? • 퀴즈를 통해 북에 대해 알아보기	① 그림책 내용 중 '전투지침서'에 대해 이야기를 나누어 봅니다. 전투지침서가 의미하는 것은 무엇이며, 어떤 역할을 하는지 알아봅니다.
		② 〈'진짜뉴스, 가짜뉴스', '퀴즈로 알아보는 북'〉을 통해 북에 대해 알아봅니다.
		③ 편견을 깨고 평화를 만드는 방법에는 무엇이 있을지 생각해 봅니다.

★ 중·고등 교과 연계 ★

- [9사(지리)11-03] 세계시민의 관점에서 한반도 평화의 중요성을 논의하고, 한반도 평화와 통일 환경 속에서 우리의 삶과 국토의 미래를 구상한다.
- [9사(일사)01-03] 우리 사회에 나타나는 다양한 갈등과 차별의 사례를 조사하고, 이에 대처하는 시민의 자질에 대해 토의한다.
- [9사(일사)11-02] 국제 사회의 다양한 분쟁에 대해 조사하고, 지역·국가·세계의 시민으로서 우리의 역할에 대해 토의한다.
- [9사(일사)12-03] 사회 변동과 사회문제에 대응하는 국내외 사례들을 검토하고, 시민으로서 지녀야 할 태도와 실천 방안을 토의한다.

- **[12국관03-02]** 개인, 국가, 국제 사회의 평화와 안전을 위협하는 요인을 정치, 경제, 사회, 문화의 다양한 영역에 걸쳐 파악하고, 이를 해결하기 위한 실천 방안을 탐색한다.

그림책 소개

황량한 벌판에 덩그러니 남겨진 두 개의 참호에는 서로 총을 겨누는 적이 마주하고 있습니다. 서로가 적인 두 병사는 공격이 두려워 참호에서 나오지 않습니다. 주인공 병사는 홀로 살아남아 공포에 떨고 있으며, 전쟁을 일으킨 사람들은 병사를 잊었는지 소식도 없습니다. 적의 참호를 기습한 병사는 적의 가족사진과 '전투지침서'를 보게 됩니다. 거기에는 주인공 병사조차도 사람들을 죽이고 불을 지르며 우물에 독약을 탄 짐승이라고 적혀있습니다. 적도 나와 같이 가족이 있는 한 사람이며 나 또

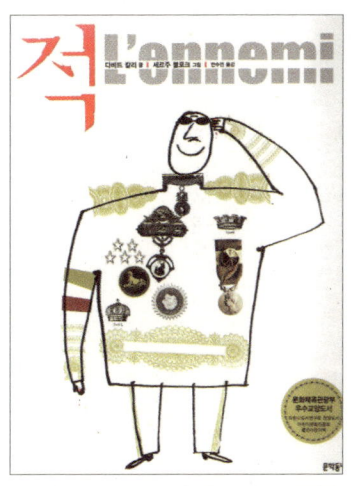

다비드 칼리 글, 세르주 블로크 그림,
문학동네, 2007.

한 그에게 잔인한 적으로 묘사되었다는 것을 깨달은 병사는 무의미한 전쟁을 끝내기 위해 적에게 편지를 쓰고 유리병에 넣어 적의 참호로 던집니다. 편지에는 어떤 내용이 적혀있을까요?

『적』 수업을 시작하기 전에

학생들과 제목을 가린 표지를 보며 표지에 나타난 남자의 모습을 관찰합니다. 관찰된 남자의 모습을 돌아가며 발표합니다. 남자의 검은 선글라스로 가린 눈, 피 묻은 손, 웃고 있는 입, 가슴에 달린 많은 훈

장 등 찾아낸 모습이 어떤 의미를 나타내는지 자유롭게 이야기를 나눕니다. 그리고 책 제목을 맞춰봅니다. 앞에서 나눈 이야기와 책 제목인 『적』을 연상하며 줄거리를 이해합니다.

전체 발문

1차시 발문
- 책을 읽고 느낀 소감을 한 단어로 표현한다면?
- 적과 나를 나누는 기준은 무엇일까요?
- 총 한 자루와 전투지침서는 왜 주었을까요?
- 참호에 나 혼자 남는다면?
- 주인공 병사에게는 왜 어떤 말도 해주지 않는 걸까요?
- 권력자들은 무슨 대화를 나누고 있을까요?
- 내가 본 것은 진짜 사자일까요?
- 적의 참호에서 가족사진을 보았다면?
- 참호 속의 두 병사는 그 후 어떻게 되었을까요?

2차시 발문
- 전투지침서 속 나의 모습은?
- '북' 하면 어떤 이미지가 떠오르나요?

🌱 1차시 그림책 장면별 톺아보기

주요 발문과 생각 나누기

표지를 넘긴 면지에는 총을 멘 병사들의 모습이 줄지어 있습니다. 맨 마지막 면지에도 같은 모습이 그려져 있습니다. 그러나 자세히 살펴보면 첫 면지와 다르게 두 병사가 총 대신 클로버 잎을 입에 물고 있는 게 보입니다. 학생들에게 달라진 곳이 어디 있는지 물어봅니다. 그리고 두 병사가 총을 메고 있지 않은 이유와 클로버잎이 상징하는 것이 무엇인지 이야기를 나눠봅니다.

발문 1. 적과 나를 나누는 기준은 무엇일까요?

적과 나를 나누는
기준은 무엇인가요?

주인공 병사는 홀로 살아남아 적과 대치하고 있습니다. 병사가 전쟁터에서 싸운 것은 적을 죽이지 않으면 자신이 죽기 때문입니다. 그리고 반대편 참호에 있는 병사는 왜 적인지 전투지침서에 적혀있습니다. 학생들에게 "여러분이 생각하는 적은 누구인가요?"라고 질문했습니다. 학생들은 가장 먼저 자신과 일상에서 자주 부딪히는 사람을 적이라고 했습니다.

"급식 먹을 때 맛있는 반찬 뺏어 먹는 친구요."
"내 물건 뺏고 엄마한테 일러바치는 동생이요."
"매일 심부름시키는 오빠요."
"내 것을 뺏는 사람입니다."

"나와 가족을 괴롭히는 사람."

처음에는 자신을 귀찮게 하고 화나게 하는 사람을 적이라고 합니다. 그러나 그 사람을 항상 적으로 여기지는 않습니다. 자신이 싫어하는 말이나 행동을 한 경우에만 적이라고 생각합니다. 여러 이유를 들어 가까운 사람에게 적이라는 표현을 썼지만, 생활 주변을 떠나 우리 사회와 나라, 세계를 대상으로 "우리의 '적'은 누구일까?"라는 질문을 해 보니 다양한 의미의 '적'을 말합니다.

"미사일을 쏘는 북한요."
"김치와 한복도 자기네 거라고 우기는 중국이요."
"지구를 오염시키는 플라스틱과 일회용품은 인류의 적입니다."
"빠르게 진화하는 AI 로봇은 인간을 죽일지도 몰라요."
"곳곳에서 일어나는 자연재해요. 지진과 화산폭발이 인류를 전멸시킬 수 있는 적입니다."

이 외에도 자신이 속한 사회와 지구를 위협한다고 생각하는 다양한 '적'에 대해 말하지만 가장 많이 언급되는 적은 '북한'입니다. 분단 상황에서 뉴스로 자주 접하게 되는 북의 모습은 미사일을 쏘고 핵실험을 하는 위협적인 모습입니다. 하지만 막강한 군사력과 실전을 방불케 하는 한·미연합군사훈련을 북의 사람들은 어떻게 느끼는지 생각해 봅니다.

발문 2. 총 한 자루와 전투지침서는 왜 주었을까요?

"총은 전쟁에 나가서 싸우라고 나누어 줬어요."

> 총 한자루와
> 전투 지침서는
> 왜 주었을까요?

학생들에게 전쟁에 나갈 때 필요한 것은 무엇인지 물어봅니다. 다양한 의견을 듣고 난 후, 병사에게 나눠준 총과 전투지침서는 어떤 용도로 쓰이는 것인지 이야기를 나눕니다.

"전투지침서에는 적을 죽여야 하는 이유가 적혀있어요."
"총은 적을 죽이는 무기이고 전투지침서는 정신 교육용인 거 같아요."
"전투지침서는 적을 죽이기 위한 심리적인 무기?"
"전투지침서에 적힌 대로 적이 나쁘다면 죽여도 된다는 면죄부 같아요."

전투지침서에서 '적'은 아무 이유도 없이 여자와 아이들을 죽이고 일말의 동정심도 없다고 합니다. 그가 우리를 죽이기 전에 먼저 적을 죽여야 한다고 적혀있습니다. 적에 대해 자세히 적혀있는 전투지침서의 내용을 전혀 의심하지 않은 병사는 가족과 마을을 지키기 위해 총을 들고 전쟁터로 갔습니다.

질문을 마무리하며 학생들에게 편견을 지닌 대상이 있는지 생각해보게 합니다. 그리고 그 대상에 대한 편견은 어디서 시작되었으며 올바른 정보를 바탕으로 했는지 점검해보게 합니다.

발문 3. 주인공 병사에게는 왜 어떤 말도 해주지 않는 걸까요?

> 주인공 병사에게는
> 왜 어떤 말도
> 해주지 않는걸까요?

병사는 전쟁터에서 총을 들고 싸웠습니다. 하지만 전쟁이 끝났는지, 아군이 이겼는지, 졌는지 아무 소식도 들을 수 없습니다. 총과 전투지침서를 준 사람은 병사를 기억하고 있을까요? 그들에게 병사는 어떤 존재였을까요?

"전쟁이 끝났다는 걸 병사가 알면 집으로 돌아가요."
"전쟁이 일찍 끝나면 무기를 팔 수 없어요."
"병사가 전쟁이 일어난 이유를 알면 안 돼요."
"뭔가 숨기는 게 있어요."
"병사는 그냥 싸우는 사람."
"아무 의미 없는 사람."
"권력자들에게는 이익이 중요해서 병사는 별로 생각하지 않아요."

전쟁은 사람들의 평범한 일상을 파괴합니다. 가족과 친구들에게 다정하고 성실했던 사람도 전쟁의 충격으로 신체적·정신적 고통을 겪습니다. 전쟁의 명분은 늘 똑같습니다. 적으로부터 사랑하는 가족과 삶의 터전을 지키고 대대로 내려오는 전통을 지키기 위해서라고 합니다. 하지만 정작 전쟁 이면에는 다른 목적이 있는 경우가 많습니다.

'이라크 전쟁'(2003년)은 미국이 테러 집단이라고 규정한 '알카에다'

의 배후가 이라크이며 숨겨 놓은 대량의 살상 무기를 찾는다는 명분으로 시작됐습니다. 미국은 2003년 3월 20일 대대적인 바그다드 공습을 감행하고 15일 만에 이라크 대통령 사담 후세인을 축출했지만 전쟁 명분으로 내세웠던 두 가지 실체는 찾을 수 없었습니다. 결국 미국이 이라크와 전쟁을 벌인 목적은 석유 자원 수탈과 중동지역에서 영향력을 확대하기 위한 패권 싸움이 가장 큰 것이었습니다. 2003년 3월 20일부터 2011년 12월 15일 종전이 될 때까지 사망자는 미군을 포함한 연합군 약 4,900명, 이라크군 약 2,500명으로 알려졌습니다. 하지만 민간인을 포함한 전체 사망자는 약 26,000명, 부상자는 약 117,970명으로, 군인보다 민간인의 희생이 더욱 컸습니다.^{참고: 위키미디어/ 이라크 전쟁}

세계시민을 위협하는 국제적인 테러 집단을 제거하고 수많은 민간인을 죽일 수 있는 대량의 살상 무기가 있다는 정보를 믿고 미군과 연합군은 이라크 전쟁에 참전했습니다. '정의로운 전쟁'을 수행한다고 생각한 그들과 『적』의 주인공 병사는 전쟁의 이면을 모른 채 전쟁에 동원되었습니다.

발문 4. 적의 참호에서 가족사진을 보았다면?

> 적의 참호에서
> 가족사진을 보았다면?

전투지침서에서 적은 짐승처럼 잔인하다고 했습니다. 그래서 병사는 적은 자신과 다른 사람이며, 죽여도 된다고 생각했습니다. 그런데 적의 가족사진을 보게 되었습니다. 자신이 적에 대해 알고 있던 것과 다르다는 것을 느꼈을 때 어떤 기분이 들었을까요?

"전투지침서에 나와 있는 적과 달라요."
"병사는 자기 나라 사람한테 속았어요."
"병사와 말이 통할 수도 있겠다."
"가족을 생각해서 그만 싸우자고 할래요."
"전투지침서에는 일부러 거짓 정보를 넣었어요."

누군가 의도적으로 자신들의 이익을 위해 잘못된 정보를 제공하는 경우가 많습니다.

병사에게 지급된 전투지침서도 권력자들이 자신의 이익을 위해 만든 가짜뉴스였습니다. 전투지침서를 의심하지 않고 적을 죽이려 참호에 간 병사가 마주한 것은 적에 대한 다른 사실이었습니다. 적도 자신과 같이 사랑하는 가족이 있다는 진실을 마주한 병사는 혼란스럽습니다. 병사가 느꼈을 감정에 대해 질문했는데 '분노, 허탈감, 후회, 자책, 슬픔'이라는 부정적인 감정으로 표현했습니다.

발문 5. 전투지침서 속, 나의 모습은?

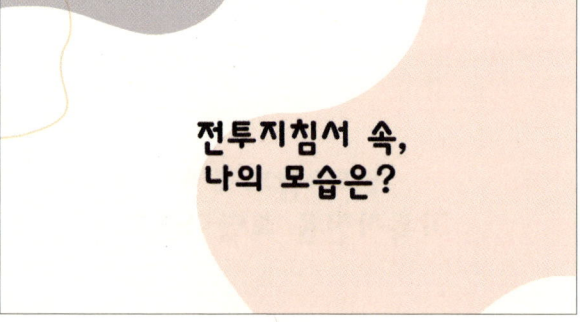

병사가 적의 전투지침서에서 자신도 적과 같은 모습으로 설명되었다는 걸 알게 되었을 때 어떤 생각이 들었을지 이야기를 나누어 봅니다. 그리고 학생들에게 자신이 병사와 같은 입장이라면 어떤 마음일지 생각해 보게 합니다.

주인공 병사 또한 무자비한 짐승으로 표현한 적의 전투지침서를 보면서 전쟁을 일으키는 사람들이 만든 '전투지침서'의 용도를 알게 됩니다. 적은 죽여도 죄책감을 느낄 필요가 없는 대상이며 전쟁은 살아남기 위해 꼭 필요한 행위라는 것을 각인시킵니다. 거기 적힌 모든 내용을 의심하지 않고 생각하지 않는 병사만이 필요했던 것입니다.

알고 있던 사실이 의도적으로 만들어진 가짜뉴스였음을 알아챘을 때 우리는 어떤 영향을 받게 될까요? 인간은 스스로 옳다고 생각하는 것을 추구하는 경향이 있습니다. 우리는 그것을 '신념'이라고 합니다. 신념은 다양한 정보를 기반으로 형성되는데, 가짜뉴스는 이를 방해합니다. 가짜뉴스로 잘못 형성된 신념은 민주주의를 방해하고 사회구성원 간의 불신과 갈등을 심화시킵니다. 그것이 심각해지면 집단 간 폭력이나 국가 사이의 전쟁을 유발하며 평화를 위협합니다.

활동 1. 권력자들은 무슨 대화를 나누고 있을까요?

〈1차시 활동지 1〉
전쟁이 일어나는 원인을 좀 더 깊게 생각해 보는 질문입니다. 홀로 남은 병사와 두 권력자의 모습을 비교하며 말풍선을 채워봅니다.

먼저 활동지에 등장한 인물들의 특징을 찾아봅니다. 병사의 모습을 보며 어떤 상황인지, 무슨 생각을 하고 있는지 이야기해봅니다. 두 권력자의 몸의 모습, 주렁주렁 달린 훈장, 빨간 액체로 채워진 술잔, 이빨이 드러난 얼굴 등을 관찰합니다. 작가는 그들을 왜 이렇게 표현했는지 상상해 봅니다. 그리고 두 권력자 사이에 어떤 말이 오가는지 상상하며 활동지에 적어봅니다.

권력자들은 흔히 여러 가지 이유를 들어 '정의로운 전쟁'이라는 말로 자신들이 일으킨 전쟁을 정당화합니다. 과연 '정의로운 전쟁'이 있기는 할까요? '정의로운 전쟁'은 적의 침략으로부터 자국민을 지키기 위한 방어 목적이어야 합니다. 적이라 할지라도 군인과 민간인을 구분하여 민간인에 대한 공격이 없어야 합니다. 그리고 모든 평화적 해결 방안이 실패하여 다른 수단이 없을 때 '정의로운 전쟁'을 한다고 할 수 있습니다. 그러나 명시된 조건들이 상대적이라 강대국의 자의적인 해석과 힘의 원리에 따라 제외되는 경우가 많습니다.

활동 2. 열린 결말인 '적'의 뒷이야기를 4컷 만화로 만들어 보기

참호 속의 두 병사는
그 이후 어떻게 되었을까요?

- 뒷이야기 상상하기

〈1차시 활동지 2〉
열린 결말로 마무리된 그림책의 뒷이야기를 학생들의 상상으로 채워봅니다. 『적』의 마지막 장면은 전쟁의 무의미함과 거짓된 전투지침서를 알게 된 주인공 병사가 적에게 쓴 편지를 유리병에 넣어 적의 참호로 던지는 그림입니다. 두 병사 모두 자신들이 권력자들에게 속았다는 걸 알았을 때 그들은 어떤 행동을 할까요?

4컷 만화로 뒷이야기를 만들어 보지만 다양한 방식으로 표현할 수 있습니다.

활동지를 나눠주어도 자신들의 그림이나 글을 다른 양식으로 표현하고 싶다는 학생도 있습니다. 그런 경우에는 A4 용지를 주고 자유롭게 선택하게 합니다.

이주가정 아이들이 많은 이 학급은 다른 학교 학생들보다 한국말이 서툰 학생들이 여러 명 있었습니다. 하지만 이 학생들의 활발한 수업 참여와 이들의 이해를 도와주려는 학급 친구들의 노력이 특히 기억납니다.

화해 과정을 단순하고 재미있게 표현했습니다. 수업을 진행한 이 학급은 이주가정 학생이 비교적 많아서, 간단한 그림으로 표현했지만 의미 전달은 잘 되었습니다.

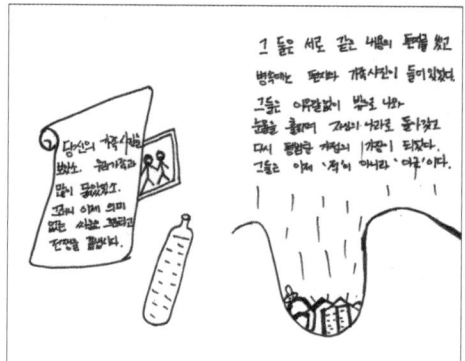

"당신의 가족사진을 보았소. 우리 가족과 많이 닮았소. 그러니 이제 의미 없는 싸움은 그만하고 전쟁을 끝냅시다."
"그들은 서로 같은 내용의 편지를 썼고, 병 속에는 편지와 가족사진이 들어 있었다.
그들은 아무 말 없이 밖으로 나와 눈물 흘리며 자기 나라로 돌아갔고 다시 평범한 가정의 가장이 되었다. 그들은 이제 '적'이 아니라 '아군'이다."

종이에는 이렇게 쓰여 있었다.
"우리, 그만 휴전합시다."
나는 무기를 갖추고 적이 있는 곳으로 갔다. 처음 마주한 적은 나와 비슷했다. 적은 나를 몇 초간 응시하더니 무기를 저 멀리 던졌다. 그러고는 내게 손을 건넸다. 나는 손을 맞잡고 말했다.
"수고하셨습니다."
-끝-

서로 적으로 생각하여 죽이려 했던 두 병사는 전투지침서 내용이 거짓이라는 걸 알아차린 뒤 마음을 열고 싸움을 멈췄습니다.

사소한 오해나 거짓된 정보로 갈등이 자주 발생합니다. 이런 경우 상대를 공감하고 이해하는 가장 기본적인 소통 방법은 '대화'라는 생각이 듭니다.

활동지를 사용하지 않고 두 학생이 말을 주고받으며 글로 정리한 활동지입니다.

활동 후 생각 나누기

우리는 집에 앉아 세계 곳곳에서 벌어지는 전쟁을 뉴스나 기타 매체로 접하게 됩니다. 포탄 소리와 불길이 타오르고 사람들의 비명이 뒤섞이는 현장에서 권력자들은 자신들이 공격하는 이유를 줄줄이 나열합니다. 하지만 그들의 말에는 전쟁으로 사랑하는 사람과 삶의 터전을 잃고 고통스러워하는 사람들에 대한 눈물이나 죄책감은 전혀 보이지 않습니다.

학생들이 적은 활동지 중 가장 인상 깊었던 내용은 "당신의 가족사진을 보았소. 우리 가족과 많이 닮았소."입니다. 적이라고 생각했던 사람들과 닮았다는 생각, 서로 다르지 않다는 생각이 전투지침서를 무용지물로 만드는 방법이라는 생각이 들었습니다.

🌱 2차시 한 걸음 더 들어가기

주요 발문과 생각 나누기

1교시 수업에서 학생들이 적이라고 가장 많이 언급한 대상은 '북'이었습니다. 70년의 분단과 끝내지 못한 전쟁은 서로를 가장 위협적인

적으로 인식합니다. 자유로운 왕래와 소식을 전하기 어려운 남북관계에서는 서로에 대한 올바른 정보를 얻기 힘듭니다. 가짜뉴스에 대한 검증도 어렵습니다.

2교시는 북측 사람들의 실생활을 알아보며 자신이 알고 있는 바와 어떻게 다른지 생각해 보는 시간입니다.

'북' 하면 떠오르는 이미지에 대해 알아봅니다

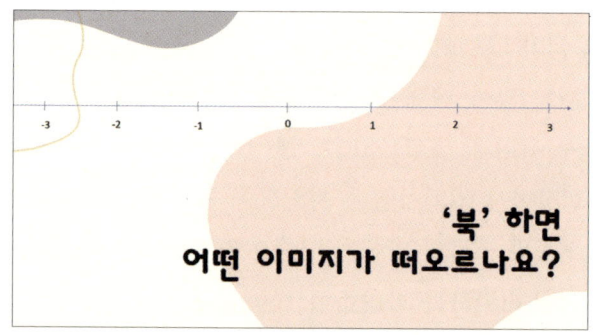

2교시 시작 전, 학생들이 평소 북에 대해 어떻게 생각하는지 알아보는 질문입니다. 오른쪽 3으로 갈수록 북에 대해 긍정적인 생각을, 왼쪽 -3으로 갈수록 부정적인 생각을 나타냅니다.

학생들에게 평소 '북'에 대한 생각을 말해보라고 하면 '김정은', '돼지', '핵', '미사일', '독재', '가난하다' 등 부정적인 단어가 많습니다. 이는 평소 우리 사회가 '북'을 어떻게 바라보는지 잘 나타내는 반증입니다.

분단으로 갈라진 남과 북은 각자 지향하는 가치와 체제, 제도에 많은 차이와 다름이 생겼습니다. 각자의 사회를 유지, 발전시키기 위해 정비된 제도와 문화는 다양한 차이를 가져왔습니다. 이는 상대방을 이해하기 위한 역지사지易地思之의 마음이 아닌 오해와 편견을 갖게 하면서 평화와 통일의 걸림돌이 되었습니다. 2교시 수업을 통해 북에 대한 우리의 오해와 편견에는 어떤 것들이 있는지 알아봅니다.

'북'에 대해 알아봅니다

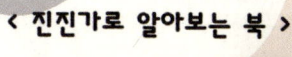

두 개의 진짜인 내용과 가짜인 하나의 내용을 넣어 가짜를 찾는 '진진가' 퀴즈입니다. 이 퀴즈를 풀어가면서 북에 대해 알아봅니다.

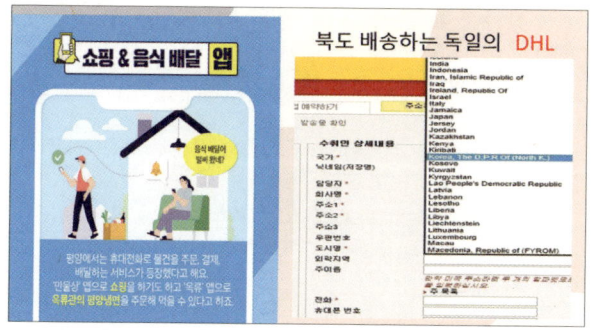

북에도 우리와 마찬가지로 '만물상'이라는 온라인 쇼핑몰이 있고, 옥류관의 평양냉면을 앱으로 주문하면 집 앞까지 배달해 주는 택배 서비스가 있다는 사실에 신기해합니다. 우리에게 익숙한 DHL이라는 독일 배송업체가 평양 시내를 달리는 것도 알게 됩니다.

학생들이 가장 신기해한 내용은 위에 설명한 것뿐 아니라 스마트폰으로 게임을 할 수 있다는 것이었습니다. 북에도 우리의 '카트라이트' 같은 '평양레이싱'이라는 게임이 있다는 걸 알고는 북의 친구들과 만나면 함께 놀 수 있다는 생각에 즐거워하기도 합니다.

오랜 시간 동안 남과 북은 오해와 편견을 가지고 서로를 적으로 규정했습니다. 상대를 제대로 알기 위한 노력보다 각자의 체제를 정당화

온라인 쇼핑몰과 더불어 전자결제 서비스가 가능한 앱과 북의 핸드폰을 소개합니다. 학생들은 북의 핸드폰과 앱을 보면서 북의 기술에 놀라워합니다. 그리고 '진달래', '평양터치', '푸른하늘' 등 북에서 사용하는 스마트폰 기종의 이름을 듣고 우리와 다르게 명명하는 것에 재미있어합니다.

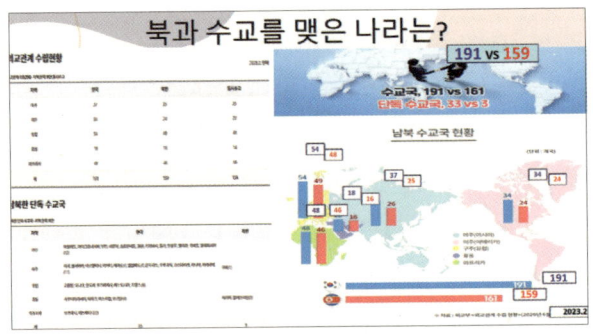

북은 국제 사회에서 다른 나라와 관계 맺고 교류하지 않는 폐쇄적인 국가라는 편견이 많습니다. 하지만 퀴즈를 통해 알게 된 사실은 159개(외교부 2023년 발표) 나라가 북과 수교하고 있으며 북도 우리와 같이 국제 사회의 일원이라는 것입니다.

하고 자신들이 우위에 있다는 걸 과시하기 위해 가짜뉴스를 만들어 왔습니다. 서로를 향한 날 선 가짜뉴스는 혐오를 넘어 전쟁의 위험을 몰고 오기도 했습니다. 이렇듯 우리의 안전과 평화를 깨뜨리는 가짜뉴스를 판별하는 힘은 어디서 나올까요?

학생들과 진진가를 활용한 수업을 하고 나면 북에 대해 몰랐던 사실에 놀랍니다. 가난하고 전쟁밖에 모르는 이상한 나라가 아니라, 스마트폰을 사용하고 택배차도 다니는, 우리와 별반 다르지 않은 나라임을 알게 됩니다. 북에 대한 가짜뉴스는 진위를 파악하기 힘듭니다. 그래서 한반도의 평화를 위협하는 가짜뉴스를 판별하려면 서로에 대해 마음을 열고 제대로 보기 위한 연습과 노력이 필요합니다.

수업을 마무리하며

학생들과 우리도 '참호 안에 갇혀 있는 병사처럼 일방적으로 제공되는 왜곡된 진실을 그대로 받아들이고 있지는 않은지' 생각해 보는 질문입니다.

병사는 지급된 전투지침서의 내용만 믿고 참호에 숨어 있었습니다. 그 내용이 거짓인지 진실인지 생각하지 않고 적혀있는 대로 적을 판단했습니다. 만약 병사가 용기를 내어 참호 밖으로 나온다면 그 까닭은 무엇일까요? 그리고 학생들에게 자신이 병사라면 왜 적을 만날 위험을 감수하고 참호 밖으로 나올 결심을 하는지 질문해 볼 수 있습니다.

🌱 수업을 더욱 풍부하게!!

읽기 자료

1. 가짜뉴스, 김정은 사망설

　2020년 4월 15일, 김정은 위원장이 집권 후 매년 참석하던 김일성 주석 생일인 태양절에 금수산 태양궁전을 참배하는 모습이 보이지 않자 그의 건강 이상설이 제기되었습니다. 북 관련 전문매체 '데일리NK'는 "4월 12일 김정은이 향산진료서에서 심혈관 수술을 받고 치료하고 있다."는 보도를 했습니다. 한국 언론사와 일본 아사히 신문, 로이터통신 등 세계적인 보도 매체는 '출처를 알 수 없는', '고위 관계자', '신원을 밝힐 수 없는' 등 확인되지 않은 정보로 기사를 쏟아냈습니다. 더구나 '김 위원장이 태양절 행사에 나타나지 않은 건 신변에 문제가 생긴 게 확실하다'는 북 출신 정치인 지성호, 태영호의 말은 김 위원장 사망설에 신빙성을 더했습니다. 그러나 김정은 위원장이 약 20일 뒤인 5월 1일, 순천인비료공장 준공식에 김여정과 함께 참석하면서 세계적으로 떠들썩했던 김정은 사망설은 해프닝으로 끝났습니다.

　이 사건을 계기로 북에 관한 가짜뉴스뿐 아니라 사회 전반에 의도적으로 뿌려지는 가짜뉴스에 대한 우려와 팩트체크의 중요성을 알게

되었습니다. 특히 정보의 진위를 정확히 판단하기 어려운 북에 관한 가짜뉴스는 우리 사회 및 남북관계에 부정적인 영향을 미칩니다. 이에 대한 설명을 보충하고자 경남대학교 부설 극동문제연구소에서 발간한 '북한 관련 허위정보 실태와 대응'이라는 보고서를 일부 인용합니다.

경남대학교 극동문제연구소가 '세계적 코미디'가 된 당시 인포데믹 사태 직후 펴낸 '북한 관련 허위정보 실태와 대응'이라는 보고서는 이 같은 현상이 안보 불안과 사회적 혼란으로 인한 불필요한 비용 초래, 반복 시 안보 피로감 누적으로 인한 위험, 환율 상승과 주가 하락 등 경제적 손실, 대외 신인도 하락, 남북관계 개선 의지 저해, 북한의 오판을 유도할 가능성 등 국익에 심각한 악영향을 끼친다고 우려했습니다.
특히 분단체제가 지속되는 가운데 정보화 진전, 개인 미디어의 폭발적 증가로 "정치·사회적 관심 유도와 경제적 이익을 확보하기 위해 선정적인 북한 관련 정보가 적극 활용되고 있다."고 진단했습니다. 이런 현상을 만드는 참여자들의 동기로 "양극화된 정치적 진영에서 사이버 심리전적 의미와 경제적 이득 창출을 위해 대중을 현혹하기 쉬운 선정적 정보 생산과 유포 두 가지로 구분할 수 있다."고 설명했습니다. 보고서는 "사이버 심리전에 참전한 군인의 심리와 유사하게, 자신이 속한 집단의 이득을 위해 강한 사명감과 뚜렷한 목적의식으로 무장한 가운데 죄책감이나 양심이 은폐된다."며 "이들에 대한 도덕적 비판이나 윤리적 문제 제기도 효과를 보기 어렵고 정치적 양극화 구조에서 파생된 순교자적 사명감을 내려놓을 수 있도록 장기적인 사회 전반의 치유가 필요하다."고 진단했습니다. 이어 "이보다 경제적 이득 창출을 목적으로 무분별하게 확산하는 가짜뉴스는 더 심각하다."며 "이러한 동기의 확산자는 강력한 처벌이 요구된다."고 했습니다.

세계일보 디지털기획 Segye.com 김예진 기자 yejin@segye.com 2023.07.08.

2. 북의 스마트폰과 앱

북에서 휴대전화를 사용하기 시작된 시기는 1990년대 말이며, 2013년부터 자체적으로 스마트폰을 생산하기 시작했습니다. 모델로는 '평양', '아리랑', '진달래', '은하수' 등 20여 종이 있으며, 2017년 출시된 '진달래 3'은 카메라와 블루투스, 마이크로SD카드 슬롯 등 기본적인 사양을 갖췄습니다. 운영체제는 조선식 운영체제로, 안드로이드 기반의 '붉은별'이라는 앱스토어를 통해 운영됩니다. 그리고 일부 고급 스마트폰에는 구글 서비스를 제한적으로 사용할 수 있는 안드로이드 버전이 탑재되어 있다고 합니다. 서비스 가입자 수를 보면 2009년 기점 7만여 명 수준이었지만 꾸준히 증가하여 2017년에는 400만 명을 넘는 것으로 추정되었습니다. 최근 분석에 따르면 북한의 스마트폰은

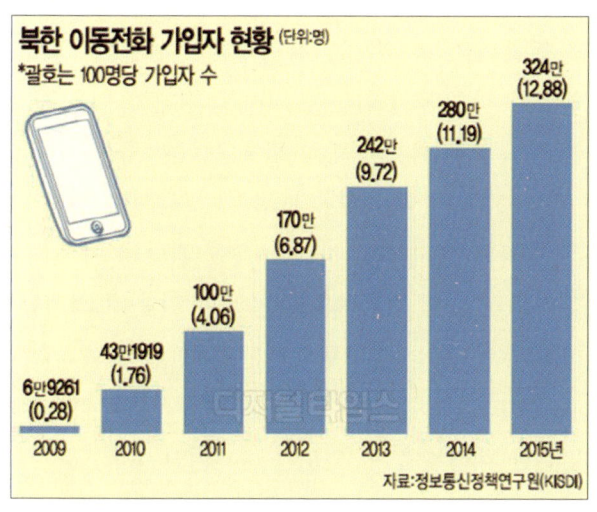

600만 대에 육박하는 것으로 추정됩니다. 평양 시내에 '스몸비(스마트폰 좀비)'가 등장했다는 보도가 나오는 것을 보아 북한 사회에서도 스마트폰 사용자가 급증했으며 모바일 기기가 주민들의 필수품으로 자리 잡은 것을 확인할 수 있습니다.

스마트폰 보급률이 높아지면서 다양한 앱이 출시되고 있는데, '내비게이션', '어학 사전', '요리세계 2.0' 같은 실용적인 앱이 인기가 많다고 합니다. 특히 '요리세계 2.0'은 음식 관련 전자도서에 있는 700여 가지 요리 동영상과 경연자료를 열람할 수 있어 조회 수가 높다고 합니다. 그리고 모바일 결제 앱 '올림 1.0'은 조선중앙은행이 발급하는 카드를 등록해서 사용하는데, 충전과 송금 기능을 갖추고 있으며, 충전된 금액으로 전화 요금을 낼 수 있고 전자 상점(온라인 쇼핑몰)에서 결제도 가능합니다.

* 참고 자료
- 정보화 사회, 북한의 스마트폰 사용 실태를 알아보자!(작성자: 대한민국 통일부) https://blog.naver.com/gounikorea/223044919671

영상 자료

[미디어리터러시 미디어 소비자-중등/경기도교육청TV]
(2024.03.03.)

[북한 사람이 말하는 북한 사람에 대한 오해]
국립통일원/윤설미 강사 (2024.03.03.)

[북의 스마트폰의 종류와 기능]
남북의 창 KBS (2023.11.04.)

추천하는 책

『좌충우돌 아줌마의 북맹탈출 평양이야기』

글자를 알지 못하는 것을 문맹이라고 하는 것처럼 북에 대해 알지 못하는 우리를 북맹이라고 할 수 있습니다. 저자가 대북 사업을 위해 10년 이상 평양을 오가며 체험한 북의 생활상과 사람들에 대한 느낌과 사실을 소개한 책입니다. 이 책을 통해 제목처럼 '북맹탈출'을 조금이나마 할 수 있기를 바랍니다.

김이경 지음, 내일을 여는 책, 2019.

『백년 동안의 증언: 간토대지진, 혐오와 국가폭력』

책에 의하면, 1923년 간토 지방에서 일어난 대지진으로 혼란한 틈을 타 조선인이 우물에 독을 타고 감옥을 부수고 나와 일본 여자들을 강간하고 죽인다는 거짓말을 일본 정부가 퍼뜨렸습니다. 이를 믿은 일본인은 자경단을 만들어 6,600명이 넘는 조선인을 학살했습니다. 의도된 거짓말이 조선인 혐오로, 더 나아가 학살로 커진 비극적인 일입니다.

김응교 지음, 책읽는 고양이, 2023.

사설 「오래된 거짓말, 정의로운 전쟁」
박노자 글, 한겨레 21.

추천하는 그림책

『범인은 고양이야!』
어느 날, 생쥐 조조가 죽은 채 발견되자 생쥐들은 고양이가 쥐를 잡아먹는다는 사실만으로 온갖 이유를 들며 고양이가 조조를 죽였다고 확신합니다. 그러나 탐정 쥐는 다른 쥐들이 말하는 증거를 반박하며 확실한 증거를 찾고 항상 질문해야 한다며 비판적 사고의 중요성을 알려줍니다.
다비드 칼리(코르넬리우스) 글, 마갈리 클라벨레 그림, 김이슬 옮김, 다림, 2018.

『병사와 소녀』
삶과 죽음이 오가는 전쟁터에서 병사는 적에게 총구를 겨누고 있습니다. 그러나 정작 그는 이들이 왜 적인지, 왜 죽여야 하는지 잘 알지 못합니다. 소녀에게 이끌려 다닌 병사는 평범한 사람들이 서로 죽이고 거래 대상이 된 전쟁의 본질을 알게 되면서 평화의 중요성을 느끼게 됩니다.
조르디 시에라 이 파브라 지음, 마셀 피에롤라 그림·만화, 김정하 옮김, 지성과 문학사, 2005.

추천사
한 줄기 햇살처럼 반가운, 통일 수업의 친절한 안내서

인경화(덕장초 교사)

그림책을 좋아한다. 그냥 그림책을 읽기만 하는 것도 좋지만 수업 중에 설명하기 어려운 개념이나 상황을 만나면 그림책에서 길을 찾는다. 그림책은 함축된 글과 글보다 더 풍부한 서사를 품고 있는 그림이 만나 새로운 길을 열어줄 때가 많다.

통일교육이 쉽지 않은 시대다. 남북 관계는 너무도 냉랭해져 지금은 이산가족 상봉 행사조차 열리지 않고 있다. 평화교육을 말하기도 미안한 시대다. 러시아와 우크라이나 전쟁이 3년째 계속되고, 팔레스타인과 이스라엘의 전쟁은 무의미한 희생만 매일 늘고 있다. 전쟁 소식들이 들리니 비로소 우리가 분단되어 있음을 새삼 깨닫고, 우리가 겪는 많은 갈등의 원인이 분단 때문임을 사무치게 느끼는데, 그걸 이야기와 활동을 통해 함께 알아가고 방법을 찾는 게 무척 어렵다.

이런 상황에서 이 책을 만나니 장마 가운데 비친 한 줄기 햇살처럼 반갑다. 이 책은 분단, 전쟁, 통일, 평화의 개념과 학년 수준을 고려하여 그림책을 선정한 뒤 각각의 그림책으로 해본 수업들을 두 차시로 나눠 소개한다. 그림책을 읽기 전 활동부터 텍스트와 그림의 의미, 발문 내용과 활동 결과까지 전체 과정이 고스란히 들어있어 수업에 계속 참여하는 기분이 든다. 제목은 11권의 그림책이라고 되어 있지만 꼭지마다 관련 그림책이 다양하게 소개되어 있고, 수업을 풍부하게 하는 배경 지식과 함께 관련 영상 자료도 큐알 코드로 안내되어 평화통일 수업과 관련한 종합적인 안내서라고 할 수 있다. 대표 책 11권 외에 소개된 그림책들도 다 훌륭한 그림책이라 구입하고 싶은 그림책이 무척 많아졌다. 평화통일교육이 한없이 어려워만 보였는데 앞으로는 이 책에서 소개한 그림책과 관련 배경지식, 그리고 영상 자료로 좀 더 밀도 있고 풍성한 수업을 해볼 자신감이 생긴다.

 어려운 여건 속에서도 늘 새로운 그림책을 찾아 관련 활동들을 고민하고, 많은 학생을 만나 통일과 평화의 씨앗을 뿌려주신 경기평화교육센터 그림책팀께 깊이 감사드린다. 또한 그렇게 고민한 결과물들을 이렇게 아낌없이 나눠주셔서 감사하다는 인사도 함께 드린다.

추천사
마음의 문과
분단의 철문이 열리게 할 책들

이억배(그림책 작가)

'어떤 그림책이 좋은 그림책인가요?'라는 질문을 받을 때 나는 '자기가 좋아하는 그림책이 좋은 그림책'이라고 답한다.

많은 사람이 좋아하고 권위 있는 상을 받거나 저명한 전문가의 추천을 받은 그림책은 좋은 그림책이겠지만, 내 눈을 반짝이게 하고 가슴을 뛰게 하여 몇 번이고 보고 싶은 그림책이야말로 가장 좋은 그림책이라고 말한다.

이번에 평화통일 교육의 일환으로 이 책에 선정된 11권의 그림책과 추천도서들은 모두 훌륭하고 좋은 그림책이자 평화그림책이다. 내 그림책도 포함되어 다소 민망하지만….

세상에 출간되어 있는 대부분의 그림책은 평화를 직접 말하지 않아도 평화그림책의 내용을 담고 있는데, 평화로운 세상에서 살아갈 권리와 의무가 있는 어린이들이 보아야 할 책이기 때문일 것이다.

이 책에는 70여 년이 넘도록 해결되지 않고 더욱 꼬여만 가는 한반도 분단상황에 대한 무거운 문제의식을 담고 있다.

또한 이 책은 초등학생과 중·고등학생과 성인에 이르기까지 폭넓은 대상으로 우리에게 전쟁과 평화란 무엇인가에 대한 묵직한 질문을 하면서 누구나 주인공이 되어 아직 끝나지 않은 전쟁과 분단을 감각하고 불안한 평화에 대해 자유롭게 표현할 수 있을 때 더 좋은 사회로 나아갈 수 있다고 말한다.

본문 중에 무척 감동한 대목이 있는데, '남과 북이 평화통일이 되면 어떤 이득이 있나요?'라는 선생님의 질문에 뻔한 답변이 아니라 '마음이 넓어져요'라고 한 초등학생에게서 희망을 발견한다.

평화통일교육의 어려움을 감안하면 어떤 발문으로 아이들과 어떤 이야기를 나눌지에 대한 선생님들의 치열한 열정과 고민을 느낄 수 있다.

한 권의 그림책이 당장 세상을 바꿀 수는 없지만 한 사람의 마음을 감동케 하여 마음을 움직이게 하는 힘이 있다.

그렇게 움직여진 하나의 마음과 또 하나의 마음이 만나 눈을 반짝이게 하고 가슴을 뛰게 하여 더욱 커다란 마음의 연대가 이루어진다면 세상을 조금씩 바꿔 갈 수 있을 것이다.

먼저 마음의 문이 열려야 분단의 철문도 열리게 될 것이다.

추천사
'평화'와 '통일'에 대한 생각을 넓히는 길잡이

황수경(평화를품은집 평화도서관 관장)

그림책을 가지고 다양한 활동을 펴는 것은 완성도 있는 문학작품을 다루는 일이라 조심스럽습니다. 자칫하면 작가가 만든 이야기를 훼손할 수도 있어 부담되기도 합니다.

이 책은 11권의 책을 고르는 것부터 신중하게 선택한 흔적이 곳곳에 보이고, 하나의 주제로 끌고 가기 위해 교과 연계나 참고로 볼 만한 책, 그리고 자세하게 소개한 책의 핵심적인 내용을 정리한 것을 볼 수 있습니다.

주제에 맞는 친절한 안내와 핵심을 놓치지 않고 볼 수 있어 수업을 준비하시는 분들에게 훌륭한 참고서가 될 수 있을 것입니다.

더구나 주제 책 외에 더불어 읽을 수 있는 책을 소개함으로써 사고를 확장할 수 있는 좋은 본보기가 되어 깊이 있는 책읽기가 되게 한 점이 좋습니다.

우리가 알고 있는 일반상식선에서의 지식보다는 주제 책과 잘 어울리는 내용을 참고 책에서 찾아 자세히 설명해 놓음으로써 생각의 확장을 가져오게 하는 것도 수업을 준비하시는 분들께는 길잡이 역할을 충분히 할 수 있어 좋았습니다.

기존 활동책들이 선생님 입장에서만 서술한 것이 많은데, 아이들이 활동한 것의 글과 그림을 토대로 이야기 해주니 훨씬 생동감이 있습니다.

내용을 만드신 선생님들의 평화에 대한 마음이 느껴져 감동을 줍니다.
아이들과 만날, 평화통일 수업을 준비하는 선생님들께 좋고 고급진 책이 나와 반갑습니다.
많은 분에게 널리 알려져 선생님들의 마음이 전달되길 바랍니다.

추천사
나눔, 재미와 감동 그리고 평화에 대한 소망으로

박미자(성공회대학교 연구교수, 교육학 박사,
『중학생, 기적을 부르는 나이』 저자)

선생님과 함께 그림책을 보는 것은 즐거움 자체입니다. 선생님들은 그림책을 보면서 생명과 평화에 대한 생각을 나누는 수업을 합니다. 그 수업은 재미와 감동으로 다가옵니다.

분단과 전쟁이라는 무거운 주제를 사람들의 삶과 연결하는 수업의 교재로 선생님들은 그림책을 선택했습니다. 그리고 학생들을 헤어진 가족과 상처받은 사람들의 아픔으로 안내합니다. 선생님들의 발문은 차분하고 담백하여 학생들이 자기 생각에 몰두할 수 있게 해줍니다. 그래서 그 수업을 듣는 학생들이 온전히 자신의 힘으로 상상하고 공감하며 배울 수 있도록 수업을 진행하는 것입니다. 아픔과 치유, 평화를 가르치기보다 잘 발견하고 느끼도록 안내하고 있다는 생각이 듭니다. 참으로 선생님들의 정성을 가득 담은 평화통일 수업입니다. 그리고, 중요한 순간마다 구체적인 역사적 사실들을 배울 수 있도록 큐알코드를 통해 탐구하는 수업을 병행합니다. 매우 흥미 있는 수업이며 풍부하게 배우는 수업 안내입니다. 이 책에는 학생에 대한 선생님들의 배려와 사랑이 평화에 대한 소망으로 펼쳐집니다.

고생 많으셨습니다.

삶의 행복을 꿈꾸는 교육은 어디에서 오는가?

● **교육혁명을 앞당기는 배움책 이야기** 혁신교육의 철학과 잉걸진 미래를 만나다!

한국교육연구네트워크 총서

01 핀란드 교육혁명　　　　　　　　　　한국교육연구네트워크 엮음 | 320쪽 | 값 15,000원
02 일제고사를 넘어서　　　　　　　　　한국교육연구네트워크 엮음 | 284쪽 | 값 13,000원
03 새로운 사회를 여는 교육혁명　　　　한국교육연구네트워크 엮음 | 380쪽 | 값 17,000원
04 교장제도 혁명　　　　　　　　　　　한국교육연구네트워크 엮음 | 268쪽 | 값 14,000원
05 새로운 사회를 여는 교육자치 혁명　　한국교육연구네트워크 엮음 | 312쪽 | 값 15,000원
06 혁신학교에 대한 교육학적 성찰　　　한국교육연구네트워크 엮음 | 308쪽 | 값 15,000원
07 진보주의 교육의 세계적 동향　　　　한국교육연구네트워크 엮음 | 324쪽 | 값 17,000원
08 더 나은 세상을 위한 학교혁명　　　　한국교육연구네트워크 엮음 | 404쪽 | 값 21,000원
09 비판적 실천을 위한 교육학　　　　　이윤미 외 지음 | 448쪽 | 값 23,000원
10 마을교육공동체운동: 세계적 동향과 전망　심성보 외 지음 | 376쪽 | 값 18,000원
11 학교 민주시민교육의 세계적 동향과 과제　심성보 외 지음 | 308쪽 | 값 16,000원
12 학교를 민주주의의 정원으로 가꿀 수 있을까?　성열관 외 지음 | 272쪽 | 값 16,000원
13 교육사상가의 삶과 사상 -서양 편 1　심성보 외 지음 | 420쪽 | 값 23,000원
14 교육사상가의 삶과 사상 -서양 편 2　김누리 외 지음 | 432쪽 | 값 25,000원

한국교육연구네트워크 번역 총서

01 프레이리와 교육　　　　　　　　　　존 엘리아스 지음 | 한국교육연구네트워크 옮김 | 276쪽 | 값 14,000원
02 교육은 사회를 바꿀 수 있을까?　　　마이클 애플 지음 | 강희룡·김선우·박원순·이형빈 옮김 | 356쪽 | 값 16,000원
03 비판적 페다고지는 세상을 변화시킬 수 있는가?　Seewha Cho 지음 | 심성보·조시화 옮김 | 280쪽 | 값 14,000원
04 마이클 애플의 민주학교　　　　　　　마이클 애플·제임스 빈 엮음 | 강희룡 옮김 | 276쪽 | 값 14,000원
05 21세기 교육과 민주주의　　　　　　 넬 나딩스 지음 | 심성보 옮김 | 392쪽 | 값 18,000원
06 세계교육개혁 민영화 우선인가 공적 투자 강화인가?　린다 달링-해먼드 외 지음 | 심성보 외 옮김 | 408쪽 | 값 21,000원
07 콩도르세, 공교육에 관한 다섯 논문　 니콜라 드 콩도르세 지음 | 이주환 옮김 | 300쪽 | 값 16,000원
08 학교를 변론하다　　　　　　　　　　얀 마스켈라인·마틴 시몬스 지음 | 윤선인 옮김 | 252쪽 | 값 15,000원
09 존 듀이와 교육　　　　　　　　　　　짐 개리슨 외 지음 | 심성보 외 옮김 | 376쪽 | 값 19,000원
10 진보주의 교육운동사　　　　　　　　윌리엄 헤이스 지음 | 심성보 외 옮김 | 324쪽 | 값 18,000원
11 사랑의 교육학　　　　　　　　　　　안토니아 다더 지음 | 심성보 외 옮김 | 412쪽 | 값 22,000원
12 다시 읽는 민주주의와 교육　　　　　존 듀이 지음 | 심성보 옮김 | 620쪽 | 값 32,000원

미래 100년을 향한 새로운 교육
혁신교육을 실천하는 교사들의 **필독서**

● **비고츠키 선집** 발달과 협력의 교육학 어떻게 읽을 것인가?

01 생각과 말	L.S. 비고츠키 지음ㅣ배희철·김용호·D. 켈로그 옮김ㅣ690쪽ㅣ값 33,000원	
02 도구와 기호	비고츠키·루리야 지음ㅣ비고츠키 연구회 옮김ㅣ336쪽ㅣ값 16,000원	
03 어린이 자기행동숙달의 역사와 발달 I	L.S. 비고츠키 지음ㅣ비고츠키 연구회 옮김ㅣ564쪽ㅣ값 28,000원	
04 어린이 자기행동숙달의 역사와 발달 II	L.S. 비고츠키 지음ㅣ비고츠키 연구회 옮김ㅣ552쪽ㅣ값 28,000원	
05 어린이의 상상과 창조	L.S. 비고츠키 지음ㅣ비고츠키 연구회 옮김ㅣ280쪽ㅣ값 15,000원	
06 성장과 분화	L.S. 비고츠키 지음ㅣ비고츠키 연구회 옮김ㅣ308쪽ㅣ값 15,000원	
07 연령과 위기	L.S. 비고츠키 지음ㅣ비고츠키 연구회 옮김ㅣ336쪽ㅣ값 17,000원	
08 의식과 숙달	L.S 비고츠키ㅣ비고츠키 연구회 옮김ㅣ348쪽ㅣ값 17,000원	
09 분열과 사랑	L.S. 비고츠키 지음ㅣ비고츠키 연구회 옮김ㅣ260쪽ㅣ값 16,000원	
10 성애와 갈등	L.S. 비고츠키 지음ㅣ비고츠키 연구회 옮김ㅣ268쪽ㅣ값 17,000원	
11 흥미와 개념	L.S. 비고츠키 지음ㅣ비고츠키 연구회 옮김ㅣ408쪽ㅣ값 21,000원	
12 인격과 세계관	L.S. 비고츠키 지음ㅣ비고츠키 연구회 옮김ㅣ372쪽ㅣ값 22,000원	
13 정서 학설 I	L.S. 비고츠키 지음ㅣ비고츠키 연구회 옮김ㅣ584쪽ㅣ값 35,000원	
14 정서 학설 II	L.S. 비고츠키 지음ㅣ비고츠키 연구회 옮김ㅣ480쪽ㅣ값 35,000원	
비고츠키와 인지 발달의 비밀	A.R. 루리야 지음ㅣ배희철 옮김ㅣ280쪽ㅣ값 15,000원	
비고츠키의 발달교육이란 무엇인가?	비고츠키교육학실천연구모임 지음ㅣ412쪽ㅣ값 21,000원	
비고츠키 철학으로 본 핀란드 교육과정	배희철 지음ㅣ456쪽ㅣ값 23,000원	
비고츠키와 마르크스	앤디 블런던 외 지음ㅣ이성우 옮김ㅣ388쪽ㅣ값 19,000원	
수업과 수업 사이	비고츠키 연구회 지음ㅣ196쪽ㅣ값 12,000원	
관계의 교육학, 비고츠키	진보교육연구소 비고츠키교육학실천연구모임 지음ㅣ300쪽ㅣ값 15,000원	
교사와 부모를 위한 발달교육이란 무엇인가?	현광일 지음ㅣ380쪽ㅣ값 18,000원	
비고츠키 생각과 말 쉽게 읽기	진보교육연구소 비고츠키교육학실천연구모임 지음ㅣ316쪽ㅣ값 15,000원	
교사와 부모를 위한 비고츠키 교육학	카르포프 지음ㅣ실천교사번역팀 옮김ㅣ308쪽ㅣ값 15,000원	
레프 비고츠키	르네 반 데 비어 지음ㅣ배희철 옮김ㅣ296쪽ㅣ값 21,000원	

혁신학교	성열관·이순철 지음	224쪽	값 12,000원
행복한 혁신학교 만들기	초등교육과정연구모임 지음	264쪽	값 13,000원
서울형 혁신학교 이야기	이부영 지음	320쪽	값 15,000원
혁신교육, 철학을 만나다	브렌트 데이비스·데니스 수마라 지음	현인철·서용선 옮김	304쪽	값 15,000
대한민국 교사, 어떻게 가르칠 것인가?	윤성관 지음	320쪽	값 15,000원
아이들을 어떻게 가르칠 것인가	사토 마나부 지음	박찬영 옮김	232쪽	값 13,000원
모두를 위한 국제이해교육	한국국제이해교육학회 지음	364쪽	값 16,000원
경쟁을 넘어 발달 교육으로	현광일 지음	288쪽	값 14,000원
혁신교육 존 듀이에게 묻다	서용선 지음	292쪽	값 16,000원
다시 읽는 조선교육사	이만규 지음	750쪽	값 37,000원
교실 속으로 간 이해중심 교육과정	온정덕 외 지음	224쪽	값 13,000원
대한민국 교육혁명	교육혁명공동행동 연구위원회 지음	224쪽	값 12,000원
포스트 코로나 시대의 교육	성열관 외 지음	224쪽	값 15,000원
내일 수업 어떻게 하지?	아이함께 지음	300쪽	값 15,000원
핀란드 교육의 기적	한넬레 니에미 외 엮음	장수명 외 옮김	456쪽	값 23,000원
한국 교육의 현실과 전망	심성보 지음	724쪽	값 35,000원
독일의 학교교육	정기섭 지음	536쪽	값 29,000원
교실 속으로 간 이해중심 통합교육과정	온정덕 외 지음	224쪽	값 15,000원
초등 백워드 교육과정 설계와 실천 이야기	김병일 외 지음	352쪽	값 19,000원
학습격차 해소를 위한 새로운 도전 보편적 학습설계 수업	조윤정 외 지음	240쪽	값 15,000원

● 경쟁과 차별을 넘어 평등과 협력으로 미래를 열어가는 교육 대전환! 혁신교육 현장 필독서

학교의 미래, 전문적 학습공동체로 열다	새로운학교네트워크·오윤주 외 지음	276쪽	값 16,000원
마을교육공동체 생태적 의미와 실천	김용련 지음	256쪽	값 15,000원
학교폭력, 멈춰!	문재현 외 지음	348쪽	값 15,000원
학교를 살리는 회복적 생활교육	김민자·이순영·정선영 지음	256쪽	값 15,000원
삶의 시간을 잇는 문화예술교육	고영직 지음	292쪽	값 16,000원
미래교육을 디자인하는 학교교육과정	박승열 외 지음	348쪽	값 18,000원
코로나 시대, 마을교육공동체운동과 생태적 교육학	심성보 지음	280쪽	값 17,000원

혐오, 교실에 들어오다	이혜정 외 지음 │ 232쪽 │ 값 15,000원
수업, 슬로리딩과 함께	박경숙 외 지음 │ 268쪽 │ 값 15,000원
물질과의 새로운 만남	베로니카 파치니-케처바우 외 지음 │ 이연선 외 옮김 │ 218쪽 │ 값 15,000원
그림책으로 만나는 인권교육	강진미 외 지음 │ 272쪽 │ 값 18,000원
수업 고수들 수업·교육과정·평가를 말하다	박현숙 외 지음 │ 368쪽 │ 값 17,000원
아이들의 배움은 어떻게 깊어지는가	이시이 준지 지음 │ 방지현·이창희 옮김 │ 200쪽 │ 값 11,000원
미래, 공생교육	김환희 지음 │ 244쪽 │ 값 15,000원
들뢰즈와 가타리를 통해 유아교육 읽기	리세롯 마리엣 올슨 지음 │ 이연선 외 옮김 │ 328쪽 │ 값 17,000원
혁신고등학교, 무엇이 다른가?	김현자 외 지음 │ 344쪽 │ 값 18,000원
시민이 만드는 교육 대전환	심성보·김태정 지음 │ 248쪽 │ 값 15,000원
평화교육 과거, 현재 그리고 미래를 그리다	모니샤 바자즈 외 지음 │ 권순정 외 옮김 │ 268쪽 │ 값 18,000원
마을교육공동체란 무엇인가?	서용선 외 지음 │ 360쪽 │ 값 17,000원
강화도의 기억을 걷다	최보길 지음 │ 276쪽 │ 값 14,000원
체육 교사, 수업을 말하다	전용진 지음 │ 304쪽 │ 값 15,000원
평화의 교육과정 섬김의 리더십	이준원·이형빈 지음 │ 292쪽 │ 값 16,000원
마을로 걸어간 교사들, 마을교육과정을 그리다	백윤애 외 지음 │ 336쪽 │ 값 16,000원
혁신교육지구와 마을교육공동체는 어떻게 만들어지는가?	김태정 지음 │ 376쪽 │ 값 18,000원
서울대 10개 만들기	김종영 지음 │ 348쪽 │ 값 18,000원
선생님, 통일이 뭐예요?	정경호 지음 │ 252쪽 │ 값 13,000원
함께 배움 학생 주도 배움 중심 수업 이렇게 한다	니시카와 준 지음 │ 백경석 옮김 │ 280쪽 │ 값 15,000원
다정한 교실에서 20,000시간	강정희 지음 │ 296쪽 │ 값 16,000원
즐거운 세계사 수업	김은석 지음 │ 328쪽 │ 값 13,000원
학교를 개선하는 교장 지속가능한 학교 혁신을 위한 실천 전략	마이클 풀란 지음 │ 서동연·정효준 옮김 │ 216쪽 │ 값 13,000원
선생님, 민주시민교육이 뭐예요?	염경미 지음 │ 244쪽 │ 값 15,000원
교육혁신의 시대 배움의 공간을 상상하다	함영기 외 지음 │ 264쪽 │ 값 17,000원
도덕 수업, 책으로 묻고 윤리로 답하다	울산도덕교사모임 지음 │ 320쪽 │ 값 15,000원
교육과 민주주의	필라르 오카디즈 외 지음 │ 유성상 옮김 │ 420쪽 │ 값 25,000원
교육회복과 적극적 시민교육	강순원 지음 │ 228쪽 │ 값 15,000원
비판적 미디어 리터러시 가이드	더글러스 켈너·제프 셰어 지음 │ 여은호·원숙경 옮김 │ 252쪽 │ 값 18,000원
지속가능한 마을, 교육, 공동체를 위하여	강영택 지음 │ 328쪽 │ 값 18,000원

대전환 시대 변혁의 교육학	진보교육연구소 교육과정연구모임 지음 ǀ 400쪽 ǀ 값 23,000원
교육의 미래와 학교혁신	마크 터커 지음 ǀ 전국교원양성대학교 총장협의회 옮김 ǀ 336쪽 ǀ 값 18,000원
남도 임진의병의 기억을 걷다	김남철 지음 ǀ 288쪽 ǀ 값 18,000원
프레이리에게 변혁의 길을 묻다	심성보 지음 ǀ 672쪽 ǀ 값 33,000원
다시, 혁신학교!	성기신 외 지음 ǀ 300쪽 ǀ 값 18,000원
백워드로 설계하고 피드백으로 완성하는 성장중심평가	이형빈·김성수 지음 ǀ 356쪽 ǀ 값 19,000원
우리 교육, 거장에게 묻다	표혜빈 외 지음 ǀ 272쪽 ǀ 값 17,000원
교사에게 강요된 침묵	설진성 지음 ǀ 296쪽 ǀ 값 18,000원
왜 체 게바라인가	송필경 지음 ǀ 320쪽 ǀ 값 19,000원
풀무의 삶과 배움	김현자 지음 ǀ 352쪽 ǀ 값 20,000원
비고츠키 아동학과 글쓰기 교육	한희정 지음 ǀ 300쪽 ǀ 값 18,000원
교실을 위한 프레이리	아이러 쇼어 엮음 ǀ 사람대사람 옮김 ǀ 410쪽 ǀ 값 23,000원
마을, 그 깊은 이야기 샘	문재현 외 지음 ǀ 404쪽 ǀ 값 23,000원
비난받는 교사	다이애나 폴레비치 지음 ǀ 유성상 외 옮김 ǀ 404쪽 ǀ 값 23,000원
한국교육운동의 역사와 전망	하성환 지음 ǀ 308쪽 ǀ 값 18,000원
철학이 있는 교실살이	이성우 지음 ǀ 272쪽 ǀ 값 17,000원
왜 지속가능한 디지털 공동체인가	현광일 지음 ǀ 280쪽 ǀ 값 17,000원
선생님, 우리 영화로 세계시민 만나요!	변지윤 외 지음 ǀ 328쪽 ǀ 값 19,000원
아이를 함께 키울 온 마을은 어떻게 만들어야 할까?	차상진 지음 ǀ 288쪽 ǀ 값 17,000원
선생님, 제주 4·3이 뭐예요?	한강범 지음 ǀ 308쪽 ǀ 값 18,000원
마을배움길 학교 이야기	김명신 외 지음 ǀ 300쪽 ǀ 값 18,000원
다시, 남도의 기억을 걷다	노성태 지음 ǀ 332쪽 ǀ 값 19,000원
세계의 혁신 대학을 찾아서	안문석 지음 ǀ 284쪽 ǀ 값 17,000원
소박한 자율의 사상가, 이반 일리치	박홍규 지음 ǀ 328쪽 ǀ 값 19,000원
선생님, 평가 어떻게 하세요?	성열관 외 지음 ǀ 220쪽 ǀ 값 15,000원
남도 한말의병의 기억을 걷다	김남철 지음 ǀ 316쪽 ǀ 값 19,000원
생태전환교육, 학교에서 어떻게 할까?	심지영 지음 ǀ 236쪽 ǀ 값 15,000원
어떻게 어린이를 사랑해야 하는가	야누쉬 코르착 지음 ǀ 송순재·안미현 옮김 ǀ 396쪽 ǀ 값 23,000원
북유럽의 교사와 교직	예스터 에크하트 라르센 외 엮음 ǀ 유성상·김민조 옮김 ǀ 412쪽 ǀ 값 24,000원
산마을 너머 지금 뭐해?	최보길 외 지음 ǀ 260쪽 ǀ 값 17,000원

전문적 학습네트워크	크리스 브라운 외 엮음 ǀ 성기선·문은경 옮김 ǀ 424쪽 ǀ 값 24,000원
초등 개념기반 탐구학습 설계와 실천 이야기	김병일 외 지음 ǀ 380쪽 ǀ 값 27,000원
선생님이 왜 노조 해요?	교사노동조합연맹 기획 ǀ 324쪽 ǀ 값 18,000원
교실을 광장으로 만들기	윤철기 외 지음 ǀ 212쪽 ǀ 값 17,000원
자율성과 전문성을 지닌 교사되기	린다 달링 해몬드 외 지음 ǀ 전국교원양성대학교총장협의회 옮김 412쪽 ǀ 값 25,000원
선생님, 완벽하지 않아도 괜찮아요	유승재 지음 ǀ 264쪽 ǀ 값 17,000원
지속가능한 리더십	앤디 하그리브스 외 지음 ǀ 정바울 외 옮김 ǀ 352쪽 ǀ 값 21,000원
남도 명량의 기억을 걷다	이돈삼 지음 ǀ 280쪽 ǀ 값 17,000원
교사가 아프다	송원재 지음 ǀ 300쪽 ǀ 값 18,000원
존 듀이의 생명과 경험의 문화적 전환	현광일 지음 ǀ 272쪽 ǀ 값 17,000원
왜 읽고 쓰고 걸어야 하는가?	김태정 지음 ǀ 300쪽 ǀ 값 18,000원
미래 교직 디자인	캐럴 G. 베이즐 외 지음 ǀ 정바울 외 옮김 ǀ 192쪽 ǀ 값 17,000원
타일러 교육과정과 수업 설계의 기본 원리	랄프 타일러 지음 ǀ 이형빈 옮김 ǀ 176쪽 ǀ 값 15,000원
시로 읽는 교육의 풍경	강영택 지음 ǀ 212쪽 ǀ 값 17,000원
부산 교육의 미래 2026	이상철 외 지음 ǀ 384쪽 ǀ 값 22,000원